工業高校就職試験シリーズ

# 工業高校 建築・土木科 就職問題

就職試験情報研究会

TAC出版
TAC PUBLISHING Group

# はじめに

昨今の著しい科学・技術の進歩や産業構造の変化に伴って，社会が現在の工業高校生に求めるものもまた徐々に変わりつつあるように思えます。

一例をあげれば，工場部門におけるＦＡの導入進展により，作業の省力化・自動化が図られ，そこで働く技術者の仕事は，質・量ともに大きく変化したようなことなどがそれにあてはまります。また，第三次産業，たとえば運輸・通信などといったサービス業が，高度情報化社会への移行とあいまって台頭し，従来あまりみられなかったこの方面にも多くの工業高校生を迎えるようになりました。もちろん，進んだ技術力をもつ製造業がなお着実な成長力をもっていることはいうまでもありませんが……。

本書は，こうした状況を踏まえて，工業高校生の就職をとりまく現状によりフィットさせ，実際的で役立つ問題集を目指して作られたものです。また，使う側の立場に立って，最も使い易いように様々な工夫をこらしたつもりです。本書の特徴はおよそ次の通りです。

**1　ちょっと大きめの文字サイズ**

読みやすい大きめの文字とＢ５判サイズの大きさ。

**2　書き込み可能なノートタイプ**

全ページ書き込みが可能な新しいレイアウト。計算式を書いたり，解答を書いたり，あるいはちょっとしたメモ代わりにも。自由に使いこなして，自分だけの参考書を作ってください。

**3　筆記試験以外の内容充実**

最近とくに重視され始めた“面接”“作文”“適性”などの試験にも大きな比重を置きました。最初からよく読んでください。

**4　取り外せる別冊解答**

使い方は自由です。それぞれ工夫して学習に生かしてください。

最後になりましたが，本書発刊に際してご協力をいただきました多くの方々に心より感謝申し上げる次第です。有難うございました。

就職試験情報研究会

# もくじ

## Contents

### 就職試験とはどんなもの？



### 建　　築

## 土　木



## 一般教科

■編集協力者（50 音順）

元東京都立八王子工業高等学校校長

有田　禮二

元埼玉県立大宮工業高等学校教諭

冨澤　良雄

埼玉県立秩父農工科学高等学校教諭

布施　憲夫

# 就職試験とはどんなもの？

# 就職をめざすキミへ

## 1.就職試験内定までの流れ

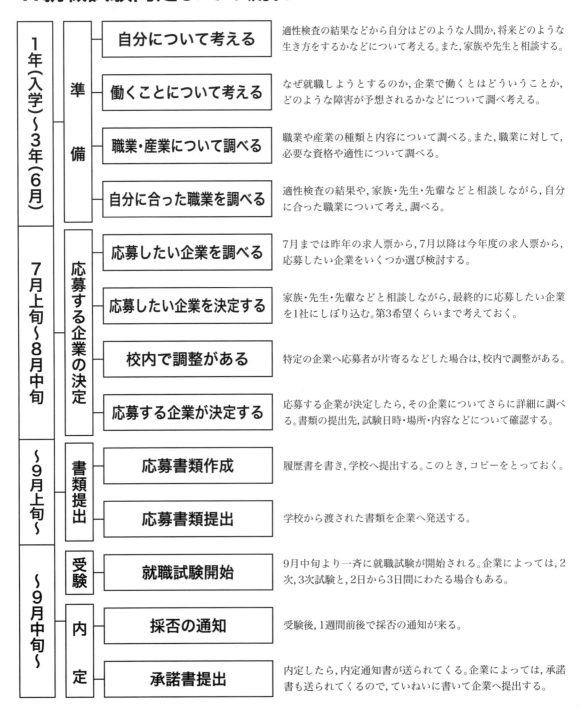

|  |  |  |  |
| --- | --- | --- | --- |
| 1年(入学)~3年(6月) | 準備 | 自分について考える | 適性検査の結果などから自分はどのような人間か，将来どのような生き方をするかなどについて考える。また，家族や先生と相談する。 |
| | | 働くことについて考える | なぜ就職しようとするのか，企業で働くとはどういうことか，どのような障害が予想されるかなどについて調べ考える。 |
| | | 職業・産業について調べる | 職業や産業の種類と内容について調べる。また，職業に対して，必要な資格や適性について調べる。 |
| | | 自分に合った職業を調べる | 適性検査の結果や，家族・先生・先輩などと相談しながら，自分に合った職業について考え，調べる。 |
| 7月上旬~8月中旬 | 応募する企業の決定 | 応募したい企業を調べる | 7月までは昨年の求人票から，7月以降は今年度の求人票から，応募したい企業をいくつか選び検討する。 |
| | | 応募したい企業を決定する | 家族・先生・先輩などと相談しながら，最終的に応募したい企業を1社にしぼり込む。第3希望くらいまで考えておく。 |
| | | 校内で調整がある | 特定の企業へ応募者が片寄るなどした場合は，校内で調整がある。 |
| | | 応募する企業が決定する | 応募する企業が決定したら，その企業についてさらに詳細に調べる。書類の提出先，試験日時・場所・内容などについて確認する。 |
| ~9月上旬~ | 書類提出 | 応募書類作成 | 履歴書を書き，学校へ提出する。このとき，コピーをとっておく。 |
| | | 応募書類提出 | 学校から渡された書類を企業へ発送する。 |
| ~9月中旬~ | 受験 | 就職試験開始 | 9月中旬より一斉に就職試験が開始される。企業によっては，2次，3次試験と，2日から3日間にわたる場合もある。 |
| | 内定 | 採否の通知 | 受験後，1週間前後で採否の通知が来る。 |
| | | 承諾書提出 | 内定したら，内定通知書が送られてくる。企業によっては，承諾書も送られてくるので，ていねいに書いて企業へ提出する。 |

# 2.職場選び８大ポイント

## 自分について考える

仕事

企業で働くということは仕事をすることである。仕事が自分の適性や能力にあっているかどうか，検討する。仕事があわないと，毎日が苦痛である。働きがいのある仕事かどうか検討する。

## 賃金や待遇

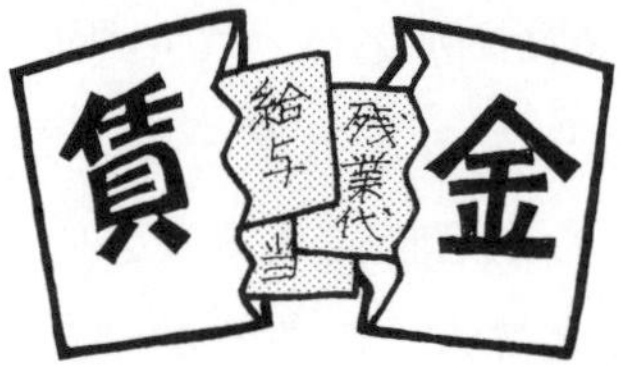
賃
給与
残業代
手当
金

給与・賞与・諸手当などは高いほどよいが，中味をよく検討する。例えば手取り額が多くても，残業手当を多く含んでいる場合もある。その他，通勤手当支給の有無などについても細かく検討する。

## 通勤時間

通勤時間は，毎日の生活にとって大切なことである。待合わせ時間など，意外とロスタイムがあるので，実際に要する時間を確認する。遠隔地の人は，先輩に聞くなどするとよい。

## 勤務時間

Time

始業・終業の時間，交替制の有無，残業の有無，休日・週休2日制などについて検討する。特に，電車・バスの時刻表と出社・退社時間の確認が重要である。夜学を希望する場合，時間的に可能かどうかについても検討する。

どれも大切なので
総合的に検討しよう。
それから，採用の
可能性も考えなくてはね！

## 事業内容への興味

企業で取り扱っている製品や商品が自分の興味や関心，趣味などと合うかどうか確認する。たとえば自動車に興味のある人は，車を組み立てたり，車を販売・修理する企業へ就職するとよい。

## 企業の将来性

将来，企業が倒産するようでは困る。したがって，安定性のある大企業を選ぶ傾向にある。中小企業でも将来性のある企業が多くある。将来性の予測はむずかしいが，経済の動向に関心をもち，検討する。

## 資格と将来の展望

資格

自分は，企業で将来どのように生きていくか考える。そのために，今まで工業高校で学んだ専門的な知識や技能をどのように生かしていくか，資格をどのように生かしていくかを検討する。さらに，将来，必要となる資格も検討する。

## 職場の環境・福利厚生

職場の雰囲気や環境も毎日仕事をしていく上で重要である。また，加入保険の種類，宿舎の有無，給食の有無，定年制，企業内のクラブの活動状況などについても調べる。

# 3.企業を検討する具体的な方法

## その1　求人票から読みとる

学校の進路指導室にある企業から提出された「高卒用求人票」には,企業に関するすべての概要が記載されている。したがって,9～10ページの求人票の読み方を参考にして，各企業の求人票を比較しながら検討するとよい。しかし，すべての企業の求人票を読むことは大変であるから，自分の関心のある業種，たとえばコンピュータを製造する企業などに的をしぼって選び,検討する。

## その2　先生に相談する

求人に際して，多くの企業では人事担当者が学校を訪問し，求人について細かい説明をする。その情報は，求人票からは読みとることができないものも多くある。たとえば，具体的な仕事の内容や採用方針，入社試験の状況などである。ある程度応募したい企業がまとまってきたら，先生に相談してみるとよい。

## その3　先輩に相談する

職場の環境・雰囲気，人間関係，具体的な仕事の内容などは，求人票や入社案内からは想像しかできない。同じ高卒でも，普通高校出身者と工業高校出身者，また，地方出身者と都会出身者ではものの考え方や企業から期待されている内容について違いがある。したがって，自校を卒業した先輩から直接職場の様子などについて聞くことは，非常に参考になる。知っている先輩がいなければ，先生に相談して紹介してもらうとよい。

## その4　企業を見学する

「百聞は一見にしかず」と言われているように，職場を見学すると求人票からは読みとることができないことがよくわかる。職場の環境・雰囲気や働いている人の様子などから，自分に適しているか，やっていけそうかなどについて細かく知ることができる。企業を見学したい場合は，先生に申し出て学校の指示に従うこと。大学生が行う会社訪問とはまったく意味が違うので注意すること。

# 4.求人票の読み方（見出しの①～⑩は，次頁の求人票の場所を示す）

**①就業場所**

この求人に応募し採用された場合，実際に就労する場所です。会社の所在地と就業場所が異なる場合がありますので，注意してください。

**②職　　種**

当該求人に係る応募職種が記載されています。

**③仕事の内容**

当該求人に係る具体的な仕事の内容が記載されています。不明点等があった場合には，窓口へご相談ください。

**④雇用形態**

この求人に応募して採用された場合の雇用形態です。

正社員／正社員以外（契約社員，嘱託社員等）／有期雇用派遣／無期雇用派遣の４種類で表示されています。

**⑤雇用期間**

あらかじめ雇用する期間が設定されている求人があります。この場合契約更新の有無等の情報は備考欄等に記載されていますので求人票をよくチェックしてください。

**⑥加入保険等**

各種保険制度の，加入状況が記載されています。

**⑦賃　　金**

a欄は，いわゆる基本給(税込)です。

b欄には，必ず支払われる手当が記載されます。

c欄には，個定残業代（一定時間分の時間外労働に対する割増賃金を定額で支払うこととしている場合）のありなしが記載されます。

通勤手当は通勤手当欄に記載されています。

※月額については，表示されている額から所得税・社会保険料などが控除されることに注意。

**⑧昇給・賞与**

採用された場合に保証される条件ではなく，前年度の実績に関する情報です。

**⑨就業時間**

複数のパターンが記載されている場合，交替制でいずれのパターンも就労しなければならないものと，これらの中からいずれかを選定するものとがあります。

**⑩休　日等**

休日となる曜日が固定しているものは，その曜日が表示されます。会社カレンダーによるものやローテーションによるものなどがあります。

求人番号 99999- 99999

受付年月日 令和3年〇月〇日
受付安定所 〇〇公共職業安定所

# 求人票（高卒）

事業所番号 9999-999999-9

※インターネットによる全国の高校への公開 可
※応募にあたって提出する書類は「統一応募書類」に限られています。

(1／2)

## 1 会社の情報

| | | | | | |
|---|---|---|---|---|---|
| 事業所名 | ＊＊＊＊ デンシコウギョウ カブシキガイシャ<br>＊＊電子工業 株式会社 | 従業員数 | 企業全体 175人 | 就業場所 35人 | うち女性) 10人 / (うちパート) 0人 |
| | | 設立 | 平成11年 | 資本金 | 100億円 |
| 所在地 | 〒＊＊＊-＊＊＊＊<br>東京都＊＊区 ＊＊＊丁目<br>＊＊駅 から 徒歩＊分 | 事業内容 | 事業内容 | | |
| | | 会社の特長 | 会社の特長 | | |
| 代表者名 | 代表取締役 ＊＊＊＊＊ | | | | |
| 法人番号 | 20191029＊＊＊＊＊ | ホームページ | | | |

## 2 仕事の情報

| | | | | | |
|---|---|---|---|---|---|
| ④ 雇用形態 | 正社員 | 就業形態 | 派遣・請負ではない | 営業 | 求人数 通勤 2人／住込 0人／不問 1人 |

②，③ 仕事の内容：
電気機器の法人向け営業（既存顧客への営業及び新規顧客の開拓）
・受注計画に基づき新製品開発に合わせた製品の提案・見積
・受注から納品までのフォロー・代金回収といった一連の営業業務を担当していただきます。

必要な知識・技能等（履修科目）：あれば尚可
普通自動車免許（AT限定可）（入社後の取得可）

⑤ 雇用期間の定めなし ｜ 契約更新の可能性

① 就業場所：
〒＊＊＊- 0000
東京都＊＊＊市 ×丁目×-×-× ＊＊ 支店
＊＊駅 から 徒歩＊分

| | |
|---|---|
| マイカー通勤 | 可 |
| 転勤の可能性 | なし |
| 試用期間 | あり 労働条件 同条件 |
| 屋内の受動喫煙対策 | あり（喫煙室設置）［喫煙できる部屋がある］ |

## 3 労働条件等

⑥ 福利厚生等

加入保険等：雇用 労災 ~~公災~~ 健康 厚生 ~~財形~~ ~~その他~~ ~~厚生年金基金~~ ~~確定拠出年金~~ ~~確定給付年金~~
退職金共済 未加入
退職金制度 あり（勤続 3年以上）
定年制 あり（一律 60歳）
再雇用制度 あり（上限 65歳まで）
勤務延長 なし

| | | | |
|---|---|---|---|
| 入居可能住宅 | 単身用 あり／世帯用 なし | 通学 | 不可 |
| 労働組合 | なし | | |
| 育児休業取得実績 | なし | 介護休業取得実績 | なし |
| 看護休暇取得実績 | なし | | |

| | | | |
|---|---|---|---|
| 賃金締切日 | 月末 | その他 | |
| 賃金支払日 | 翌月 25日 | その他 | |
| 賃金形態等 | 月給 | その他 | |
| 就業規則 | フルタイム あり／パートタイム あり | | |

⑦，⑧ 賃金等（現行・確定）

毎月の賃金：
基本給（a） 165,000円
固定残業代（c）あり 23,000円
月額（a+b+c） 218,000円
※この金額から所得税・社会保険料等が控除されます。
月平均労働日数 20.0日

固定残業代に関する特記事項：
［時間外労働の有無にかかわらず支給する
10時間を超える時間外労働分については、追加で割り増賃金を支給する］

| 定額的に支払われる手当（b） | | 特別に支払われる手当 | |
|---|---|---|---|
| 営業 手当 | 30,000円 | 資格 手当 | 10,000円 |
| 手当 | 円 | 手当 | 円 |
| 手当 | 円 | 手当 | 円 |
| 手当 | 円 | 手当 | 円 |

| | | | | |
|---|---|---|---|---|
| 通勤手当 | 実費支給（上限あり）月額 50,000円まで | 賞与 | 賞与 あり | （新規学卒者の前年度実績）年1回 万円 ～ 万円 又は 2.00ヶ月分 |
| 昇給 | 昇給あり（昇給の前年度実績）2,500円 又は ％ | | 賞与 あり | （一般労働者の前年度実績）年2回 万円 ～ 万円 又は 4.00ヶ月分 |

⑨ 就業時間
(1) 8時30分 ～ 17時30分
(2) ～
(3) ～

時間外：時間外 あり ／ 36協定における特別条項 なし
月平均 10時間 ／ 特別な事情・期間等［ ］

⑩ 休日等

| | | | |
|---|---|---|---|
| 休日 土 日 祝 その他 | 週休二日制 毎週 | その他の休日・週休二日制 | 夏季休暇は7月～9月に5日間、年末年始12月28日～1月3日 |
| 入社時の有給休暇日数 0日 | 年間休日数 124日 | | |
| 6ヶ月経過後の有給休暇日数 10日 | 休憩時間 60分 | | |

受理・確認印

# 5. 入社試験の実際と必勝ポイント

**筆記試験**（60分～120分程度）

筆記試験は，一般的に大学受験のようなむずかしい問題ではなく，高校生としての基礎的な学力や教養をみるものである。

国語，社会（地理歴史・公民），数学，理科，英語（外国語），専門などの科目について出題される。とくに，国語，数学，英語，専門が柱になっている。大企業など専門知識をもった工業技術者を求めている企業では，専門教科の出題される割合が高くなっている。その他，一般常識として，教科全般や時事問題をまとめて総合的に出題される場合もある。

**必勝ポイント**

企業によって試験の方法は異なるが，どの企業も例年と同様の傾向で出題されているようである。したがって，先輩の「受験報告書」を見て，その企業の出題傾向を知ることである。出題傾向がわかったら，類題を多く勉強し実力を養成する。先輩の受験報告書がない場合は，求人票の選考方法の欄を読み，出題の傾向を予想し勉強をすすめる。いずれにしても，多くの問題集を購入してわかるところだけやるよりも，一冊でよいから始めから終わりまで徹底的にやるほうが力がつく。また，毎日の積み重ねが大切である。

時事問題などについては，日頃から新聞をよく読み一般教養を身につけておく以外に方法はない。

**面接試験**（10分～20分程度）

面接試験を実施しない企業はまずない。それほど面接試験は重要なのである。その人が入社して，職場の人と一緒になって働き，企業のために貢献してくれる人間かどうかが観察される。身なりも大切であるが，その人のものの考え方，人柄，性格，態度，表現力，発表力などが細かく観察される。

**必勝ポイント**

人柄などは短期間で身につくものではない。やはり，日常の生活の中でマナー，態度，姿勢，言葉づかいなどが自然に身につくものである。したがって，本人の日頃の努力が大切なのである。くわしいことは，17ページの面接試験必勝法を参考にして，日頃から訓練する。日常の学校生活，家庭生活，社会生活の一つひとつの場面が面接試験なのである。

**作文試験**（60分前後）

書かれた作文を読むことによって，その人の考え方，性格，教養など多くのことを知ることができる。そのため，最近では作文を書かせる企業が増加しつつある。

**必勝ポイント**

採用担当者に読んでもらうものであるから，ていねいに，楷書で，誤字や脱字のないように書くことが大切である。この第一印象が，評価をあげる重要なポイントである。次に，課題に応える内容であること。いくら分量が指定された字数に達していても，内容が課題にそっていないものは大きく減点される。くわしいことは，29ページの作文試験必勝法を参考にして，日頃から文章を書くことに慣れておくことである。

**適性試験**（60分前後）

企業では，その人の性格や適性を知り，その人に合った職場へ配置するために，適性試験を実施することが多い。中には，適性試験の結果を重視し，それだけで不採用とする企業もある。

**必勝ポイント**

適性試験を軽く考えている人がいるが，それはまちがっている。また，人の性格や適性はその人の努力によって変化するものである。毎日を一生懸命に生きようとする，その努力が大切である。

### 健康診断

健康第一である。たとえ，学力試験，面接試験，適性試験などで採用圏内に達していても，健康診断で異常が発見されると不採用となる。入社直前にも健康診断を実施する企業があるので，内定後も健康には十分注意すること。

**健康診断の主な内容**

ア．身長，体重，座高，胸囲　　イ．問診，内診，既往症
ウ．血圧　　エ．視力，色覚，聴力など

**必勝ポイント**

日頃からの健康管理が最も重要である。歯や耳鼻疾患その他気にかかるところは，事前に治療しておくことが大切である。また，試験前日は身体を清潔にするとともに，十分に睡眠をとり休息すること。

### 体力検査

特に体力を必要とする職種について，握力などの体力検査を実施する企業がある。

**必勝ポイント**

日頃から部活動などに参加して体力の増強について訓練をしておこう。

### 実技試験

特に技能を必要とする職種については，溶接，はんだづけ，測量などの簡単な実技試験を実施する企業がある。

**必勝ポイント**

学校で学ぶ工業技術基礎や実習の時間に積極的に参加し，専門的な技術や技能を体で覚えるように，何度も訓練し実力をつけておく。

# 6.履歴書・身上書の書き方

## ①書き方の基本

（応募書類　その1）

履　歴　書

平成 ○ 年 9月 1 日現在

写真をはる位置（30×40mm）

| | | |
|---|---|---|
| ふりがな | はしだ　いちろう | 性別 |
| 氏名 | 橋田　一郎 | 男 |
| 生年月日 | 昭和・平成 ○ 年 11 月 2 日生（満 17 歳） | |
| ふりがな | とうきょうと こくぶんじし さかえちょう | |
| 現住所 | 〒185-0023 東京都国分寺市栄町2丁目16番5号 | |
| ふりがな | | |
| 連絡先 | 〒 | |

（連絡先欄は現住所以外に連絡を希望する場合のみ記入すること）

| 学歴・職歴 | | |
|---|---|---|
| | 平成 ○ 年 4 月 | 東京都立一ッ橋工業高等学校入学 電気科 |
| | 平成 ○ 年 3 月 | 同校同科卒業見込 |
| | 平成　年　月 | |
| | 平成　年　月 | |
| | 平成　年　月 | |
| | 平成　年　月 | |

（職歴にはいわゆるアルバイトは含まない）

| | 取得年月 | 資格等の名称 |
|---|---|---|
| 資格等 | 平成○年○月○日 | 第2種電気工事士免状 |
| | 平成○年○月○日 | 工事担任者・アナログ第3種 |
| | 平成○年○月○日 | 全国工業高等学校長協会情報技術検定 2級 |

| 趣味・特技 | | 校内外の諸活動 | |
|---|---|---|---|
| | スポーツ（バレーボール） | | バレーボール（1年～3年）（3年部長） |
| | 読書 | | 体育祭実行委員（1年） |
| | 囲碁（初段） | | 文化祭実行委員（2年） |
| | | | 生徒会副会長（3年） |

| | |
|---|---|
| 志望の動機 | 2学年のとき、御社のパソコン製造現場を見学しました。そのとき、製造工程のほとんどが自動化されていました。私は、この自動化のメカニズムに非常に興味をもちました。現在、学校で学習をしている「課題研究」では、ロボットに関する勉強をしています。<br>御社の主力製品であるパソコンのハードについても関心をもっています。御社に入社して、自動化設備の開発、保守点検、整備に関する仕事に従事したいと考え、応募しました。 |
| 備考 | |

全国高等学校統一用紙（文部科学省、厚生労働省、全国高等学校長協会の協議により平成17年度改定）

### ●3つの原則

**1.自筆であること。**

**2.黒インクのペン書が好ましい。**

**3.楷書でていねいにバランスよく書くこと。**

(1)印鑑は朱肉を用いてていねいに押すこと。

(2)写真は，裏に学校名，氏名を書いて，ていねいにまっすぐ貼る。

(3)「連絡先」の欄は，現住所では連絡がとれない場合に連絡がとれる住所を記入する。

(4)学校名は正式な名称で記入する。たとえば，都立一ツ橋工などと省略してはいけない。

(5)「資格等」の名称の欄は，資格を取得した順に記入する。ない場合は「なし」と記入する。

(6)「趣味・特技」は，面接のときに細かく聞かれるので，いいかげんな気持ちで書かない。

(7)「校内外の諸活動」の欄は，先生が書く調査書の内容と一致するはずであるから，先生と相談して書く。クラブ名，部活動名，ホームルームや生徒会などの役員名・係名などを書く。

(8)「志望の動機」の欄は，次ページ“志望の動機のまとめ方”を参考にして，自分がその企業を選んだ理由についてまとめる。また，希望職などを記入する。面接のとき必ず聞かれるのでよく覚えておく。

注）地域によっては様式が異なるので先生の指示に従うこと。

### ②志望の動機のまとめ方

志望の動機はこのように書かなければいけないとか，これが最良であるとかいうものはない。多くの求人企業の中から1つの企業に決定するまで，どのようなことを検討し，なぜその企業を選んだか，自分の気持ちや理由をまとめればよいのである。

**【志望の動機をまとめる柱の例】**

- ㋐ 仕事の内容が，自分の能力・適性や興味・関心に合っている。
- ㋑ 工業高校で学習した専門的な知識や技術・技能が生かせる職場である。
- ㋒ 取得している第2種電気工事士の免状が，直接活用できる仕事である。
- ㋓ 事業内容が安定しており，将来の発展性が期待できる。
- ㋔ 就業する場所が自宅に近いので，通勤に便利である。
- ㋕ 夜学への通学を希望しているが，企業では時間を配慮し奨励している。
- ㋖ 就業時間, 残業時間, 賃金, 職場の環境などの労働条件がよい。
- ㋗ 入寮を希望しているが，宿泊施設, 食堂, 各種保険などの福利厚生が整っている。
- ㋘ 事業の内容が，自分の趣味や興味と合っている。
- ㋙ 会社見学をしたとき，働きがいのある活気にあふれた職場だと思った。
- ㋚ 学歴や年齢に関係なく，実力に応じた待遇がされるので，やりがいのある企業だと思った。
- ㋛ 先輩の話を聞きながら，いろいろ検討したが，自分に最も合っている企業だと思った。

いくつか組み合わせて
一つの文章にすれば
案外簡単！自分の
言葉にすることが大切。

**志望の動機まとめ方の例**

**自動車製造希望**
**自動車科男子**
(㋐,㋑,㋘,㋛の柱を活用)

私は，機械いじりが好きだったので，高校は自動車科へ入学しました。専門教科の中で，とくに，エンジンについて非常に興味をもちました。御社は，自動車製造会社であり，エンジンの開発では世界のトップレベルにあると先輩から聞いています。仕事の内容も自分の興味と一致し，高校で学習したことが生かせる最適の職場であると考えています。できれば，エンジンの組立関係の仕事につきたいと思います。

# 7.試験の準備と心得

## ①試験前日の準備

**1** 持参するものをそろえる。

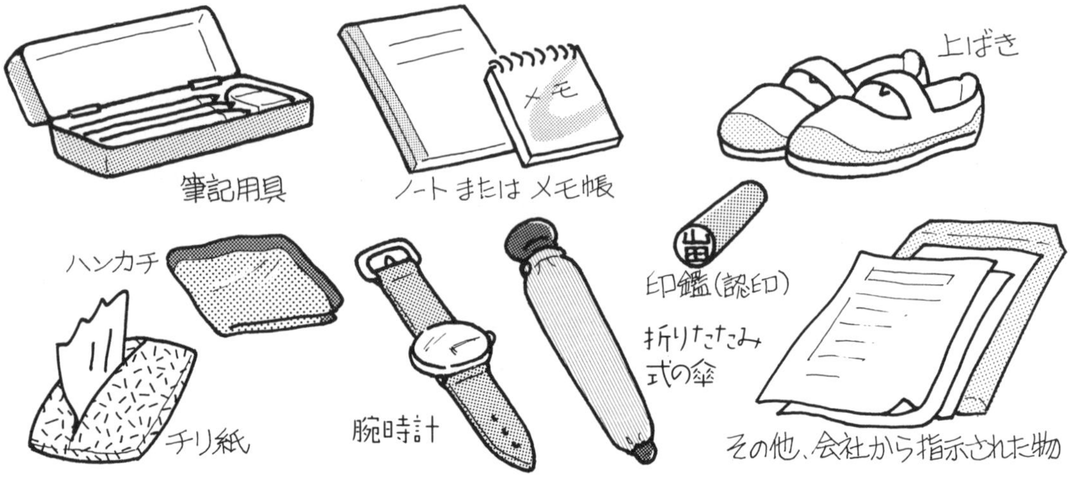


**2** 試験時間に遅れないよう，交通機関，道順を確認する。

**3** ワイシャツ，洋服（制服），靴下，靴を確認する。

**4** 頭髪や爪が清潔になっているか確認する。

## ②試験当日の心得

試験会場
W.C
1.持参するもの、身なり服装を最終確認する。
2.試験場へ余裕をもって着くように出発する。
3.交通事故などで遅刻する可能性があると思ったら、企業と学校へ電話連絡をとって指示に従う。
4.会社へ着いたら試験会場などの掲示物を見て指示に従う。
5.受付をすませ用便をしておく。
6.心を落ちつけ静かに待つ。
作文
7.筆記試験、面接試験、適性試験など指示に従って受験する。
発表日時
○月△日(☆)
2次
8.採否の発表日時、2次試験の予定日時などについて指示があったらメモしておく。
9.試験が無事終了したことを、学校と家庭へ電話する。
10.会社より緊急の呼び出しがある場合があるのですぐに帰宅する。
11.帰宅したら、今日の反省をしながら「受験報告書」をまとめる。

# 面接試験必勝法

## 1.面接試験の基礎知識

### ①面接試験が実施される理由

私たちが友達を選ぶ場合，何を大切にするだろうか。たとえば，あなたが友達を選ぶ場合，教養はあるが利己的な人と，教養は少し劣るが他人に親切で思いやりのある人がいたとしたら，どちらの人を選ぶだろうか。普通なら，教養よりも性格のよい人を選ぶことだろう。これと同じで，企業では学力よりも人物を大切にする。それは，企業では多くの人々が協力し合って仕事をやっているため，自分勝手な考えや行動は許されないからである。そのため，その人物（人柄）を知るために，面接試験が実施されるのである。学力試験は心配だが，面接試験には自信があるという人がいるが，本当だろうか。面接試験にそなえて，数日間訓練しただけでは，ボロがでてしまう。それを見抜いて，真の人物像をさぐるのが面接試験なのである。企業の面接担当者は，プロである。わずか10分～15分間程度の面接試験で，その人の考え方や性格をほぼつかむそうである。

### ②面接試験で重視されること（ベスト6）

**若さ・健康**

高校生らしい服装・態度および若さと健康がうかがわれるか。

**責任感**

与えられた仕事を最後まで成し遂げる根性や気力がうかがわれるか。

**協調性**

職場の同僚や上司に対して，協力して仕事をやる姿勢がうかがわれるか。

**積　極　性**

必要なことに対し, 自ら進んで発表したり行動する姿勢がうかがわれるか。

**創造性・個性**

何事も創意工夫し, 改善しようとする創造性や個性がうかがわれるか。

**意欲・やる気**

何事にも, 前向きに取り組もうとする意欲とやる気がうかがわれるか。

### ③面接試験の形式

受験者の人数, 企業の面接担当者（以下「面接者」という）の人数, 内容等によって，次の2つの形式4つの分類に分けられる。

**第1の形式　個人面接（受験者１人）**

【面接者1人の場合】

この形式は，受験者と面接者が1対1で話し合うものである。他の形式と比べて，最も落ち着いて面接できる。しかし，この形式は，面接者が1人のため公平さを欠く恐れがあるので，あまり実施されていないようである。所要時間は, 10分～20分が多いようである。

●必勝ポイント

他の受験者と比較されることもないから，落ち着いて自分の考えを自信をもって堂々と述べること。高校生らしく，ハキハキと応答することが必勝のポイントである。

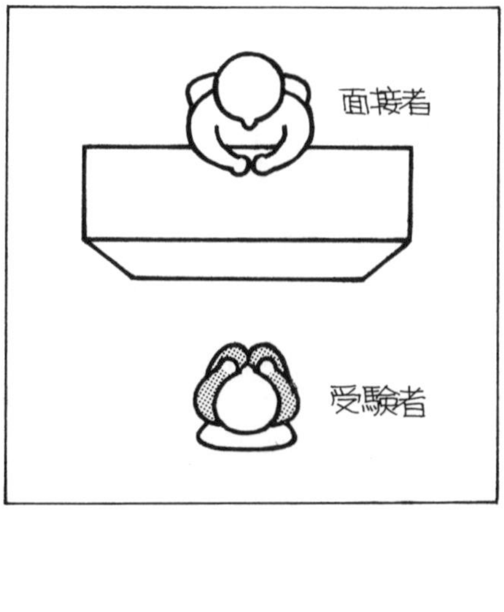

【面接者複数（2人〜5人）の場合】

この形式は，受験者1人に対して面接者が2人〜5人くらいで話し合うものである。高校生の面接では，この形式が最も多く実施されているようである。この形式は，複数の面接者によって評価されるので，より公平である。それだけに，きめ細かく観察されることになる。所要時間は，10分〜20分が多いようである。

●必勝ポイント

入室，退室など通常は中央の面接者に対してあいさつをする。面接が始まると，質問をする面接者に対して意識をして正面を向き，ハキハキと応答すること。このとき，他の面接者の動作などに気をとらわれてはいけない。また，同じ内容の質問を他の面接者が違った形で聞いてくる場合があるので，自分の考えは終始一貫して変わらないように述べること。

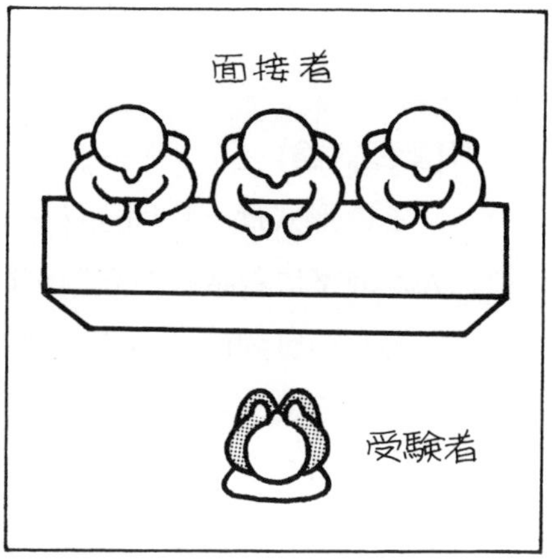


**第2の形式　集団面接（受験者，面接者ともに複数）**

【集団面接】

この形式は，受験者，面接者ともに3人〜5人が同室に着席して面接が行われるものである。同じ内容の質問を1人ずつ順番に回答させる場合と，1人ずつ異なった内容の質問に回答させる場合がある。この形式は，他の受験者と比較されるので，自分の回答内容だけでなく，他の受験者の回答についても十分に聞き理解しておくことが大切である。所要時間は，30分〜60分が多いようである。

●必勝ポイント

質問する面接者に対して正面を向き，ハキハキと回答することは個人面接と同じである。質問に対して，前に回答した受験者と同じ考えの場合は，同じ回答でもよいから自分の真の考えをハキハキと述べること。他の受験者の考えにまどわされないようにすること。

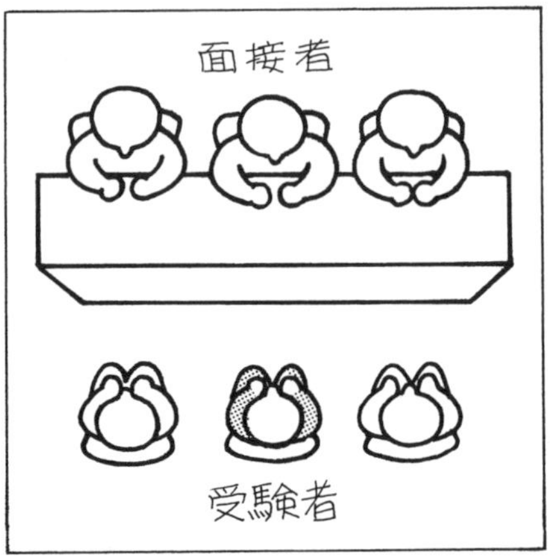


【集団討論】

この形式は，集団面接と同じく受験者，面接者ともに，3人〜5人が同室に着席して面接が行われるものである。

初めの質問は，集団面接と同じように1人ずつ順番に回答させることから始められる。しかし，その後は面接者からテーマが提示され，そのテーマについて受験者同士が討論するように求められる。したがって，自分の考えだけでなく他の受験者の考えも十分に聞いて，その考えに対する自分の考えも発表しなければならない。

そのため，この形式は，その人の能力，適性，興味，関心，考え方などが深く評価され比較される。

この形式は，大学生では多く実施されているが，高校生ではほとんど実施されていないようである。

●必勝ポイント

質問する面接者だけでなく，回答（発表）する受験者の方にも顔を向け，相手の話に感心する場合はうなずくなどして，話の要点を整理しておく。そして，自分の考えと異なる点をまとめておき，自分の考えをハキハキと述べる。

# 2.マナーが勝負の分かれ目だ

### ①身だしなみ

**■服装のチェック**

○高校生らしく清潔感のある服装（制服のある学校は制服）か

○ワイシャツ，ブラウスは白色か

○制服やスーツはプレス，ブラッシングがしてあるか

○ネクタイ，スカーフはきちんとついているか

○フケはついていないか

○靴は汚れていないか

○校章はついているか

**■頭髪などのチェック**

○髪形は高校生らしく清潔か

○爪は切ってあるか

**■持ち物のチェック**

○生徒手帳　○筆記用具　○ハンカチ　○チリ紙

○その他，企業から持参するように指定されたもの

**■その他**

○ピアス・ネックレスなどの装飾品は原則として身につけない。

### ②基本的な態度・動作

【気をつけの姿勢】

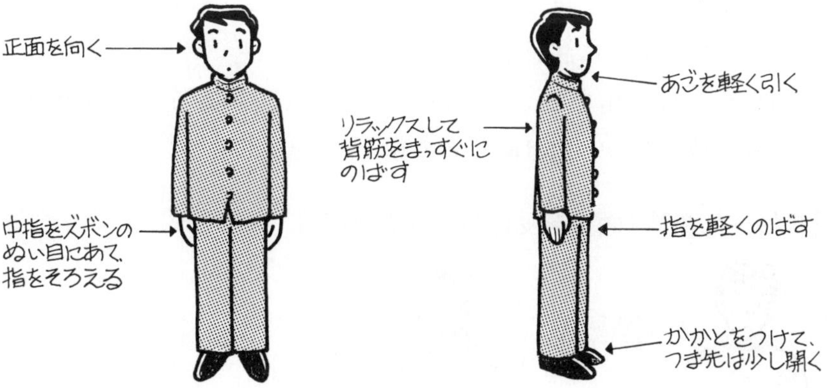


●必勝ポイント

○背すじをのばし，力まず，足裏全体に体重をかける。

○指をそろえて，ピーンと真直ぐ伸ばす。

○目は正面の一点を見つめる。

【礼のしかた】

●上体を倒す角度
ごく軽いおじぎ（会釈）は約15度。
軽いおじぎ（敬礼）は約30度。
ていねいなおじぎ（最敬礼）は
約45度とされる。


●必勝ポイント

○静かに息をはきながら礼をし，動きがとまったときに息をとめ，静かに息をすいながら気をつけの姿勢にもどす。

○「お願いいたします」，「○○でございます」などと心で言いながら礼をすると，間がとれたきれいな礼ができる。

【椅子へのすわり方】

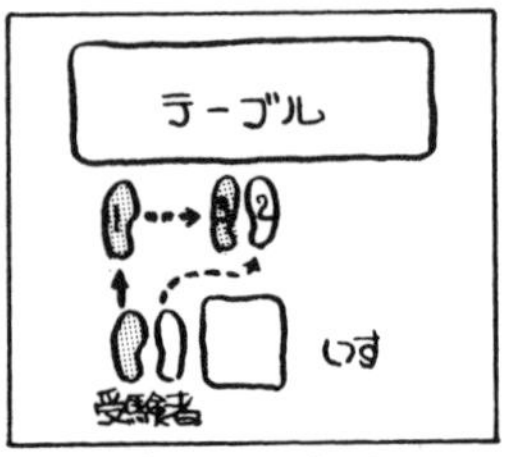

椅子の左に立つ場合

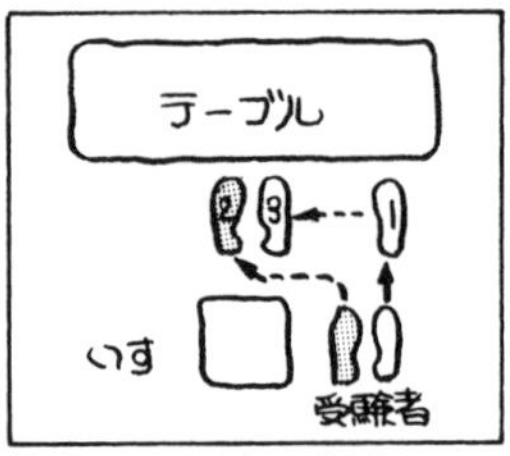

椅子の右に立つ場合

●必勝ポイント

○椅子まで進み，気をつけの姿勢をとる。これで第一印象が決まるので，十分に注意する。

○心をこめて礼をし，「どうぞ」などと合図があるまで気をつけの姿勢を保つ。目は面接者の顔（目）を見る。

【すわった姿勢（面接を受けるときの姿勢）】

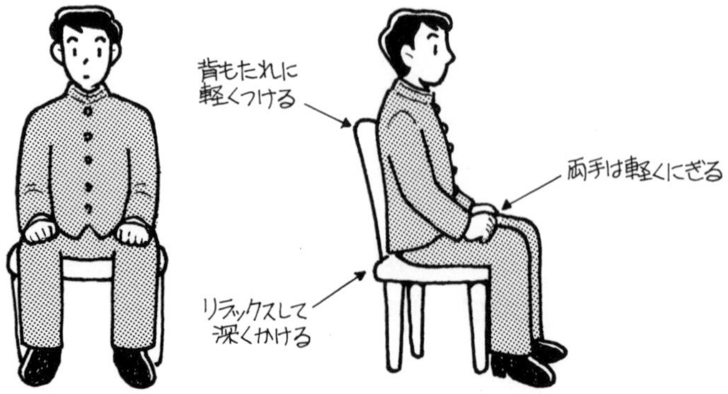

●必勝ポイント

○顔は常に面接者の顔（目，口）に向けておく。

○背すじを伸ばし，椅子に深く腰掛けリラックスする。

○面接者の話をしっかり聞き，必要に応じてあいづちを打つ。

【椅子からの立ち方】

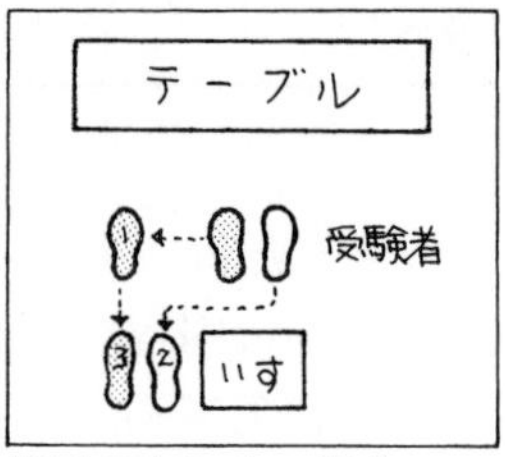

椅子の左に立つ場合

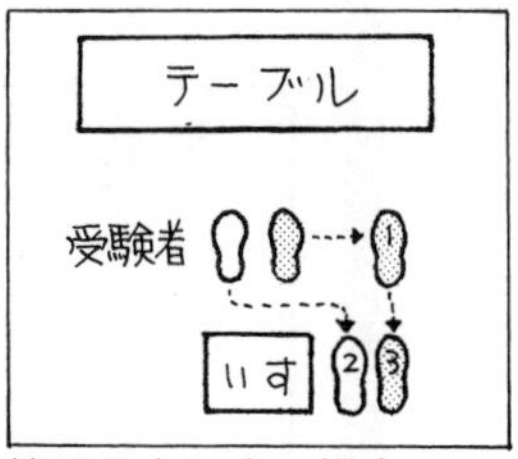

椅子の右に立つ場合

●必勝ポイント

○面接者より終わりの合図があったら，椅子から立ち上がり，椅子の横で気をつけ，礼をする。この態度，姿勢が総合評価に大きく影響する。最後まで気をゆるめない。

【入室の仕方（退室の場合は逆）】

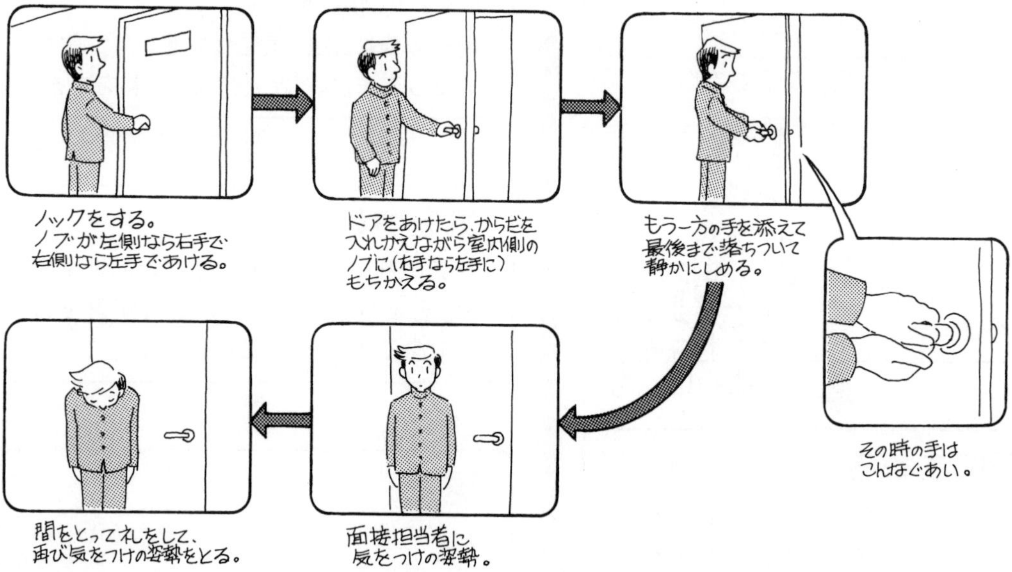


●必勝ポイント

○ドアを閉めるときは，面接者に背を向けるようになるが，決して失礼ではない。ドアをゆっくり閉めながら，心を落ち着ける。

**③面接の流れとポイント**

面接者も
普通の人間だ。
リラックス
リラックス

### 待つ
目を軽くつむるなどして，静かに自分の順番を待つ。

↓

### 呼ばれる
自分の名前が呼ばれたら，大きな声で「ハイ」と返事をする。

↓ ドアまで進む

### 入室
ノックをしてから，合図があったら入室し，ドアをきちんと静かにしめる。

↓

### 気をつけ・礼
ドアをしめ終えたら，面接者に対して正面を向き，気をつけの姿勢をとり，礼をする。特に指先をそろえ，きちんと伸ばす。

↓ 椅子まで歩く

### 椅子の横に立つ
椅子の横に立ち，気をつけ，礼をする。そして，学校名，氏名を元気よく述べる。

面接中は
自然な笑顔を
たやさない

↓

### 椅子にすわる
「どうぞ」などと指示があったら，「失礼いたします」などと述べて椅子へすわる。

↓

### こたえる
質問する面接者の顔（目または口もとあたり）に視線をやり，質問の内容をしっかりつかみ，ハキハキと応答する。

↓

### 面接終了
「これで終わります」などと面接終了の合図があったら，「ハイ」と軽く返事をして立つ。

↓

### 椅子の横・礼
椅子の横に立ち，気をつけをして，「失礼いたします」などと述べながら礼をする。

↓ ドアまで歩く

### 気をつけ・礼
ドアの前で，面接者に対して正面を向き，気をつけ・礼をする。これが最後の礼であるから，心をこめてする。

↓

### 退室
ドアの開閉には十分に気をつかい，静かに退室する。

↓

### 待つ
これで面接は終了したが，諸注意などがあるので，静かに待つ。

### ④話し方のポイント

#### 上手に聞く

面接者の質問に対して正しく回答するためには，まず面接者が何を求めているのかしっかりと聞くことである。質問の内容がよくわからないときは，質問の意味を聞く。

#### わかりやすく話す

1
2
3

話の内容を整理してまとめ，順序よくわかりやすく話す。必要に応じて，具体的な例をあげて話すと，相手に通じやすい。

#### 音量と語尾に注意

ハキハキ

面接者に聞こえるように適当な音量で，語尾をしっかりと自信をもって話をする。高校生らしく，ハキハキとする。

#### 明るく誠意をもって

○
×

同じ内容の話でも，相手が明るく誠意をもって話をする場合は，好感がもてるものである。

#### 正しい言葉づかいで

尊敬語

面接用の特別な言葉があるわけではない。日常語，尊敬語を使いわけ，目上の人に対して失礼のないように注意する。

これら5つが
必勝のポイント！
ふだんから
しっかり練習して
おこう!!

# 3.質問例と回答のポイント

## ①受験者本人に関すること

○簡単に自己紹介をして下さい。「(こたえ)……」

○あなたの長所と短所について，たとえばどのようなところがそうなのか，もう少しくわしく話してもらえませんか。「……」

○健康そうに見受けられますが，いままでに何か病気やけがなどをしたことがありますか。「・・・・・・」

○趣味はバレーボールと囲碁（初段）と書かれていますが，大した腕前ですね。囲碁は小さいときからやっていたんですか。きっとお父さんの手ほどきで強くなったのでしょう。「……」 バレーボールは高校からはじめたのですか。「……」

○余暇には，いつもどんなことをしていますか。「……」

○テレビは，いつもどんな番組を見ていますか。「……」 好きなタレントはどんな人ですか。「……」

○こづかいは月にどのくらい使いますか。「……」 それはお母さんからもらうのですか。「……」 おもに何に使うのですか。「……」 いままでに，アルバイトをしたことがありますか。「……」 月にいくらぐらいの収入になりましたか。「……」

○本はよく読みますか。「……」 どんな本ですか。「……」

**●回答のポイント**

自分の日常生活についての質問であるから，あまり気負わず自信をもって答えよう。また，面接では，先に提出してある書類を見ながら質問されることが多いので，履歴書・身上書は提出する前にコピーをとり，書いた内容を頭に入れておかないと，矛盾した答えをしかねないので注意すること。

## ②高校生活に関すること

○あなたの学校は，機械科のほかにどんな学科があるのですか。「……」 全体では何人ぐらい生徒がいますか。「……」 女子は何人ぐらいいますか。「……」

○授業の中でいちばん好きな学科は何ですか。「……」 どんなところが好きなのですか。「……」 では，いちばん嫌いな学科は何ですか。「……」　なぜ嫌いなのですか。「……」

○学校生活の中で，特に印象に残っていることはどんなことですか。勉強のことばかりでなく，何でもいいのですよ。「……」
○3年間で何日ぐらい欠席しましたか。「……」 どんな理由で欠席したのですか。「……」 遅刻や早退は何回ぐらいありましたか。「……」 遅刻の理由はどんなことですか。「……」
○お友だちは何人ぐらいいますか。「……」 どんなタイプの人たちが多いですか。「……」

**●回答のポイント**

①と同じように，自分の学校生活の体験などについてのことであるから，高校生活をいかに有意義に送ったか，どのような点に努力したかを力説したらよい。そのほか，学校で習った程度の技術的な専門用語について質問されることもあるが，論作文の試験と違い，即答しなければならないので，日頃から受験する企業の業種で必要とされそうな知識には十分に目を通しておくようにしたい。

### ③受験した会社に関すること

○この会社について，どこで知りましたか。「……」 どんな会社かについても，よくおわかりですね。「……」
○応募する前に，学校に掲示された求人票を見ましたね。「……」それを見てどうでした。どんなところにひかれて応募したのですか。例えば，給料が高くていいとか，労働時間が比較的少なくていいとか，どんなことでもいいのですよ。「……」
○あなたの志望の動機を見ますと，職種については問題なさそうですが，どうですか。しっかり勤まりそうですか。「……」
○会社のことについて，何か聞いておきたいことはありませんか。どんなことでもいいのですよ。「……」
○あなたは，お住まいが国分寺ですと，勤務先に通勤するには，ＪＲの中央線で新宿まで来られるのですね。「……」 せいぜい40分ぐらいですか。割と近いほうですね。「……」

**●回答のポイント**

何はともあれ，なぜこの会社を選んだか，入社したら会社のために自分はどのように貢献したいと思っているのかをまとめておく。そして，どのような困難があっても，会社のために自分なりに努力して乗り越えていこうとする姿勢を強調する。そのためには，その会社についていろいろな角度から調べ，どの

ような会社であるか理解すること。その上で，自分の能力，適性をどのように生かしていきたいかをまとめておく。また，提出した履歴書の「志望の動機」欄に書いた内容と異なる回答をしないように注意すること。

**④社会常識その他に関すること**

○毎日，新聞は読んでいますか。「……」 まず，どんなところから先に読みますか。「……」

○最近の新聞に出ていることで，特に印象に残ったものがありましたか。どんなことでもいいのですよ。「……」 それについて，あなたはどのように思いましたか。「……」

○われわれの業界も競争が激しくて大変なんですよ。新製品の開発も進めなければ同業各社に負けてしまうし，国内市場でのシェアをアップさせる営業努力は並大抵のことではないんですよ。また，海外市場でも，国内の同業他社との間の競争のほかに，日本製品の締め出しを画されるなど，これもまた大変なんです。新聞やテレビなどでもよくいわれているからご存じでしょう。ですから，自分は製造工程の仕事につくのだから，営業・販売のことなど関係ない，ということでは勤まらないのですよ。このこと，わかりますよね。「……」 このようなことについて，あなたはどう思いますか。例えば，同業他社の製品との比較とか，日米間の貿易問題のこととか，どんなことでもいいのですが，聞かせてもらえますか。「……」

**●回答のポイント**

日頃から，新聞やテレビなどで報じられている，政治・経済・外交その他いろいろな事件について，自分の考えをまとめておくこと。社会人となるからには「わかりません」ばかりでは通らないが，質問に対して本当に判断できないときには，「○○だとは思いますが，よくわかりません。」とはっきり答えよう。いいかげんに答えるより好感をもたれるものだ。

# 作文試験必勝法

## 1.作文試験の基礎知識

### ①作文試験が実施される理由

学科試験では，その人がどのような人物であるかを知ることができない。そのために面接試験があるわけであるが，さらに作文試験を合わせて評価すると，その人のほとんどを知ることができると言われている。

面接試験と作文試験の違いを考えてみると，面接試験は面接者の質問に対して，即答する必要がある。しかし，作文試験では自分の考えをまとめる時間があり，途中で考えが異なったら，もう一度書き直し変更することもできる。

このように，面接試験では即答するためうっかりと間違った回答をして誤解をまねく恐れもあるが，作文試験からはその人の真の人柄や考え方，教養，生き方などについて多くのことを知ることができる。

### ②作文試験で重視されること

**表現的な面から**

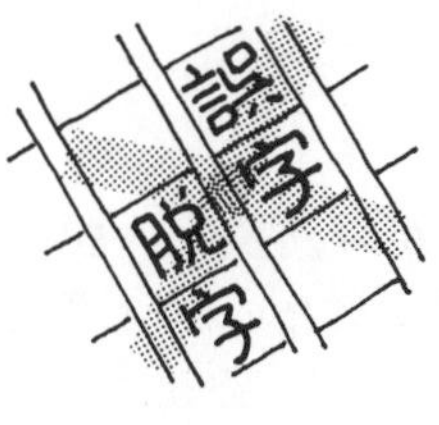


○読みやすい文章で，ていねいに書いてあるか。
○字数は適当か。
○誤字，脱字はないか。

**内容の面から**

○題意にそった内容か。
○文章全体を通して，流れに一貫性があるか。
○高校生としての教養，ものの考え方がしっかりしているか。

**人物的な面から**

○性格や考え方などから，どのような人間か。
○創造性，発展性のある人間か。
○企業に貢献してくれる人間か。

# 2.書き方の基本

### ①文章を書くときの手順と注意

▶制限時間60分の場合の時間の割り振りの例

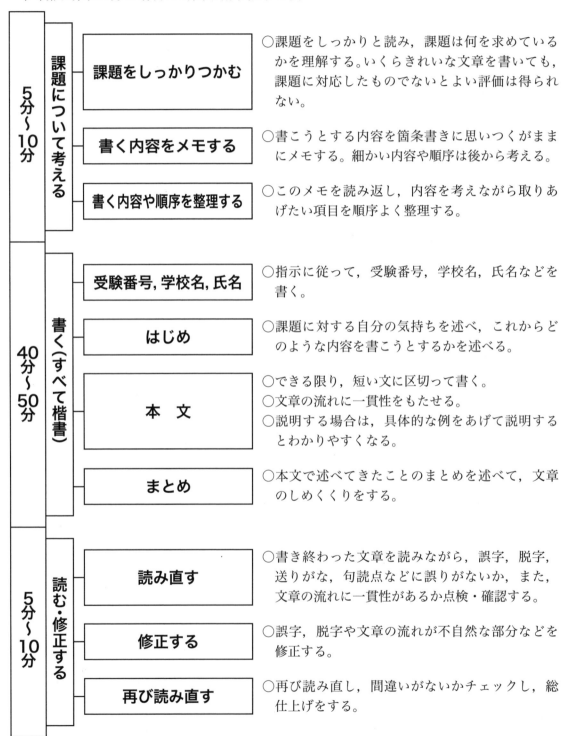

| | | | |
|---|---|---|---|
| 5分～10分 | 課題について考える | 課題をしっかりつかむ | ○課題をしっかりと読み，課題は何を求めているかを理解する。いくらきれいな文章を書いても，課題に対応したものでないとよい評価は得られない。 |
| | | 書く内容をメモする | ○書こうとする内容を箇条書きに思いつくがままにメモする。細かい内容や順序は後から考える。 |
| | | 書く内容や順序を整理する | ○このメモを読み返し，内容を考えながら取りあげたい項目を順序よく整理する。 |
| 40分～50分 | 書く(すべて楷書) | 受験番号, 学校名, 氏名 | ○指示に従って，受験番号，学校名，氏名などを書く。 |
| | | はじめ | ○課題に対する自分の気持ちを述べ，これからどのような内容を書こうとするかを述べる。 |
| | | 本　文 | ○できる限り，短い文に区切って書く。<br>○文章の流れに一貫性をもたせる。<br>○説明する場合は，具体的な例をあげて説明するとわかりやすくなる。 |
| | | まとめ | ○本文で述べてきたことのまとめを述べて，文章のしめくくりをする。 |
| 5分～10分 | 読む・修正する | 読み直す | ○書き終わった文章を読みながら，誤字，脱字，送りがな，句読点などに誤りがないか，また，文章の流れに一貫性があるか点検・確認する。 |
| | | 修正する | ○誤字，脱字や文章の流れが不自然な部分などを修正する。 |
| | | 再び読み直す | ○再び読み直し，間違いがないかチェックし，総仕上げをする。 |

## ②書き方の6大ポイント

**その1 課題をしっかりつかむ**

面接試験と同様に質問に対して正しく答えることが，まず重要なポイントである。そのために，課題をしっかり読み題意をつかむ。

**その2 自分の考えを述べる**

抽象的な文章では試験担当者に感動を与えることができない。自分の考えや経験してきたことを，自分の言葉で具体的に述べる。

**その3 ていねいに正しく書く**

作文は作品である。心をこめて，ていねいに書いた作文は，好感を与えるものである。たとえ字が下手であっても，誤字や脱字，送りがななどに気を配り，楷書でていねいに書く。

**その4 読みやすくわかりやすい文字・文章で書く**

作文は試験担当者に読んでもらうものであるから，読みやすく，わかりやすいことが大切。むずかしい言葉を使った不自然な文章より，平凡な言葉でもわかりやすい文章のほうがよい評価を受ける。

**その5 主語と述語をはっきりと書く**

主語のない文章は，文章の流れを混乱させるもととなる。特定の場合を除き，必ず主語を書くように習慣づけておく。

**その6 文章の流れを通す**

文章は，始めから終わりまで一貫性があり，筋が通っている必要がある。文章の途中で考えが変わったり，本人の意見や考えがはっきりしない作文は，たとえ字数が適当であっても大きく減点される。

### ▼作文力をつける秘策

**名文・新聞を読む**

本を可能な限り多く読むとともに，新聞は必ず毎日読む。新聞のコラム欄をそっくり原稿用紙などに書いて訓練すると，表現のコツや語学力を身につけることができる。

**辞書を常に活用する**

本や新聞を読むとき，読み方のわからない漢字や意味がわからない語句がある。このとき，必ず辞書を自分の手で引くように習慣づける。苦労して体で覚えたことは身につき忘れない。

**日誌をつける**

その日のできごと，感じたこと，心に残ったこと，反省したことなど，何でもよいからあまり形式にとらわれず，毎日，日誌をつける。辞書を活用して，少しでも漢字を使うよう努力する。

**話題を多くする**

身辺のできごとや友達の考え方などを細かく観察し，話題を多くする。そのため多くの友達と接し，会話をするように努力する。

# 3.書き方の実際

## ①原稿用紙の使い方

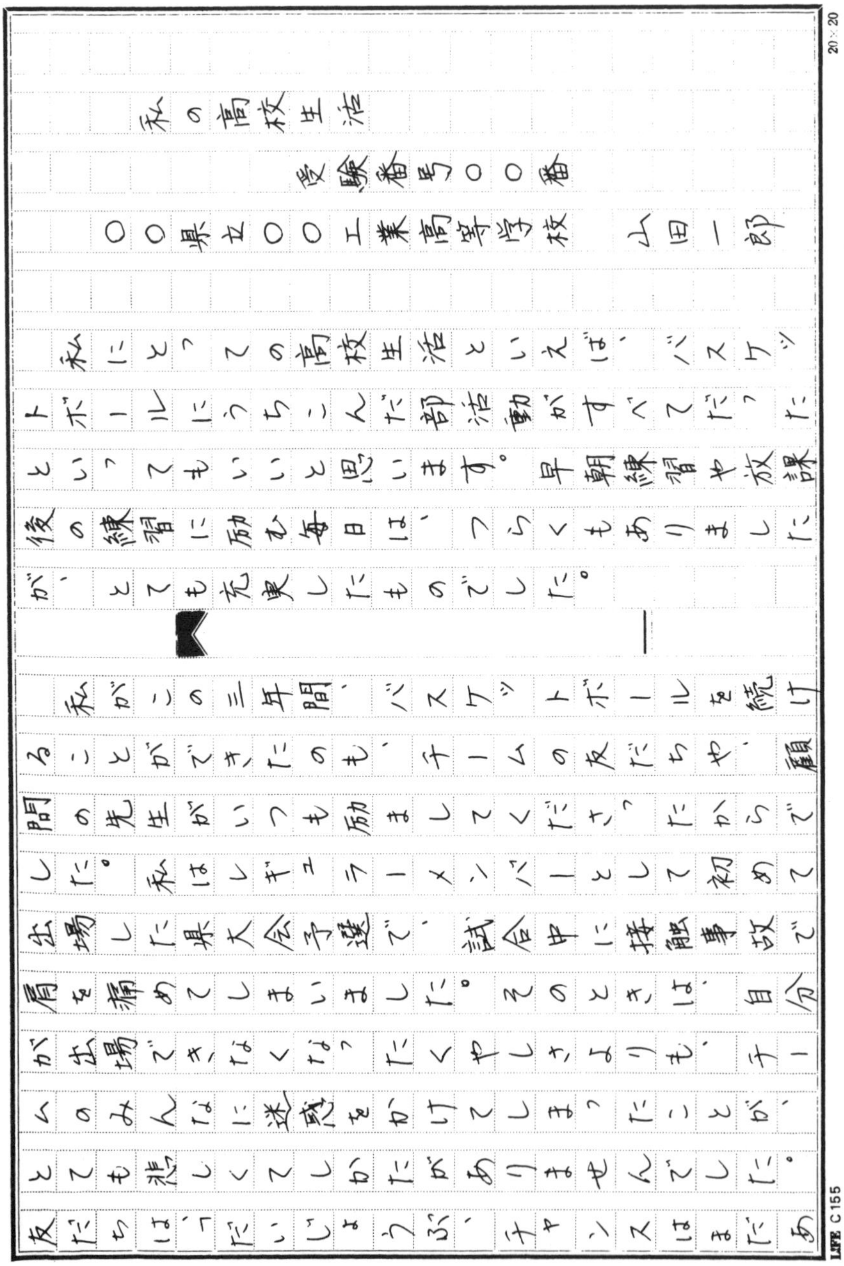


題名は2行目に上から2〜3字分あけて書く。

氏名の下が1〜2字分あくように書く。

書き始めや，行をかえる場合，1字分あける。

頁数を書く。

読点(、)や句点(。)も1字と数えて1マスに書く。ただし，読点や句点が行の始まりにくるときは，前の行の終わりにつける。

括弧(()，〔〕，「」など)や中点(・)なども1字と数えて1マスに書く。ただし会話の終わりの　。」は1マスでよい。

## ②横書きの例と修正の仕方

私が心がけていること

受験番号○○番

○○県立○○工業高等学校　橋本けい子

題は2〜3字分あけて書く。

氏名の終わりは1〜2字分あける。

「いつも自分の位置をたしかめる」これが私の心がけていること、またこれからも、と思っていることなのです。

文の初めは1字分あける。

高校二年の時、担任の先生からこういう話を聞きました。それは山で遭難する時の話なのですが、遭難する人の多くは、霧や雪のため視界がきかず、自分の位置がはっきりせず、不安といらだちのため、やたらと歩きまわり、疲労のために倒れ、命を失うというのです。

誤字修正はこのように。

加筆のときはこのように。

この話を聞いた時は、そういうものかなあ、という程度のことでしたが、その後山登りに限らず、あらゆることが、それに通じるように思われてきました。自分の位置をいつも知っているためには、今までに来た道の反省と、これから行くべき道の計画がはっきりしていなくてはなりません。

段落の初めは1字分あける。

脱字の加筆はこのように。

私と生徒会の役員をしているA君は、~~まるっきり~~二年の時とは違って、すっかり張切って勉強をしています。「試験が近づいてやる気が出たの。」とからかい半分に聞いてみますと、

削除するときはこのように。

## 4. よくでる出題とまとめ方

**①受験者本人に関すること**

○私の職業観
○私の将来
○私の理想
○私の夢と希望
○私の友だち
○私の趣味

**●まとめ方**

**○自分の長所・短所についてまとめておく**

人はだれでも長所があれば短所もある。まず，自分の長所は積極的にPRする。しかし，短所にも少しふれ，その短所に対して努力していることを述べる。そのことによって，その人が充実した生き方を求めている姿勢がうかがわれ，好感をもたれる。

**○日頃から心がけていることをまとめておく**

健康に関すること，基本的生活習慣に関すること，学習に関することなど，日常から心がけていることを具体例をあげてまとめておく。そして，高校生らしく充実した毎日を送っていることをPRする。

**○自分の趣味・特技についてまとめておく**

自分の趣味を日常の生活にどのように生かしているか，特技を入社してどのように生かしていきたいかをまとめておく。

**②高校生活に関すること**

○高校生活をふりかえって
○高校生活で最も印象の深かったこと
○夏休みの思い出
○卒業に際して思うこと

**●まとめ方**

今までの高校生活で，楽しかったこと，苦しかったこと，つらかったこと，努力したこと，感動したことなどを理由とともにまとめておく。また，高校生活で身につけた体験を，入社後どのように生かしたいかまとめておく。

### ③社会人となるにあたって

○社会人となる私の抱負
○就職に際して思うこと
○入社後の抱負
○職場への夢

●**まとめ方**

なぜ就職するのか，なぜその企業を選択したのか，入社したら企業のためにどのように貢献したいかをまとめておく。また，社会生活と高校生活のちがい，将来どのように生きていくかなどをまとめておく。いずれにしても，働く意欲があることを強調する。

### ④社会常識その他

○最近の新聞を読んで感じたこと
○現代の世相について
○21世紀の日本

●**まとめ方**

新聞を読み，政治や経済においていまどのような問題が起き，どのように進行しているかをまとめておく。そして，自分の考えや感想をまとめておく。特に，興味があり自信がある事柄は別として，あまりむずかしいことを書こうとせず，自分の感想を書く程度でのぞむとよい。

# 適性試験必勝法

## 1.適性試験の基礎知識

### ①適性試験が実施される理由

例えば，物を作るには手先の器用さが必要であるように，仕事を効率よくするためには得手な人があたることが望ましい。しかし，十人十色と言われるように，人の特性（興味・関心・能力・適性）はいろいろである。長い間付き合っていれば自然にその人の特性はわかってくるが，学力試験や面接試験だけではその人の特性についてほとんど知ることはできない。

企業では，仕事の効率をあげるために，社員1人ひとりを適材適所へ配属する必要がある。そのために，適性試験を実施し，その人の特性の発見に努めているのである。したがって，適性試験の結果不採用になる場合もあり，また希望と違う職種に配属される場合もある。

適性試験は，本人が持っている特性が出てしまうので，努力してもしかたがないと考えている人もいるがまちがいである。本人の特性は，経験や努力によって変化するものである。適性試験に対して，真剣に最後まで全力を尽くして取り組む，その姿勢がよい結果として表れるのである。学力試験との違いは，そこにある。

### ②試験で重視されること

**性格検査** この検査の代表的なものとして，クレペリン検査がある。この性格検査を実施することにより，その人の性格をきめ細かに知ることができる。

検査結果の例
▷まじめで責任感が強く，ものごとへの集中力も強い。しかし，やや利己的であり協調性に欠ける。

**適性検査** この検査は，本人がどのような仕事(職種)に興味をもっているか，能力・適性があるか診断され，本人に適していると思われる職業を知ることができる。

検査結果の例
▷文科系の力があり，刊行物の企画や作品の制作に興味が強く，適性がある。
▷適していると思われる職業の例…新聞・雑誌・出版編集，放送記者，プロデューサー，ディレクター，（以下省略）

⇩

**一般に性格検査と適性検査の２つから総合的に判断されることが多い。**

### ③適性検査問題の例

ア．クレペリン精神作業検査

イ．職業適性検査

61 A 独自のやり方を工夫して行なうのが得意である
B 与えられた仕事を忠実に行なうのが得意である

62 A 人に無視されたくない
B 人にきらわれたくない

63 あなたが何に興味をもっているかを
A まわりの人は よく知っている
B よほど親しい人でなければわからない

64 みんなの中で
A すすんで 新しいことをやるほうである
B たいてい あとからついていくほうである

71 A もし家をたてたら 火災保険をかける
B もし家をたてても 火災保険などかけない

72 A 思いやりのないのは よくないと思う
B 不合理であるのは よくないと思う

73 A 一つの仕事に 集中して取り組みたい
B いろいろな仕事を こなしてみたい

74 A 多くの原理を 応用する人になりたい
B 一つの原理を 極める人になりたい

75 A むずかしい問題を考えることに 張合いを感じる
B 動きまわる仕事に 張合いを感じる

81 人生において大切なことは
A どれだけのことを したかである
B その人なりに いかに努力したかである

82 A 大きな目標をたて それに向かって努力する
B 目標などたてず できることをせいいっぱいやる

83 A 静かで ひかえ目なほうである
B ちょっとした社交家である

84 話がもつれたとき ふつう
A じょうだんをいって ふんいきを変える
B 数日たっても ああいえばよかったなど

## 2.適性検査必勝のポイント

学力試験や面接試験は，短期間の勉強や練習で成功する場合もある。しかし，適性検査は違う。日頃から努力していることの積み重ねの結果がでてしまうのである。したがって，日頃の努力が大切であるが，当日の受験態度や事前の心構えも大切である。適性検査の結果が悪く，不採用になった例も多くある。適性試験を軽く考えてはいけない。

### ①与えられた時間は最後まで全力を尽くす

効率よく，よい仕事をするためには，集中力が必要である。企業では，安全の面から，効率の面からたとえ能力がある人でも，集中力に欠けたり協調性に欠ける人は敬遠される。適性試験であるからと軽く考え，いい加減な気持ちで受験するとその気持ちが結果として表れ，不採用となる。とにかく，最後まで自分の力の限り全力を尽くして頑張ることである。

### ②休息時間は十分に休む

人間は休息することによって，次の仕事へのパワーを充電することができる。検査の途中に休息時間が設定されている目的は，本人が，与えられた休息時間にパワーを充電できる能力があるかどうかを確認するためのものなのである。したがって，油断してはいけない。軽く目をつむるなどして，十分に休息して次の検査へベストコンディションで臨むことである。

### ③難問がでた場合は次の問題へ挑戦する

むずかしい問題に対していつまでも考えていると，与えられた時間に処理する量が減ってしまう。したがって，むずかしい問題は後まわしにして次の問題へ挑戦するとよい。しかし,問題によっては,飛ばさないで前から順番にやるように指示のある場合がある。その場合は，むずかしい問題に対して，とりあえず最も適当と思われる回答をして，次の問題へ進む。ただし，あまり仮の回答ばかりでミスが多くなると，かえって減点になるので注意が必要である。

**④適性試験に慣れておく**

適性試験は，筆記（学力）試験のように事前に勉強をして暗記するなどの必要はないが，どのような種類と内容があるかは事前に調べ体験しておきたい。そのために，先生と相談したり，学校で行う適性検査に参加したり，本を購入するなどして適性試験に慣れておくとよい。

**⑤人間の能力・適性は変化する**

学校で行う適性検査の結果から，「私は○○に適性がない」などと考えて落ち込む人がいる。適性検査の結果は，現時点における一応のめやすであり，すべてではない。したがって，試験の結果から，すぐれた点は自信をもって伸ばすとともに，劣っていると思われる点はそれをカバーするように努力したい。日頃の努力が実り，試験の結果も必ず，向上するはずである。例えば，「内向的である」との結果がでたら，積極的に友達づくりに努めたり，人前で発表したり，行動したりするように努力することである。人間の能力や適性は，本人の努力によって大きく変化するものである。

# 最後に

## ●自分の進むべき道を考えよう

景気は多少上向きになってきましたが，これから就職しようとする皆さん高校生を取り巻く環境が厳しいことに変わりはありません。

定職につかずアルバイトで生計を立てるフリーターとよばれる人が増えていますが，最近はニート※の増加も社会問題になっています。実力のある人材でなければ正社員として採用しない企業も増えています。企業が新規卒業生を社内で教育する経済的余裕がなくなってきたことが一因です。

学校を卒業しても職に就かない人が増加し続けているのは、自由な時間を束縛されることを嫌う若い人が増えているからだともいわれています。現在，アルバイトの求人はたくさんあります。アルバイト生活は，一見自由で，今とりあえず生活はできるかもしれませんが，長い目で見れば不安定です。時給には上限があるし，24～25歳になってから就職しようとしても，なかなか就職できません。企業は，「即戦力となる経験者」を求めているからです。

高校の3年間は，あなたの人生に直接かかわってくる重要な時間です。自分のやりたいことを見つけ，自分の進むべき道をしっかりと考えてください。そして，あなたの力で，すてきな高校時代にしてください。

※ニート（NEET）＝Not in Employment, Education or Training（働かず，学校にも行かず，職業訓練も受けていない人のこと）

# 建築

# 1 建築計画

○建築計画は，建築史，計画原論，計画各論，設備に大別される。
○建築史は年代区分と様式，時代特徴，建築家とその作品などをまとめておくとよい。
○計画原論については，用語および単位を覚えておくこと。
○計画各論は，敷地計画，近隣計画などにもとづいた，平面計画の問題が多く出題されている。
○設備については，換気，冷暖房の型式，用語および単位についてまとめる。

## 重要事項の整理

### 1.建築史

⑴　日本史
　神殿形式―住吉造，大社造，神明造，春日造，八幡造
　住宅建築―寝殿造，書院造，数寄屋造

⑵　西洋史
　古代―エジプト，オリエント，ギリシャ，ローマ
　中世―ビザンチン，イスラム，ロマネスク，ゴシック
　近世―ルネサンス，バロック，ロココ

⑶　近代建築物
　建築家と建築物との関係をまとめる。

### 2.建築計画原論

⑴　気象―気象要素，気候図（クリモグラフ）
⑵　室内気候―温熱要素（温度，湿度，風速，放射熱の４要素），有効温度（E.T.）
⑶　換気・通風―換気回数，通風計画
⑷　伝熱・結露―熱伝導率（W/m・K），熱貫流率（$W/m^2$・K），結露
⑸　日照・日射―日照率，方位角，太陽高度，日影曲線，隣棟間隔（冬至の４時間日照確保）
⑹　採光・照明―昼光率，採光計画
⑺　音響―吸音率，音圧レベル，騒音，残響時間，反響
⑻　色彩―色の３要素，マンセル表色系

### 3.建築計画各論

⑴　住宅―敷地と配置計画，平面計画（パブリックスペース，プライベートスペース），各部の計画（床高，天上高，階段，手すり高）
⑵　集合住宅
住戸形式―フラット型，メゾネット型
通路形式―階段室型，片廊下型，中廊下型，スキップフロア型，ツインコリダー型
隣等間隔，全体計画
⑶　商業建築―動線，避難，換気
⑷　事務所建築―コア型式，廊下式，レンタブル比（全体で65～75％，基準階で80％を必要とする），避難計画
⑸　劇場・映画館―観客$0.5m^2$/人，通路１m以上，客席幅45cm以上，前後間隔85cm以上
⑹　その他―学校，幼稚園，保育園，図書館，病院，診療所

### 4.建築設備

⑴　換気設備―自然換気，機械換気
　空調設備―単一ダクト方式，二重ダクト方式，ファンコイルユニット方式，パッケージ方式，ゾーニング計画

冷暖房設備—冷媒，クーリングタワー，ファンコイルユニット，熱媒，エキスパンションタンク，コンベクター，スチームトラップ
(2)　給水設備—居住者1人当りの使用水量（住宅：150～200$l$/日）
(3)　排水設備—トラップ（Sトラップ，Pトラップ，Uトラップ，わんトラップ，ドラムトラップ），通気管（封水保護，流れを円滑）
(4)　電気設備—配電方式（住宅—100V・200V単相2線式，大規模電灯—100V～3000V 3相3線式）
(5)　衛生設備—し尿浄化槽
(6)　消火設備—屋内消火栓，スプリンクラー，ドレンチャー，サイアミーズコネクション
(7)　輸送設備—エレベーター（輸送能力400～1000人/時），エスカレーター，ダムウェーター
(8)　避雷設備—落雷防止のため地上20mを超える建物に設置

# 力だめし

## さあやってみよう！

**【典型問題1】　計画原論での用語，単位等の組み合わせで，相互に最も関係のあるものは，次のうちどれですか。**

(1)　吸音材　———　騒音　———　デシベル［dB］
(2)　気圧　———　相対湿度　———　グラム［g］
(3)　光源　———　光度　———　カンデラ［cd］
(4)　昼光率　———　太陽高度　———　ルクス［lx］
(5)　色調　———　彩度　———　ルーメン［lm］

**解答**　(3)　㊟(1)一般に騒音を表す単位としては［ホン］が用いられる。デシベルは音の強さ・音圧を表す単位。　(2)気圧と相対湿度とは関係ない。　(4)昼光率とは，全天空照度に対するある点の照度の比のことで太陽高度とは関係ない。ルクスは，照度の単位。　(5)ルーメンは光束を表す単位。

**ここがポイント！**

典型問題1
★単位とその記号について

| 名称 | 単位 |
| --- | --- |
| 日照率 | % |
| 日射量 | W/m$^2$ |
| 光度 | カンデラ[cd] |
| 光束 | ルーメン[lm] |
| 照度 | ルクス[lx] |
| 光束発散度 | lm/m$^2$,lx |
| 輝度 | cd/m$^2$ |
| 換気回数 | 回/h |
| 熱伝導率 | W/m・K |
| 熱貫流率 | W/m$^2$・K |
| 熱伝達率 | W/m$^2$・K |
| 音の強さ | デシベル[dB] |
| 音の大きさ | ホン[phon] |
| 相対湿度 | % |
| 絶対湿度 | kg/kg |

注　絶対湿度：湿り空気の中に含まれる水蒸気量で表す。DAは，乾燥空気のこと。

**【典型問題２】 平面計画を行うに際してどういう態度でのぞめばよいかを列挙してある。誤っているものに○印をつけなさい。**

(1) 各室は機能を十分に発揮できるようにする。

(2) 動線計画は単純化するために動線を長くし，動線の混乱を防ぐために通路の占める面積を多くする。

(3) 敷地に対する配置計画によって平面計画はかなり左右されるが，平面計画後に配置計画の修正が行われることもある。

(4) 外観も同時に計画することが望ましい。

(5) 構造が合理的であることも平面計画とは別個には考えられない。

**解　答** (2) ㊟動線はできるだけ短く，単純化する。また，人の動線と物の動線は交わらないようにする。

# 実戦就職問題

## ■建 築 史

**【1】 建築様式に関する記述で誤っているものは次のうちどれですか。**

(1) 伊勢神宮は唯一神明造である。

(2) 桂離宮は江戸時代の代表的な数奇屋建築で有名である。

(3) 寝殿造とは奈良時代に起こった貴族の邸宅の形式である。

(4) 室町時代には，僧侶・上層武士の住宅形式として書院造が起こった。

(5) 法隆寺は飛鳥様式の代表的なもので，特徴としては柱のエンタシスなどである。

ヒント! 寝殿造は平安・鎌倉時代の様式で，寝殿を中心とし，対殿を配した住宅建築様式。

**【2】 建築物の様式のうちで誤っているものは次のうちどれですか。**

| | (建築物の名称) | (様式) |
|---|---|---|
| (1) | パルテノン | ギリシャ様式 |
| (2) | テンピエット | ルネサンス様式 |
| (3) | サンタ・ソフィア | ビザンチン様式 |
| (4) | ノートルダム寺院 | ロマネスク様式 |
| (5) | アインシュタイン塔 | 近代建築 |

**【3】 次の建築設計家と関係のあるものを右から選び，記号で答えなさい。**

| | | | |
|---|---|---|---|
| (1) | 丹下健三 | (ア) | 東京駅丸の内駅舎 |
| (2) | 辰野金吾 | (イ) | 東京都庁舎 |
| (3) | 磯崎新 | (ウ) | つくばセンタービル |
| (4) | 大谷幸夫 | (エ) | 最高裁判所庁舎 |
| (5) | 岡田新一 | (オ) | 国立京都国際会館 |

ヒント! 日本の代表的な建築家である。

**【4】 次の建築設計家と関係のあるものを右から選び，記号で答えなさい。**

| | |
|---|---|
| (1) ル・コルビュジェ | (ア) サグラダ・ファミリア |
| (2) F．ライト | (イ) バウハウス校舎 |
| (3) W．グロピウス | (ウ) ロンシャン教会 |
| (4) ヨーン・ウッツォン | (エ) シドニーオペラハウス |
| (5) A．ガウディ | (オ) 落水荘 |

ヒント！ 海外の近代の代表的な建築家である。

## ■建築計画原論

**【5】 次の(1)～(5)に関係のある単位を，(ア)～(オ)の中から選んで線で結びなさい。**

| | |
|---|---|
| (1) 熱伝導率 | (ア) $W/m^2$ |
| (2) 日射量 | (イ) $W/(m\cdot K)$ |
| (3) 熱貫流率 | (ウ) % |
| (4) 昼光率 | (エ) $W/(m^2\cdot K)$ |
| (5) 光束発散度 | (オ) $l/m^2$ |

ヒント！ 単位について理解が必要（kcalは使わない）。

**【6】 計画原論に関する語の組合わせで，不適当なものは次のうちどれですか。**

(1) 照度———オーム　(2) 日射———ブリーズソレイユ
(3) 換気———レジスター　(4) 色彩———マンセル
(5) 騒音———ホーン

ヒント！ オーム［Ω］は電気抵抗の単位。

**【7】 人体の感ずる暑さ，寒さを表す尺度（感覚温度）というのがあるが，その中で室内温熱感覚を表す有効温度を定める気象条件の組合わせで正しいものは，次のうちどれですか。**

(1) 温度，湿度　(2) 温度，風速
(3) 温度，湿度，気圧　(4) 温度，湿度，風速

(5) 温度，湿度，風速，気圧

ヒント! 温熱要素：人が感じる暑さ，寒さの感覚を構成する指標の1つ。

**【8】 換気に関する次の記述のうち，誤っているものはどれですか。**

(1) 室内の空気汚染の指標として，一酸化炭素濃度が用いられている。

(2) 自然換気は，室内外の温度差および屋外風圧力によって行なわれる。

(3) 第一種機械換気は，給気，排気共に機械によるものである。

(4) 換気回数とは，室1時間当たりの必要換気量を室容積で除した値である。

(5) 換気を促進させるためには，給気口と排気口の高低差を大きく取る。

**【9】 室内空気に関する次の記述のうち，誤っているものはどれですか。**

(1) 空気の温度（乾球温度）が同じであれば，相対湿度が高くなると絶対湿度も高くなる。

(2) 空気を露点温度以下に冷却すると，空気中の水蒸気の一部は凝縮し水滴となる。

(3) 絶対湿度が同じであれば，温度（乾球温度）が高い空気ほど相対湿度も高くなる。

(4) 相対湿度が同じであれば，温度（乾球温度）が高い空気ほど水蒸気を多く含む。

(5) 室内表面温度を上昇させることは，室内表面結露の防止に効果がある。

ヒント! 空気線図の温度・絶対湿度・相対湿度の関係を理解すること。

**【10】 伝熱に関する次の記述のうち，誤っているものはどれですか。**

(1) 0℃の物体でも，物体表面の放射率に応じて熱を放射する。

(2) 伝熱には，伝導・対流・放射があり，それらの組み合わせによって起こる熱移動を熱伝達という。

(3) 熱伝導率の単位は，W／(m・K)である。

(4) 放射による熱の移動には，空気が必要である。

(5)　建築材料の熱伝導率を大きい順に並べると，金属＞コンクリート＞ガラス＞木材となる。

**【11】 次の(1)〜(5)の各方位の鉛直壁面および水平面において，冬至における終日日射受熱量の大きいものから順に並べ替えなさい。**

(1)　南向き鉛直壁面　　(2)　南西向き鉛直壁面
(3)　西向き鉛直壁面　　(4)　水平面
(5)　北西向き鉛直壁面

ヒント！ 夏至には，(4)—(3)—(2)—(5)—(1)の順になる。

**【12】 次の日射に関する記述のうち，誤っているのはどれですか。**

(1)　夏至の日の直達日射量は，南面より東面の方が多い。
(2)　天空日射量は，大気透過率が低くなるほど増加する。
(3)　直達日射を受けない壁面では，日射による熱取得はない。
(4)　大気透過率は，一般に夏期よりも冬期のほうが大きい。
(5)　曇天時においては天空日射が日射の大部分を占める。

ヒント！ 【11】の類似問題。日射量に関する用語として，「直達日射量」「天空日射量」「全天日射量」がある。

**【13】 次の日照，日射に関する記述のうち，誤っているのはどれですか。**

(1)　日照率とは，可照時間に対する日照時間の割合である。
(2)　太陽の放射熱が直接地表に達するものを直達日射量という。
(3)　室内におけるある点の昼光率とは，全天空照度に対するその点の昼光による照度の割合をいう。
(4)　ある地点の1日の可照時間は，その周りに建物等があると変わる。
(5)　日照に関連して，隣棟間隔を検討する場合は，冬至の日を基準に考える。

**【14】 図のような照明状態で，A，B，C各点を明るいものから並べた順序で，正しいものはどれですか。**

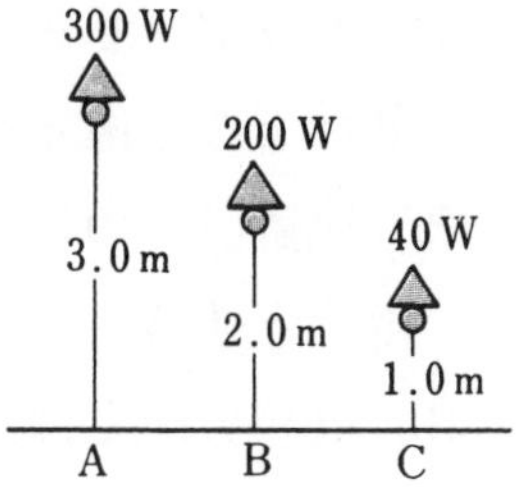


(1) B——A——C
(2) A——C——B
(3) B——C——A
(4) C——A——B
(5) A——B——C

ヒント! 照度は光度に比例し，光源からの距離の２乗に反比例する。

**【15】 残響時間に関する次の記述のうち，誤っているものはどれですか。**

(1) 一般に大きい室は，小さい室よりも残響時間は長い。
(2) 室内に聴衆が多いほど，残響時間は長い。
(3) 壁，天井などに吸音率の高い材料を多く用いると残響時間は短くなる。
(4) 残響時間は音の明瞭度に影響する。
(5) 講演のときは，音楽の演奏のときより残響時間の短い方がよい。

ヒント! 人間は吸音材の１つとなる。

## ■建築計画各論

**【16】 設計の標準化ということが最近いわれているが，これに関する記述で誤っているものは次のうちどれですか。**

(1) 設計の標準化は建築の生産性向上に直接つながるものである。
(2) 日本古来から使用されている３尺，６尺の単位は一種のモジュールで，設計の標準化の趣旨とは関係ない。
(3) 設計の標準化によって施工面で無駄が省け，工費も安くなる。
(4) 設計の標準化は，与えられた設計内容をより短い期間で，よりよい設計をまとめるためにも必要である。
(5) 設計の標準化により，既製サッシ，公団型流し等大量生産されるようになり，コストダウンされた。

ヒント! 尺単位はメートル法に換算されているが，住宅建築などでは現在でもこのモジュールが活用されている。

**【17】 住宅の計画に関する次の記述のうち，誤っているものはどれですか。**

(1) バリアフリーに対応した住宅とは，障害者や高齢者の行動の妨げとなる段差をなくした住宅である。

(2) 高齢者への対応・配慮として，出入り口の戸は開き戸より引き戸とする。

(3) 就寝分離とは，居間などの共同的空間と寝室などの個人的空間とを分けることである。

(4) 食寝分離とは，就寝という個人的空間と食事という共同的空間を分けることである。

(5) コートハウスとは，建築物や塀で囲まれた中庭を持つ形式の住宅のことである。

ヒント! 就寝分離，食寝分離の意味を理解すること。また，今後の住宅計画に際しては高齢者対策は重要となってくる。

**【18】 住宅の平面計画で適当でないものは，次のうちどれですか。**

(1) 玄関の位置は，道路の位置による。

(2) 浴室と台所は，能率上近い位置に設ける。

(3) 寝室と食堂は，使用時間が異なるから兼用してもよい。

(4) 建物の外形は，単純化した方がよい。

(5) 応接室は，北向きでも止むを得ない。

ヒント! 寝食分離が平面計画の基本。

**【19】 集合住宅の計画に関する次の記述のうち，誤っているものはどれですか。**

(1) 中廊下型の場合，一般に廊下を南北軸にしてその両側に住戸を配置する。

(2) 中廊下型は，片廊下型に比べて通風や日照を確保しにくい。

(3) メゾネット型は，1住戸が2層以上で構成された住戸形式で，一般に専用面積の小さな住戸には適さない。

(4) 片廊下型は階段室型より住戸のプライバシーと通風を確保しやすい。

(5) 高層集合住宅では，2方向避難を確保する意味からも，バルコニーを計画する。

ヒント！　集合住宅の形式・特徴についての理解すること。

**【20】　都市の住宅を高層化する場合の利点として，不適当なものは次のうちどれですか。**

⑴　土地の利用度が高い。
⑵　通勤圏が縮小される。
⑶　都市の不燃化に役立つ。
⑷　上下水道，ガス等の施設が容易である。
⑸　単位床面積当たりの建築費が安くなる。

ヒント！　高層化は建築費・設備費等の面からは高騰化する。

**【21】　事務所建築の階段についての記述で，不適当なものは，次のうちどれですか。**

⑴　動線を簡明に1階各所出入口近くに配置する。
⑵　エレベーターホールに近接させる。
⑶　一方に片寄らず，できるだけ均等に配置する。
⑷　人工照明も必要であるが，できるだけ自然採光をもたせる。
⑸　混乱を防ぐため，できるだけ1か所にまとめる。

**【22】　事務所建築に関する次の記述のうち，誤っているものはどれですか。**

⑴　貸事務所の延べ面積に対するレンタブル比は65～75％である。
⑵　ダブルコア方式は，2方向避難の確保がしやすい。
⑶　センターコア方式は，レンタブル比を高くしやすく，2方向避難も確保しやすい。
⑷　フリーアクセスフロアは，ＯＡ機器への対応に適している。
⑸　洗面所，便所等の給排水設備は，各階とも平面上同じ位置になるようにする。

ヒント！　コアプランの確認をすること。

**【23】　都市に建つ高層建築の特徴について述べている次の各文のうち，最も不適当なものはどれですか。**

⑴　計画が適切でないと，交通機関や上下水道等公共施設をみだす恐れがある。

⑵　地上をできるだけ公共に開放するとともに，建物の自由な配置ができる。

⑶　採光条件はよくなるが，清浄な空気が得られないという欠点がある。

⑷　公園や空地に接して建築することにより，空地の効果が強調される。

⑸　隣接する建物の日照，通風，採光，プライバシーを悪化させる可能性がある。

## ■建築設備

**【24】　図は圧縮式冷凍サイクルのシステム略図である。これを参考にして下の（　　）に当てはまる用語を下の語群から選び，記入しなさい。**

冷凍サイクルには圧縮式冷凍サイクルと（　①　）とがある。圧縮式では図の膨張弁で減圧液化された（　②　）が（　③　）→（　④　）→（　⑤　）→膨張という工程を繰り返す。そして（　③　）の過程で周囲の熱を奪い冷却作用が行われる。なお，Bは（　⑥　）といい，AとBの間を流れる水のことを（　⑦　）といい，高圧気体となった ② を液化する作用をする。

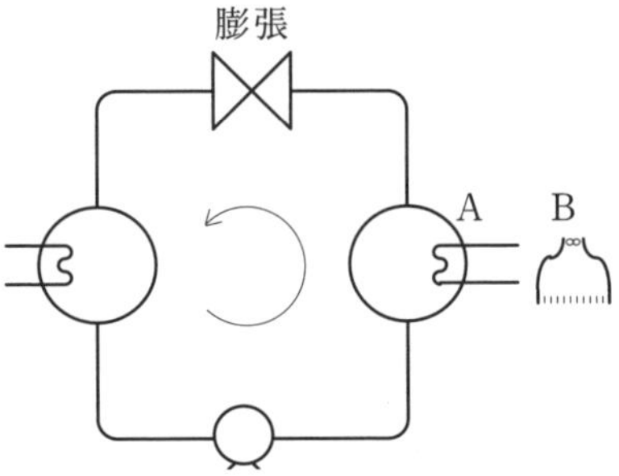


[語群]

a．回転式冷凍サイクル　　b．吸収式冷凍サイクル
c．冷　水　　d．冷却水　　e．冷　媒　　f．凝　縮
g．蒸　発　　h．圧　縮　　i．クーリングタワー

**【25】　給排水設備に関する次の記述のうち，誤っているものはどれですか。**

⑴　給水設備の高置タンク方式は，圧力タンク方式に比べて給水

圧力の変動が小さい。

(2) 給水における高置タンク方式では，一般に受水槽および揚水ポンプが必要である。

(3) 通気管は，排水管内部の圧力変動を緩和するために設ける。

(4) 排水トラップを設ける目的は，排水管内の臭気・衛生害虫の室内への侵入を防止することである。

(5) 排水管内の圧力変動が大きい場合は，排水トラップを二重に設ける。

ヒント！ 給水方式，排水管の機能を理解すること。

**【26】 消火設備に関する組合わせで誤っているものは次のうちのどれですか。**

(1) 外壁に設ける自動消火設備 —— ドレンチャー

(2) 消火隊用消火栓 —— サイレンサー

(3) 室内に設ける自動消火設備 —— スプリンクラー

(4) 電気室に設ける消火器 —— ドライケミカル

(5) 連結送水管 —— サイアミーズコネクション

**【27】 次の左欄の用語に関連のある設備の種類を右欄から選び，記号で答えなさい。**

| | |
|---|---|
| (1) コンベクター | (ア) 換気設備 |
| (2) 通気管 | (イ) 消火設備 |
| (3) 受水槽 | (ウ) 電気設備 |
| (4) サイアミーズコネクション | (エ) 給水設備 |
| (5) キュービクル | (オ) 排水設備 |
| | (カ) 暖房設備 |

ヒント！ コンベクター：床置きまたは壁掛けの対流放熱器
サイアミーズコネクション：消火設備の1つである送水口
キュービクル：変電用機器の1つ

**【28】 次の建築設備用語の説明を下記の選択欄から選び，記号で答えなさい。**

(1) ドレンチャー　(2) パイプシャフト

(3) ペリメーターゾーン　(4) ゾーニング

| | |
|---|---|
| (5) ウォーターハンマー | (6) ファンコイルユニット |
| (7) バキュームブレーカー | (8) 排水トラップ |
| (9) フラッシュバルブ | (10) クーリングタワー |

〔選択欄〕

(ア) 設備においては，建物の内部を適正・必要空調区域ごとに分けること。

(イ) 排水管の一部をＳ字・Ｐ字等にして，そこに水をため，下流からの悪臭や汚染されたガスなどが室内に逆流するのを防ぐもの。

(ウ) ファン，吹き出し口，冷温水コイル，フィルターを内蔵した小型空調器。

(エ) 隣接する建物など外部からの延焼を防ぐために外壁に設置し散水噴霧によって水幕をはる消火設備。

(オ) 水冷式冷凍機の冷却水を再利用するために，冷却水と空気を接触させ熱交換をする装置。

(カ) 建物の外周部。設備で空調を計画する際に外気の影響を受ける建物の外周部をさす。

(キ) 水洗用大便器の洗浄弁の1つ。弁の操作によって一定の洗浄水が排出され，自動的に止まるようになっている。

(ク) 管内の水を急激に停止するなどしたときに起こる水の急激な圧力変化の現象で，騒音，配管損傷等の原因となる。

(ケ) 逆流防止装置。排水管内の水が逆サイフォン作用によって逆流するのを防ぐもの。

(コ) 建物の床・天井を貫通して，給排水管等の管を集中的に収納するためのスペース。

# 建築計画　チェックリスト

□　ギリシア建築のオーダの名称をあげなさい。→〈 *1* 〉。
□　ローマのサン・ピエトロ大聖堂の基本は，おおむね〈 *2* 〉の計画によって形づくられている。
□　熱伝導率，熱伝達率の単位は〈 *3* 〉。
□　室内の$CO_2$濃度，CO濃度の一般の許容量をあげなさい。→〈 *4* 〉。
□　相対湿度と絶対湿度の違いは？→〈 *5* 〉。
□　機械換気の方式を3つあげなさい。→〈 *6* 〉。
□　全天日射量＝直達日射量＋〈 *7* 〉。
□　色の三要素とは〈 *8* 〉。
□　東京での隣等間隔の係数は6時間日照で2.4，4時間日照では〈 *9* 〉となる。
□　敷地は〈 *10* 〉m以上の道路に〈 *11* 〉m以上接しなければならない。
□　住宅の階段は，けあげは〈 *12* 〉cm以下，踏面は〈 *13* 〉cm以上とする。
□　住宅では，天井の高さは〈 *14* 〉m以上とする。
□　食事室，居間，台所が1つになった空間を〈 *15* 〉という。
□　テラスハウスとは→〈 *16* 〉。
□　ペントハウスとは→〈 *17* 〉。
□　スターハウスとは→〈 *18* 〉。
□　事務所のレンタブル比は基準階で〈 *19* 〉%，全体で65～75%必要である。
□　近隣住区と近隣分区について説明しなさい。→〈 *20* 〉。
□　法隆寺五重塔―〈 *21* 〉時代
□　熱貫流率が小さいほど外気温の影響を〈 *22* 〉。
　単位と記号については，典型問題1の［ここがポイント］も参考すること。
□　有効温度E.T.〈 *23* 〉℃とは，気温20℃，湿度100%，風速0m/sのときに体に感じる温度をいう。
□　残響時間とは，発生音のエネルギー密度が〈 *24* 〉dB減少するまでの時間。
□　〈 *25* 〉とは，交通・サービス空間を事務空間から切り離し，ひとまとめにして集約的に配置したもの。そのことにより，均等的・機能的な事務空間が造れる。
□　バルコニーの手摺の高さは〈 *26* 〉m以上。（建築基準法施行令第126条）
□　ユーティリティとは，住宅においては，〈 *27* 〉の中心となる空間のこと。
□　ある点の照度は光源からの距離の〈 *28* 〉に反比例する。
□　1台の音の強さが75dBの機械を2台運転したときの音の強さのレベルは，約〈 *29* 〉dBとなる。
□　〈 *30* 〉とはトラップ内にためられた水で，排水管下流から室内に汚臭等の逆流を防ぐためのもの。
□　〈 *31* 〉とは，建築物を設計，組立てる際の基本となる寸法のこと。
□　アネモスタットとは，空調用の〈 *32* 〉のひとつである。

*1.* ドリス式・イオニア式・コリント式
*2.* ミケランジェロ
*3.* 熱伝導率：W/(m・K)，熱伝達率：$W/(m^2 \cdot K)$
*4.* $CO_2$：0.1%（1000ppm），CO：0.001%（10ppm）
*5.* 相対湿度：単位体積あたりの空気中に含みうる飽和水蒸気量に対して，その空気中に含まれている水蒸気量の割合（%），絶対湿度：単位体積（1kg）の空気中に含まれている水蒸気量（kg/kg）
*6.* 第1種機械換気：給気・排気とも機械，第2種機械換気：給気が機械，排気は自然排気，第3種機械換気：給気が自然給気，排気が機械排気
*7.* 天空日射量
*8.* 色相・明度・彩度
*9.* 1.9
*10.* 4m（あるいは6m）
*11.* 2m
*12.* 23　*13.* 18　*14.* 2.1
*15.* リビングダイニングキッチン
*16.* 各戸ごとに庭を持つ連続住宅
*17.* 建物の屋上に設けられる塔屋
*18.* 平面形が星形・Y字形などの形をした塔状住宅
*19.* 75～85
*20.* 近隣住区：わが国では小学校を中心に店舗，公園などのコミュニティー施設を備えた都市計画単位，近隣分区：近隣住区を細分した計画単位で，集会所，幼稚園，必要最小限の商店群を備えた住宅区。
*21.* 飛鳥
*22.* 受けにくい
*23.* 20　*24.* 60
*25.* コア
*26.* 1.1
*27.* 家事作業
*28.* 2乗
*29.* 78
*30.* 封水
*31.* モジュール
*32.* 天井吹き出し口

# 2 建築法規

○建築法規は，建築基準法ならびに同施行令に関する用途・敷地・高さ・構造の規制の基本的なものが多く出題されている。
○まず，基準法の内容を区別すると，単体規定，集団規定，制度規定によって構成されている。単体規定は，建築物自体の敷地・構造および建築設備についての規定で，集団規定は都市計画上必要な建築物の敷地・構造・設備について，制度規定は単体規定および集団規定の施行を確保するための制度に関する規定である。
○なお，以下において「建築基準法」は「法」，建築基準法施行令は「令」と記す。

## 重要事項の整理

### 1.はじめに

建築に関しての法令の構成
(1)　法律として「建築基準法」
(2)　政令として「建築基準法施行令」
(3)　省令として「建築基準法施行規則」

### 2.建築基準法の構成の概要

法律としての「基準法」があり，その具体的内容を「政令」，手続的事項を「省令」で規定している。

### 3.建築基準法の構成

(1)　建築行政の目的・組織および手続
(2)　単体規定…建築物の安全と衛生
(3)　集団規定…都市計画区域内の建築制限

### 4.「法」「令」のまとめ

(1)　建築基準法の総則
1)　用語の定義―特殊建築物（法第2条2号），居室（法第2条4号），主要構造物（法第2条5号）
2)　面積および高さの算定―敷地面積（令第2条第1項），建築面積（令第2条第1項2号），建築物の高さの算定（令2条1項），階段・地階（令第1条2号）
(2)　建築手続等に関する規定
1)　建築手続（法第6条）
2)　報告および検査（法第7条，第12条）
(3)　一般構造に関する規定
1)　居室の採光・換気および日照（法第28条，第29条，令第19～第20条）
2)　居室の天井高・床高（令第21条，第22条）
3)　階段・廊下（令第23～第26条）
(4)　構造強度に関する規定
1)　構造耐力の原則（法第20条）
2)　各種構造に対する規定（令第40条，第64条，第71条）
3)　構造計算（令第81～第88条）
(5)　防火，避難に関する規定
1)　用語の定義―延焼のおそれのある部分（法第2条6号），耐火構造（法第2条，令第107条），不燃材料・準不燃材料・難燃材料（法第2条，令第108条の二，令第1条）
2)　耐火建築物・簡易耐火建築物（法第2条，令第109条）
3)　廊下の幅（令第119条）
4)　直通階段（令第120条第1～第4項）
5)　排煙設備（令第126条の二）
(6)　道路に関する規定
1)　道路の定義（法第42条）

2) 道路と敷地（法第43条）
(7) 用途地域に関する規定
1) 用途地域による建築制限（法第48条）
(8) 建ぺい率・容積率に関する規定
1) 建ぺい率（法第53条）
2) 容積率（法第52条）
(9) 防火地域等に関する規定
1) 防火地域・準防火地域内の建築制限（法第61条，62条）
(10) 高さの制限に関する規定
1) 構造による高さ規定（法第21条第1～第2項）
2) 前面道路による高さ規定（法第56条）
3) 隣地境界線による高さ規定（法第56条）
4) 北側による高さ規定（法第56条）
5) 日影による高さ規定（法第56条の二）
(11) その他の規定
1) 建築協定（法第69条）
2) 仮設建築物（法第85条）
(12) その他建築関係法令
1) 建築士に関する規定
・建築士でなければできない設計又は工事監理（建築士法第3条）
・建築士事務所の管理等（建築士法第24条）
2) 都市計画法
3) 建設業法
4) 消防法
5) 住宅
・宅地関係法
・宅地造成等規制法
・土地区画整理法

# 力だめし

## さあやってみよう！

**ここがポイント!**

建築法規上の用語については，注意すること。例えば，「土台」は「主要構造部」ではないが，「構造耐力上重要な部分」である。

**【典型問題1】 次の用語のうち，建築基準法上正しいものには○，誤っているものには×をつけなさい。**

(1) 大規模の修繕は「建築」に含まれない。
(2) 図書館は，「特殊建築物」である。
(3) 更衣室，洗面所は「居室」である。
(4) 鉄道のプラットホームの上家は，「建築物」である。
(5) 建築物に設ける避雷針は，「建築設備」である。
(6) 土台は「主要構造部」である。
(7) 地震の震動若しくは衝撃を支える火打材は「構造耐力上重要な部分」である。
(8) 住宅に附属する門および塀は，「建築物」である。
(9) 工事用の原寸図は「設計図書」である。
(10) 床が地盤面下にある階で，床面から地盤面までの高さが1m以上のものは，「地階」である。

**解 答** (1)－○　(2)－○　(3)－×　(4)－×　(5)－○　(6)－×

⑺－○　⑻－○　⑼－×　⑽－×

㊟：用語の定義が「建築基準法第２条」および「施行令第１条」に記されている。⑵図書館は，法別表１および令第115条の３より特殊建築物である。　⑶居室とは，居住・執務等のために継続的に使用する室をいい，更衣室・洗面所・浴室等は居室ではない。　⑷法第２条第１号かっこ内。　⑹法第２条第５号。　⑼法第２条第12号より，仕様書は設計図書に含まれるが，原寸図は除かれる。　⑽令第１条第１号より，地階とは，床が地盤下にあり，床面から地盤面までの高さが天井の高さの３分の１以上のものをいう。

**【典型問題２】　図のような敷地に建つ建築物について，建築基準法上の⑴敷地面積，⑵建築面積，⑶延べ面積，⑷高さ，⑸階数，を求めなさい。**

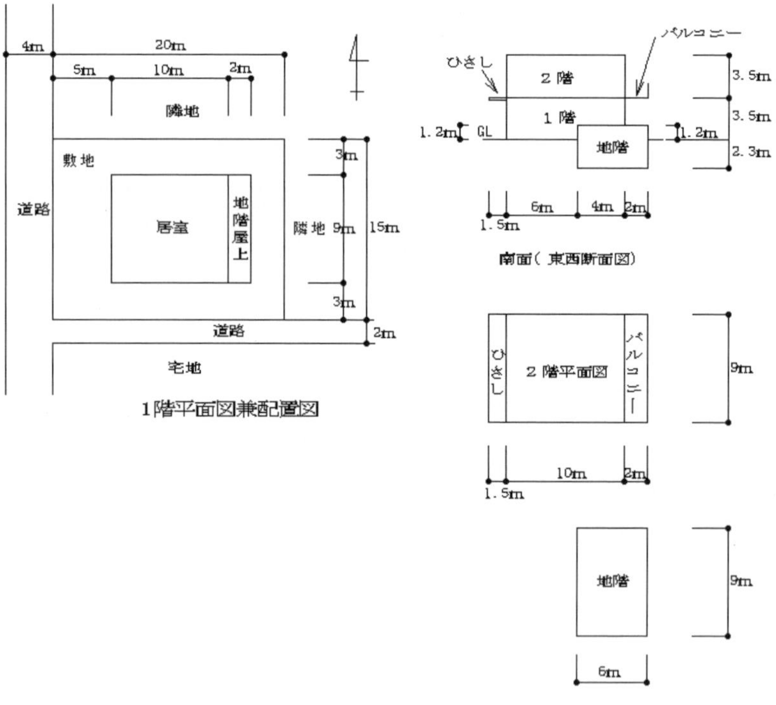


**解　答**　令第２条および法第42条参照。

⑴敷地境界線は２m道路の中心線から2m，よって，敷地面積＝20×(15－1)＝280㎡　⑵ひさし，バルコニーについてはその先端より１mまでは除外。ただし，地階については地盤面より１m以上，ゆえに建築面積に加える。よって，建築面積＝９×{(1.5－1)＋10＋2}＝112.5㎡　⑶延べ面積＝９×６＋９×10＋９×10＝234㎡　⑷７m　⑸地階の面積＞1/8×建築面積，∴3階

# 実戦就職問題

## ■総　則

**【1】 建築基準法の目的について，次の文章の空欄を，下の語句を使って埋めなさい。**

この法律は，建築物の［①］，［②］，［③］及び［④］に関する［⑤］の［⑥］を定めて，国民の［⑦］，［⑧］及び［⑨］の保護を図り，もって公共の［⑩］の増進に資することを目的とする。

〔語　群〕

| | | | | |
|---|---|---|---|---|
| 財産 | 福祉 | 基準 | 構造 | 敷地 |
| 健康 | 用途 | 設備 | 生命 | 最低 |

ヒント！ 法第1条（法の目的）。

**【2】 用語に関する次の記述のうち，誤っているのはどれですか。**

(1) 娯楽のために継続的に使用する室は「居室」である。
(2) 構造上重要でない最下階の床は「主要構造部」ではない。
(3) 建築物に設置する避雷針は「建築設備」である。
(4) 大規模な修繕は「建築」に含まれる。
(5) 住宅に附属する門および塀は，「建築物」である。

ヒント！ 法第2条（用語の定義）。

**【3】 次のうち，建築基準法上，建築物でないものはどれですか。**

(1) 駅舎の事務室　(2) 水泳場のスタンド
(3) 高速道路高架下の店舗　(4) 石油タンク
(5) 体育館

ヒント！ 法第2条1号。

**【4】 次のうち，居室でないものはどれですか。**

(1) 病院の手術室　(2) 料理店の調理室　(3) 工場の作業室

(4) 駅の待合室　　(5) 住宅の浴室

ヒント！ 法第2条4号。

**【5】 次の各問の（　　）の中に建築基準法上，当てはまる数値を入れなさい。**

(1) 居室には，その床面積に対して（ ① ）以上の換気のための有効な開口部を設けなければならない。

(2) 階段に代わるスロープは（ ② ）を超えないようにすること。

(3) 居室の天井の高さは（ ③ ）m以上としなければならず，さらに中学校の天井の高さは（ ④ ）m以上としなければならない。

(4) 最下階の居室の床が木造である場合，床の高さは，直下の地面からその床の上面まで（ ⑤ ）cm以上とし，外壁の床下部分には，壁の長さ5m以下ごとに，面積（ ⑥ ）$cm^2$以上の換気孔を設ける。

(5) 中学校の階段のけあげは（ ⑦ ）cm以下，踏面は（ ⑧ ）cm以上としなければならないが，住宅の階段のけあげは（ ⑨ ）cm以下，踏面は（ ⑩ ）cm以上とすることができる。

ヒント！ (1)法第28条第2項（居室の換気） (2)法第36条および令第26条第1項（階段に代わる傾斜路） (3)令第21条（居室の天井の高さ） (4)令第22条（居室の床の高さ及び防湿方法） (5)令第23条第1項（階段のけあげおよび踏面の寸法）

## ■一般構造

**【6】 第一種住居地域内において，図のような隣地境界線に面する採光窓の「採光に有効な部分の面積」として，正しいものはどれですか。ただし，窓幅は2mとする。**

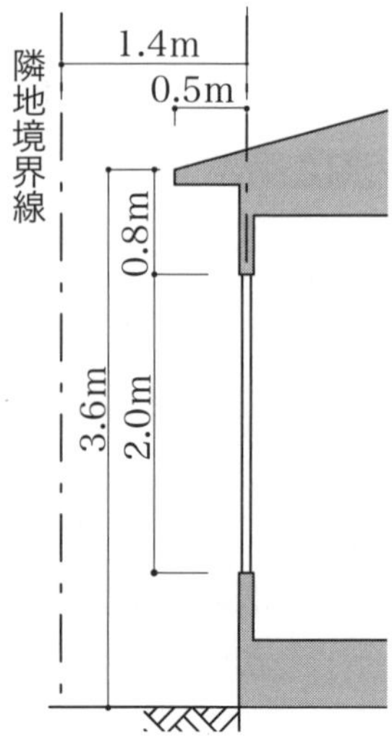


(1) $4.0m^2$　　(2) $5.6m^2$

(3) $6.4m^2$　　(4) $7.2m^2$

(5) $8.0m^2$

ヒント！ 法第28条（居室の採光），令第20条（有効面積の算定方法)。

**【7】 次にあげる建築物について，居室における開口部の採光に有効な部分の床面積に対する割合の最低限度はいくらですか。**

(1) 住宅の居室 ――― [　　]以上
(2) 中学校の教室 ――― [　　]以上
(3) 大学の教室 ――― [　　]以上
(4) 病院の談話室 ――― [　　]以上
(5) 診療所の病室 ――― [　　]以上

ヒント! 法第28条第1項，令第19条第3項（学校，病院等の居室の採光）。

## ■構造強度規定

**【8】 建築基準法施行令で規定されている木造建築物に関して，次の[　　]の中に当てはまる数値を入れなさい。**

(1) 筋かいに木材を使用する場合，引張力を負担する部分については厚さ[ ① ]cm以上，幅[ ② ]cm以上，圧縮力を負担する部分については[ ③ ]cm以上，幅[ ④ ]cm以上としなければならない。
(2) 構造耐力上主要な部分の柱の有効細長比は，[ ⑤ ]以下としなければならない。

ヒント! 令第43条第6項（柱の小径），令第45条（筋かい）。

**【9】 建築基準法施行令で規定されている鉄筋コンクリート造に関して，次の[　　]の中に当てはまる数値を入れなさい。**

(1) 主筋の本数は[　　]本以上とする。
(2) 柱の小径と主要支点間の距離の比は，[　　]以上とする。
(3) 主筋の断面積の和はコンクリート断面積の[　　]%以上とする。
(4) 鉄筋コンクリート造に使用するコンクリートの4週圧縮強度は[　　]N/mm$^2$以上とする。
(5) 鉄筋に対するコンクリートのかぶり厚さは，耐力壁，柱又ははりにあっては[　　]cm以上，直接土に接する壁，床，柱，はりでは[　　]cm以上とする。

ヒント! 令第74条（コンクリートの強度），令第77条（柱の構造），(5)令第79条（鉄筋のかぶり厚さ）。

**【10】 鉄筋コンクリート造について，建築基準法上あきらかに誤っているものは次のうちどれですか。**

(1) 柱に取り付けるはりの引張り鉄筋は，柱に定着される部分の長さをその径の40倍以上としなければならない。

(2) 基礎の鉄筋に対するコンクリートのかぶり厚さは，捨てコンクリートの部分を含んで6cm以上としなければならない。

(3) 柱の主筋は4本以上とすること。

(4) 構造耐力上主要部分であるはりは複筋ばりとする。

(5) 柱の帯筋の間隔は15cm以下とすること。

ヒント! 令第72条（鉄筋の継手及び定着）第3項，令第79条，令第77条，令第78条（はりの構造）。

**【11】 建築基準法上，構造計算によりその構造が安全であることを確かめなければならないものは，次のうちどれですか。**

(1) 鉄骨造平家建延べ面積150m$^2$の車庫。

(2) 補強コンクリートブロック造平家建高さ10m，延べ面積100m$^2$の危険物貯蔵場。

(3) 鉄筋コンクリート造平家建延べ面積180m$^2$の住宅。

(4) 木造平家建延べ面積600m$^2$の工場。

(5) 木造2階建延べ面積150m$^2$の車庫。

ヒント! 法第20条（構造耐力），法第6条第1項2号・3号。

## ■防火・避難

**【12】 建築物の階段で，建築基準法に適合しないのは次のうちどれですか。**

(1) 小学校の児童用階段で幅150cmのもの。

(2) デパートの客用階段で幅140cmのもの。

(3) 病院の階段にかわる傾斜路で，勾配$\frac{1}{10}$のもの。

(4) 高等学校の生徒用階段で，けあげ20cm，踏面25cmのもの。

(5) デパートの客用階段の高さが5.4mで，2.8mのところに踊場を設けたもの。

ヒント！　令第23条（階段およびその踊場の幅並びに階段のけあげ及び踏面の寸法），令第24条（踊り場の位置及び踏幅），令第26条（階段に代わる傾斜路）。

**【13】　次の記述のうち，建築基準法上，誤っているものはどれですか。ただし地階はないものとする。**

(1)　防火地域内の２階建，延べ面積120㎡の事務所を，耐火構造物とした。

(2)　防火地域内において，建築物に附属する高さ２mの門を木造とした。

(3)　防火地域内の平屋建延べ面積110㎡の住宅を耐火建築物とした。

(4)　準防火地域内の延べ面積1,600㎡の倉庫を準耐火建築物とした。

(5)　準防火地域内の延べ面積600㎡の２階建事務所を準耐火建築物とした。

ヒント！　法第61条（防火地域内の建築物），法第62条（準防火地域内の建築物）。

**【14】　建築基準法上，非常用の照明装置を設けなければならないものは，次のうちどれですか。**

(1)　病院の病室　　(2)　旅館の宿泊室　　(3)　寄宿舎の寝室

(4)　小学校の教室　　(5)　下宿の宿泊室

ヒント！　令第126条の４（非常用の照明装置）。

## ■道路・用途地域等

**【15】都市計画区域内における道路等に関する次の記述のうち，建築基準法上誤っているのはどれですか。**

(1)　特定行政庁は，私道の変更または廃止を禁止し，または制限することができる。

(2)　幅員４mの私道にのみ1.8m接している敷地に建築物を建築することができない。

(3)　都市計画法による新設の事業計画のある道路で，２年以内にその事業が執行される予定のものは道路である。

(4) 公衆便所等公益上必要な建築物で特定行政庁が通行上支障がないと認めて建築審査会の同意を得て許可したものは道路内に建築できる。

(5) 自動車道路のみの交通の用に供する道路に面した敷地には建築物を建築できない。

ヒント! 法第45条第1項（私道の変更又は制限），法第42条（道路の定義），法第43条(敷地等と道路との関係)，法第44条第2項(道路内の建築制限)，法第43条。

**【16】 次の建築物のうち，建築基準法上，建築してはならないものはどれですか。ただし，特定行政庁の許可は受けないものとする。**

(1) 第一種低層住居専用地域内の診療所

(2) 第一種低層住居専用地域内の教会

(3) 第一種中高層住居専用地域内の大学

(4) 第二種住居地域内のパチンコ屋

(5) 工業専用地域内のゴルフ練習場

ヒント! 法第48条（用途地域）並びに別表第2，令第130条の6の2。

**【17】 次のうち，建築基準法による用途地域に関係のない地域はどれですか。**

(1) 防火地域　(2) 住居地域　(3) 準工業地域

(4) 商業地域　(5) 工業地域

ヒント! 法第48条（用途地域）。

## ■面積制限・建築物の高さ

**【18】 図のような敷地に，建築基準法上建築できる建築物の建築面積の最大限度は次のうちどれですか。ただし，図に記載されているものを除き，特定行政庁の指定等はないものとする。**

(1) 360m$^2$

(2) 420m$^2$

(3) 440m$^2$

(4) 480m$^2$

(5) 600m$^2$

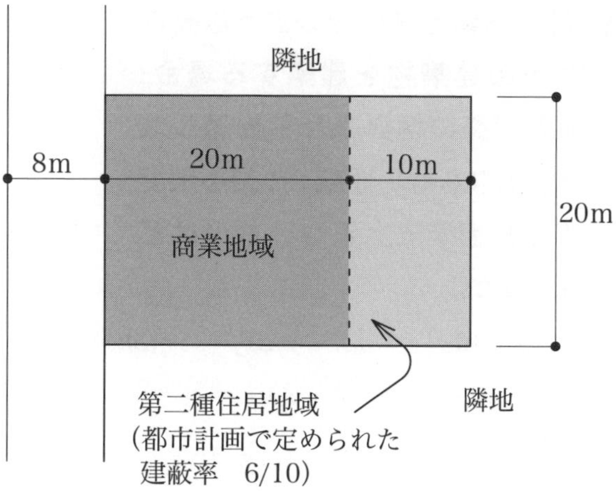


ヒント! 法第53条(建ぺい率)第1項第4号・第2項。

**【19】 商業地域内で容積率が$\frac{50}{10}$以下と定められている敷地に，建築基準法上原則として建築することができる建築物の延べ面積の最大限度は次のうちどれですか。ただし，敷地は500m$^2$，前面道路の幅員は8mで，特定道路については考慮せず，また，建築物内に自動車の車庫は設けないものとする。**

(1) 1,500m$^2$　(2) 2,400m$^2$　(3) 2,500m$^2$

(4) 2,800m$^2$　(5) 3,000m$^2$

ヒント! 法第52条第1項(延べ面積の敷地に対する割合)，第2項。

**【20】 都市計画区域内において，木造2階建店舗(地階なし)を右図のような敷地に建築する場合，建築基準法上建築物が突き出してはならない線は次のうちどれですか。**

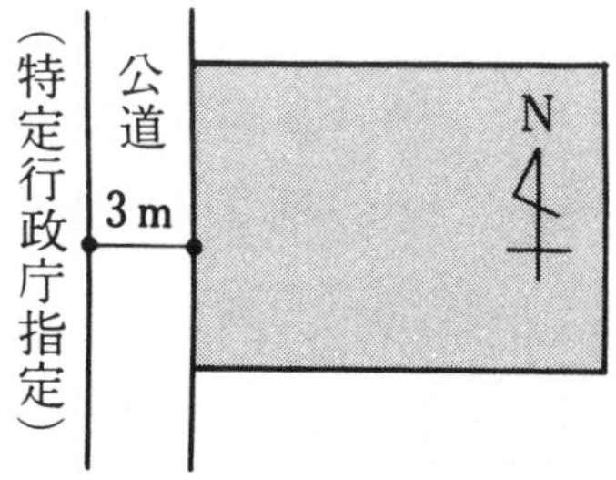


(1) 現在道路の境界線

(2) 現在道路の境界線から30cm後退した線

(3) 現在道路の境界線から50cm後退した線

(4) 現在道路の境界線から100cm後退した線

(5) 現在道路の境界線から200cm後退した線

ヒント! 法第42条第2項。

**【21】 商業地域に図のような高さ30mの建築物を建築する場合，前面道路の境界線から後退しなければならない距離$x$の最小限度で建築基準法上正しいものはどれですか。**

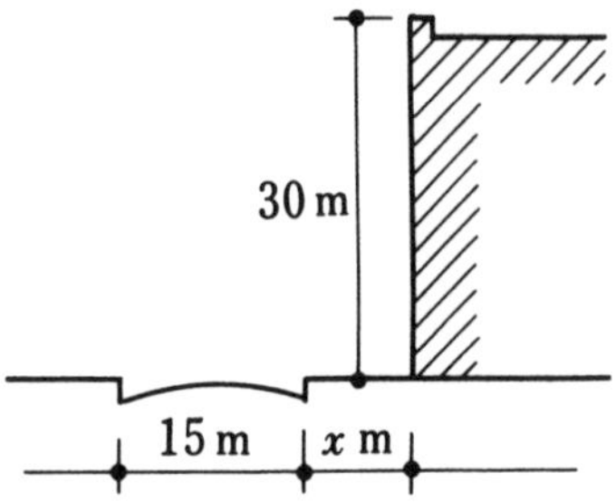


(1) 2.5m　(2) 9 m　(3) 12m
(4) 5 m　(5) 2 m

ヒント！ 法第56条（建築物の各部分の高さ）第1項，第2項。

## ■その他

**【22】 次の記述のうち，建築士法上正しいものはどれですか。**

(1) 建築士事務所の開設者は，建築士でなければならない。
(2) 他の二級建築士の設計した設計図書の一部について，当該建築士の承諾を求めることができなかった場合は，二級建築士は変更することができない。
(3) 建築工事契約に関する事務，建築物に関する調査または鑑定の業務を行うことができる。
(4) 建築士は，工事監理を終了したときは，直ちに，その結果を口頭で建築主に報告しなければならない。
(5) 建築士事務所の開設者が建築主から工事監理の委託を受けたときは，建築士事務所の開設年月日を書面で建築主に交付しなければならない。

ヒント！ 建築士法第23条，第19条，第21条，第20条，第24条の5。

# 建築法規　チェックリスト

- □　建築基準法の目的は　→　法第１条
- □　特殊建築物とは　→　法第２条
- □　居室とは　→　法第２条
- □　主要構造部とは　→　法第２条
- □　延焼のおそれのある部分とは　→　法第２条
- □　防火構造・耐火建築物とは　→　法第２条
- □　敷地面積とは　→　令第２条
- □　建築面積　→　令第２条
- □　床面積と延べ面積　→　令第２条
- □　地階とは　→　令第２条
- □　用途地域の種類は　→　法第48条
- □　建ぺい率とは　→　法第53条
- □　容積率とは　→　法第52条
- □　確認申請の提出先は　→　法第６条
- □　工事完了届けの提出先は　→　法第７条
- □　有効採光面積の算定方法は　→　法第28条，令第20条
- □　住宅の居室の採光に有効な部分の面積は　→　法第28条
- □　街区の角地で特定行政庁の指定のある場合の建ぺい率は〈 *1* 〉を加算する。
- □　ひさしは，〈 *2* 〉m後退した部分を建築面積に加算する。
- □　建築物の高さは，傾斜敷地の場合〈 *3* 〉でとる。
- □　洋風小屋組の軒の高さは，〈 *4* 〉の上端までである。
- □　建築物の敷地は道路に〈 *5* 〉m以上接しなければならない。
- □　第１種低層住居専用地域の絶対高さは〈 *6* 〉mまたは〈 *7* 〉mで，都市計画で決まる。
- □　防火地域内においては３階以上または〈 *8* 〉$m^2$をこえる建築物，準防火地域内においては地上４階以上または〈 *9* 〉$m^2$をこえる建築物は耐火建築としなければならない。
- □　居室の換気に有効な開口面積は，床面積の〈 *10* 〉以上必要である。
- □　幼・小・中・高校の教室の採光に有効な部分の面積の床面積に対する割合は，〈 *11* 〉以上とする。
- □　床の高さは，直下の地面から〈 *12* 〉cm以上とする。
- □　小・中・高校の階段は，〈 *13* 〉m以内ごとに踊場を設ける。
- □　住宅の階段のけあげは〈 *14* 〉cm以下，踏面は〈 *15* 〉cm以上。
- □　〈 *16* 〉階建以上の公会堂，下宿，共同住宅，学校，マーケットは耐火建築物とする。
- □　延べ面積1,000$m^2$をこえる木造等の建築物は，防火壁で〈 *17* 〉$m^2$ごとに区画する。
- □　劇場，映画館，公会堂等の戸は，〈 *18* 〉開き禁止。
- □　３階以上または延べ面積〈 *19* 〉$m^2$をこえる木造建築物は，構造計算を必要とする。
- □　木造の柱の小径は，その構造耐力上主要な支点間距離の〈 *20* 〉以上とする。
- □　鉄筋コンクリート造の柱の主筋は〈 *21* 〉本以上とする。
- □　２級建築士が設計または工事監理できる範囲は，木造平家建〈 *22* 〉$m^2$，２階建〈 *23* 〉$m^2$までである。
- □　前面道路の幅員による建築物の高さの制限について，建築物の高さは，前面道路の〈 *24* 〉からの高さによる。
- □　建築物の主要構造物である屋根の過半の修繕は〈 *25* 〉である。

［ヒント］

*1.* 法第53条
*2.* 令第1条
*3.* 令第2条1項第6号，令第2条2項
*4.* 令第2条
*5.* 法第43条
*6. 7.* 法第55条
*8. 9.* 法第61条
*10.* 法第28条2項
*11.* 令第19条
*12.* 令第22条
*13.* 令第24条
*14. 15.* 令第23条
*16.* 法第27条1項
*17.* 法第25条，第26条
*18.* 令第118条
*19.* 法 第20条，法 第6条1項第2号
*20.* 令第43条
*21.* 令第77条
*22. 23.* 建築士法第3条，第3条の2
*24.* 法第56条
*25.* 法第2条14号，5号

# 3 建築構造

○建築構造は，木構造・鋼構造・鉄筋コンクリート造・補強コンクリートブロック造等の各種構造に関するもの，建築材料・地盤に関するもの，防災に関するものなどが出題されている。
○特に木構造に関するものが多く出題され，部材と構造法との関連，構造力学との関連など総合的な問題がみられる。
○建築材料の分野では，特にセメント・コンクリートの性質および鋼材に関するものが多いようである。

## 重要事項の整理

**1.木構造**

(1) 地業・基礎
・地業─割ぐり地業・砂利地業
・基礎─布基礎・独立基礎
(2) 木材の接合（継手・仕口・接合金物）
・ほぞ
・継手（腰掛あり継ぎ，追掛大せん継ぎ，目違い継ぎ，そぎ継ぎ）
・仕口（大留め，胴付き，大入れ，渡りあご）
・金物（アンカーボルト，箱金物，羽子板ボルト，短尺金物）
(3) 主体
1) 軸組─壁体の骨組で，土台・柱・けたなどで構成されている（真壁・大壁）
2) 小屋組─屋根を形づくり，荷重を支えるための骨組（和小屋・洋小屋）
・和小屋と洋小屋のはりに生じる応力の違いに注意（荷重を加えた場合，部材に生じる力を応力という）
3) 床組─床を支える骨組
(4) 階段─上下階を連絡する段形の通路（側桁階段・ささら桁階段・箱階段）
(5) 構法について
・在来軸組構法
・木造枠組壁構法（ツーバイフォー）

**2.鉄筋コンクリート構造**

(1) 基礎─直接基礎（フーチング基礎・べた基礎），杭基礎
(2) 主体
1) 構成
・柱とはり
柱の設計─柱の小径は主要支点間距離の$\frac{1}{15}$以上とする。
はりの設計─コンクリートの引張強度は無視できる。
はりせい（はりスパンの$\frac{1}{12}$～$\frac{1}{10}$程度），
はり幅（はりせいの$\frac{1}{3}$～$\frac{1}{2}$程度）
大はりの掛かる柱のスパン─約6 m
あばら筋（スターラップ）と帯筋（フープ）は，ともにせん断力に対する補強筋
・耐震壁の計画─耐震壁の厚さは12cm以上，かつ壁板の内法高さの$\frac{1}{30}$以上とする。
2) 配筋
・付着と定着

・定着長さと重ね長さ－JASS 5，令第73条で鉄筋の種類，コンクリート品質，応力の種類によって決められている。

3) 鉄筋のあきとかぶり厚さ(JASS 5，令第79条)

(3) その他の鉄筋コンクリート構造

・壁式鉄筋コンクリート構造，プレキャスト鉄筋コンクリート構造

**3.鋼構造**

(1) 接合（高力ボルト接合・ボルト接合・溶接）

・高力ボルト接合は接合される部材間の摩擦力によって応力を伝える。

・溶接は接合部の連続性・剛性が得られる。

(2) 主体

1) 骨組（トラス構造・ラーメン構造）

2) トラス構造―曲げモーメントが生じないピン接合と仮定（弦材・ウェブとも圧縮材・引張材）

・座屈に対する注意

・はりを構成する各部（フランジ，ウェブ，スチフナー，スカーラップ）

**4.建築材料**

(1) 木材

1) 特性―弾性・じん性が大きく，加工が容易。熱伝導率が小さく，保温・防寒・防暑・防音性に優れる。

2) 強さ―含水率（繊維飽和点・気乾飽和点）による。

・繊維飽和点（約30％）以下では，含水率が低いほど強度が大きい。

(2) セメント

1) 化学的性質

・水和作用(セメントは水和反応に伴って発熱)

・セメントは弱アルカリ性

2) 強さ―セメントの粒子が細かいほど強さの発生は早いが，早く風化されやすい。

(3) 骨材（細骨材と粗骨材）

・細骨材は5mmふるいを85％以上通過するもの，粗骨材は85％以上留まるもの。

(4) 鉄筋（丸鋼（ＳＲ）異形鉄筋（ＳＤ））

(5) コンクリート

1) 用語

ブリージング，レイタンス，ワーカビリティー，水セメント比，混和剤

2) 強度―水セメント比で決まる（水セメント比が小さいほど圧縮強度が大きい）。

(6) 鋼材

・構造用鋼材― ＳＳ：一般構造用圧延鋼材
ＳＭ：溶接構造用圧延鋼材
ＳＳＣ：一般構造用軽量形鋼

(7) 非鉄金属

・銅―展性・延性に富む。

・アルミニウム―熱伝導率が他の金属に比べて大きく，加工性に富む。

3

# 力だめし

## さあやってみよう！

**ここがポイント！**

典型問題1
木構造で代表的な住宅の軒先まわり・土台まわりの部位についてはしっかり覚えること。

**【典型問題1】 次の図は一般住宅の矩形図であるが，①～⑯までの名称を［　　］の中に記入しなさい。**

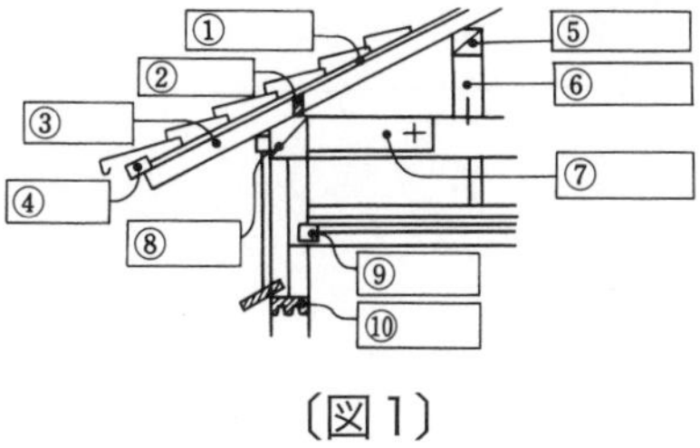


〔図1〕

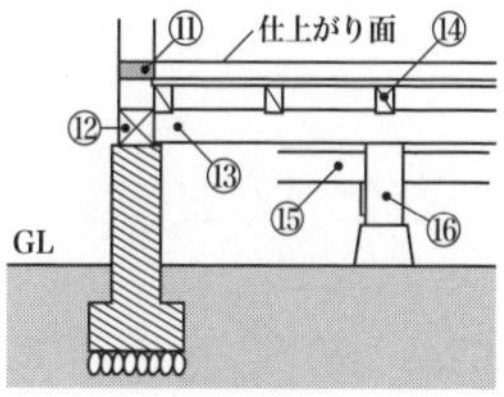


〔図2〕

**解　答**　①野地板　②面戸板　③たる木　④広小舞　⑤母屋　⑥小屋づか　⑦小屋梁　⑧軒げた　⑨廻縁　⑩かもい　⑪敷居　⑫土台　⑬大引き　⑭根太　⑮根がらみ貫　⑯床づか

3

典型問題２
鉄筋コンクリートの配筋は構造設計ともからんで基礎的事項である。

**【典型問題２】　鉄筋コンクリート造に関する次の記述のうち，誤っているものはどれですか。**

(1)　はりの主筋は中央部では下側に入れる。
(2)　スラブ主筋は短辺方向に多く入れる。
(3)　独立基礎のベースの主筋は下側に入れる。
(4)　庇の主筋は下側に入れる。
(5)　擁壁の主筋は土圧を受ける側に入れる。

**解　答**　(4)

典型問題３
鋼材の各部位の名称とその働きについては正確に覚えること。

**【典型問題３】　次の鉄骨ばりの①～③の各名称を記し，その主な働きについて述べなさい。**

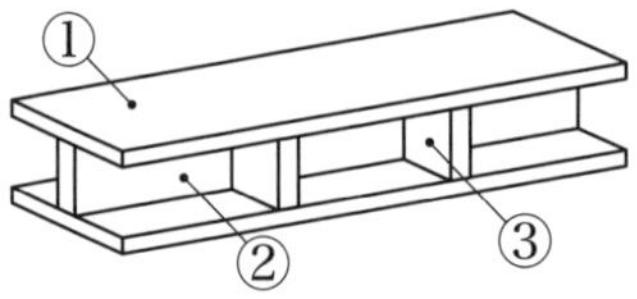


| ＼ | 名称 | 働き |
|---|---|---|
| ① | | |
| ② | | |
| ③ | | |

**解　答**

| ＼ | 名称 | 働き |
|---|---|---|
| ① | フランジ | 曲げモーメントに抵抗 |
| ② | ウェブ | せん断力に抵抗 |
| ③ | スチフナー | ウェブの局部座屈を防ぐ |

# 実戦就職問題

## ■木 構 造

**【1】 木材に関する次の記述のうち，誤っているものはどれですか。**

(1) 辺材は心材よりも容積変化が大きい。

(2) 引張強度の方が圧縮強度よりも大きい。

(3) 鉄に比べて熱の伝導率が小さい。

(4) 辺材は心材よりも耐朽性，耐蝕性が大きい。

(5) 乾燥に伴う収縮率は繊維方向より接線方向の方が大きい。

ヒント! 木材の性質を考えること。

**【2】 木材の性質に関する次の記述の（ ① ）～（ ⑩ ）内に適当な語句や数値を，下記の語群の中から選んで記入しなさい。ただし，同一語句は何回使ってもよい。**

(1) 木材の含水率の増減に伴う膨張・収縮や強さの変化は，繊維飽和点である含水率（ ① ）％以下で起こる。

(2) 気乾状態にある木材の含水率は，日本ではふつう（ ② ）％内外である。

(3) 木材の強さは，同一乾燥状態では，密度が（ ③ ）ほど大きい。

(4) 木材の強さは，繊維飽和点以下では，含水率が（ ④ ）ほど大きい。

(5) 木材の乾燥収縮率は，年輪の接線方向が最も（ ⑤ ）。

(6) 木材の辺材と心材とでは，辺材の方が強度が（ ⑥ ）。

(7) 広葉樹と針葉樹では，広葉樹の方が強度が（ ⑦ ）。

(8) 木材の圧縮強さは，引張強さより（ ⑧ ）。

(9) 木材の強さは，繊維方向に圧縮したほうが，直角に圧縮するよりも（ ⑨ ）。

(10) すぎの許容応力度は，あかまつの許容応力度より（ ⑩ ）。

[語群]

0.1　2　5　10　15　30　大きい　小さい

ヒント! 木材の含水率と変形や強さの関係および部位・方向による強度について理解すること。

**【3】 木構造に関する次の記述のうち，誤っているものはどれですか。**

⑴ 曲げモーメントに対して安全なはりは常にたわみに対しても安全である。

⑵ 同スパンであれば，和小屋の小屋ばりは洋小屋のろくばりより細くてよい。

⑶ 通し柱に対する横架材の取り合わせは，なるべく通し柱の断面を欠かないようにする。

⑷ 方杖は骨組の変形を少なくする効果があるが，柱の方杖取付部が弱点となりやすい。

⑸ 軸組に作用する水平力の方向によっては筋かいに引張力が生じる。

ヒント! 木構造の構法，和小屋と洋小屋の構造上の違い等を理解すること。

## ■鉄筋コンクリート構造

**【4】 コンクリートに関する次の記述のうち，誤っているものはどれですか。**

⑴ コンクリートの強度の大小関係は，圧縮強度＞曲げ強度＞引張強度の順になる。

⑵ 普通ポルトランドセメントと早強ポルトランドセメントを比較すると，早強ポルトランドセメントの水和熱のほうが大きい。

⑶ コンクリートにＡＥ剤を用いると，コンクリートに含まれる空気量が多くなる。

⑷ コンクリートは弱酸性であり，長期間にわたって徐々に中性化する。

⑸ コンクリートの中性化は，水セメント比が大きいものほど，その進行が早くなる。

**【5】 コンクリートに関する次の記述のうち，誤っているものはどれですか。**

⑴ コンクリートの圧縮強度が大きいほど，ヤング係数も大きい。

(2)　コンクリートの圧縮強度は，引張強度の約10倍である。

(3)　コンクリートの圧縮強度は，水セメント比が大きいほど大きい。

(4)　コンクリートの調合設計に際しての品質基準強度は，設計基準強度や耐久設計基準強度に比べて大きい。

(5)　アルカリ骨材反応によるコンクリートのひび割れは，骨材が膨張することにより生じる。

ヒント！　コンクリートの強度について理解すること。

**【6】　次の図について配筋の正しいものはどれですか。**

(1)　ひさし

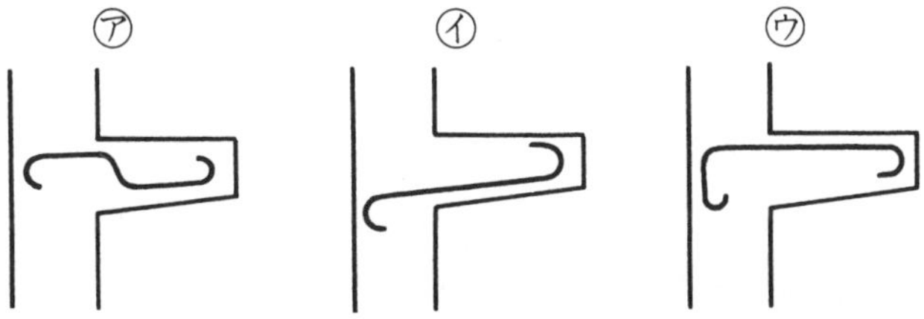


(2)　床　版

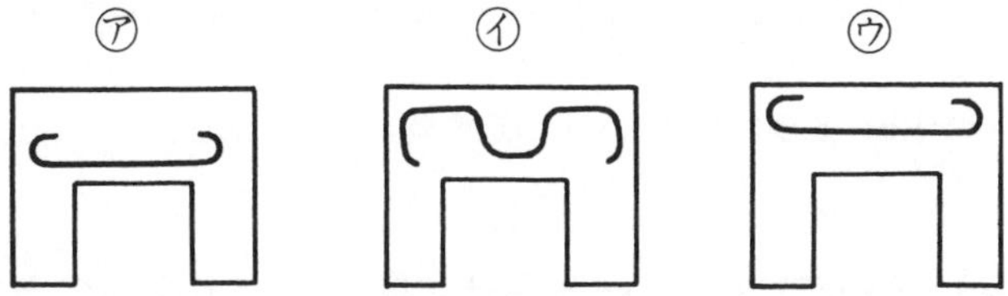


(3)　T形ばり
(中央断面)

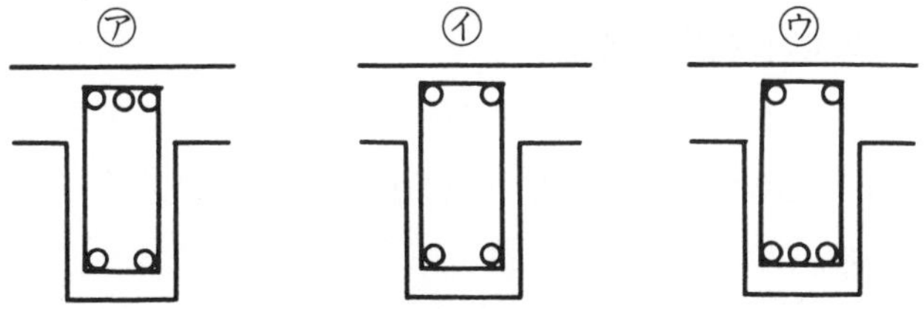


ヒント！　鉄筋コンクリートにおいては，圧縮に対しては「コンクリート」が負担し，引張に対しては「鉄筋」が負担する。

**【7】　鉄筋コンクリート造に関する記述で，誤っているものは次のうちどれですか。**

(1)　自重が大きいので地震時の応力が大きく，耐震計画は慎重にたてる。

(2)　鉄筋とコンクリートとの応力の伝達は，付着力でなされる。

(3)　柱の出隅部分に使用する鉄筋は，異形鉄筋を使用した場合でも鉄筋の端部にフックを設ける。

(4)　せん断力に対しては，はりはあばら筋に，柱は帯筋によって補強する。

(5) 鉄筋の熱膨張係数は，コンクリートの値の約2倍大きい。

ヒント! 鉄筋とコンクリートのそれぞれの性質を考える。

**【8】 鉄筋コンクリート造に関する記述で，誤っているものは次のうちどれですか。**

(1) 柱のせん断破壊を防ぐために，柱は腰壁・垂れ壁と一体となるようにする。

(2) はりせいは，スパンが6～7 mの場合，はりスパンに$\frac{1}{10}$程度とする。

(3) 帯筋には，一般に曲げモーメントに抵抗する効果は期待できない。

(4) コンクリートは引張力に弱いので，鉄筋は引張力を生ずる部分に配筋する。

(5) 柱の粘り強さを増すためには，帯筋の間隔を小さくする。

ヒント! 鉄筋コンクリート構造の概要について理解すること。

**【9】 鉄筋コンクリート構造に関する次の記述のうち，誤っているものはどれですか。**

(1) スラブの長辺方向に配置した鉄筋のことを配力筋という。

(2) 太くて短い柱は，曲げ耐力を増す必要上，主筋を多く配置する。

(3) 鉄筋のかぶり厚さとは，最外側の鉄筋（あばら筋で主筋を囲んでいる場合はあばら筋の外側）から，コンクリート表面までの寸法のことである。

(4) スパイラル筋は，部材の強度や粘りを増すうえ，コンクリートのふくらみを抑える効果がある。

(5) 柱の主筋は，4本以上とする。

## ■鋼構造

**【10】 右の図は，一般構造用鋼材の応力度―ひずみ度図である。a～fそれぞれの名称を書きなさい。**

ヒント！ 鋼材の「応力度―歪度曲線」についての基本的知識である。

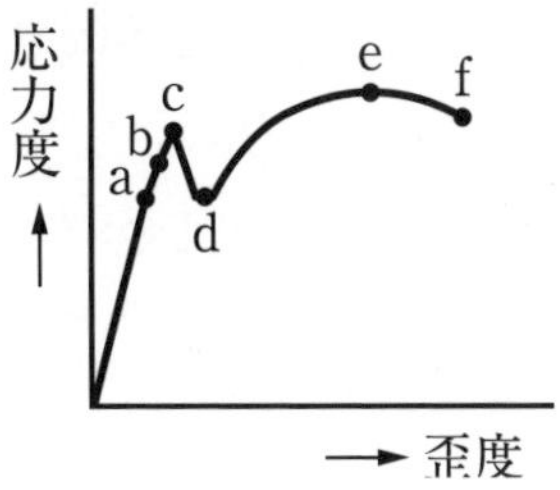


**【11】 次の鋼材の断面形状を描きなさい。**

(1) 等辺山形鋼　(2) みぞ形鋼　(3) H形鋼
(4) I形鋼　(5) リップみぞ形鋼

**【12】 鋼材に関する次の記述のうち，誤っているものはどれですか。**

(1) 鋼材の許容圧縮応力度と許容引張応力度は同じである。
(2) 鋼材は，炭素の含有量が多くなると溶接性が増す。
(3) 鋼材は，炭素の含有量が多くなると，一般に引張強度が大きくなる。
(4) 鋼材は，温度が約1,000℃になると強度をほとんど失う。
(5) 鋼材の線膨張率は，常温で普通コンクリートのそれとほぼ同じである。

ヒント！ 鋼材の性質を理解すること。

**【13】 鋼構造に関する次の記述のうち，誤っているものはどれですか。**

(1) 主要なはりのたわみは，通常の場合$\frac{1}{300}$以下となるようにする。
(2) 高力ボルトのピッチは，ボルトの軸径の2.5倍以上とする。
(3) トラスの部材断面の重心を通る線は，接点で1点に合うように組み立てるようにする。
(4) 鋼構造は耐火構造である。
(5) プレートばりのせいを大きくすると，たわみを小さくすることができるが，横座屈を生じやすくなるので注意が必要である。

**【14】 溶接に関する次の記述のうち，誤っているものはどれですか。**

(1) 材断面の欠損がなく，接合部の連続性および剛性が得られる。
(2) 隅肉溶接の場合，サイズは厚い方の母材の厚さ以下とする。

(3) 接合時に騒音を生じず，また自由な接合形式ができる。

(4) 部分溶込溶接は，繰返し荷重の作用する箇所には用いることができない。

(5) 施工の良否が判別しにくい。

ヒント! 溶接の特徴を理解すること。

## ■その他の構造および材料

**【15】 最も関係のある語句どうしを線で結びなさい。**

| | |
|---|---|
| (1) トラスばり | (ア) N値 |
| (2) 圧縮材 | (イ) 座屈 |
| (3) コンクリート強度 | (ウ) むな木 |
| (4) 地盤の相対的強さ | (エ) 水セメント比 |
| (5) 小屋組 | (オ) ガセットプレート |

ヒント! N値は標準貫入試験に関係する。

**【16】 建築材料に関する次の記述のうち，正しいものには○印，誤っているものには×印を（　　）の中に記入しなさい。**

(1) セメントは，粉末度の高いもの（細かいもの）ほど強度が小さい。（　　）

(2) 木材の心材は，辺材に比べて乾燥に伴う収縮や曲り，そりが著しい。（　　）

(3) 鋼材は，炭素量が多くなるほど強度は大きくなるが，伸びは小さくなる。（　　）

(4) 大谷石は，やわらかく風化しやすいが，耐火性に富む。（　　）

(5) 大理石は，磨くと光沢が得られ，耐酸性に優れているので，外装材に適している。（　　）

(6) 木材を水中に打ち込むと，没している部分が最も早く腐朽しやすい。（　　）

(7) 木材はその断面が大きい場合，燃焼により表面に炭化層ができ，断面内部を燃焼しにくくする。（　　）

ヒント! 各種材料の特性について調べておこう。

**【17】 次の（　　）の中に当てはまる数値を入れなさい。**

⑴　木構造における圧縮を負担する筋かいには，厚さ（　①　）cm×幅（　②　）cm以上の木材を用いる。また，引張を負担する筋かいには，厚さ（　③　）cm×幅（　④　）cm以上の木材，または径（　⑤　）cm以上の鉄筋を使用する。

⑵　鉄筋コンクリート造に使用するコンクリートの4週圧縮強度は（　⑥　）N/mm$^2$以上とすること。

⑶　鉄筋コンクリート造の柱の主筋は（　⑦　）本以上とし，帯筋の径は（　⑧　）mm以上とすること。

⑷　鉄筋コンクリートの柱の小径は，構造耐力上主要な支点間距離の（　⑨　）以上とすること。

⑸　耐力壁，柱またははりのかぶり厚さは（　⑩　）cm以上とする。

**【18】 基礎構造および地盤に関する次の記述について，正しいものには○，誤っているものには×を付けなさい。**

⑴　1つの建築物には，地盤の状況に応じて，異なる構造方法による基礎を併用するようにする。

⑵　基礎における鉄筋に対するコンクリートのかぶり厚さには，捨てコンクリートの部分を含めない。

⑶　建築物の不同沈下を減少させるには，地中ばりの剛性は大きい方がよい。

⑷　独立基礎は，布基礎やべた基礎に比べて，不同沈下の抑制に有利である。

⑸　直接基礎とは，基礎スラブからの荷重を直接地盤に伝える形式の基礎のことである。

⑹　標準貫入試験によるN値が同じであっても，一般に砂質土と粘性土とでは地耐力が異なる。

# 建築構造　チェックリスト

□　継手と仕口の意味を述べなさい。〈 *1* 〉
□　火打・方づえ・筋かいについて説明しなさい。〈 *2* 〉
□　真壁と大壁について説明しなさい。〈 *3* 〉
□　和小屋と洋小屋の力学的違いについて説明しなさい。〈 *4* 〉
□　すぎの繊維方向の引張強さは，コンクリートの引張強さより〈 *5* 〉。
□　木材の強度は，繊維方向に圧縮したほうが直角に圧縮するよりも〈 *6* 〉。
□　気乾状態にある木材の含水率は，我が国ではふつう約〈 *7* 〉%である。
□　フープ，スターラップとはなにか。〈 *8* 〉
□　コンシステンシーとワーカビリティーについて説明しなさい。〈 *9* 〉
□　〈 *10* 〉によるコンクリートのひび割れは，骨材が膨張することにより生じる。
□　鉄筋コンクリートにおける鉄筋の末端のフックは，定着長さに含まれるか，含まれないか。〈 *11* 〉
□　鉄筋コンクリートにおいて，径の違う鉄筋を使用する場合の重ね継手の長さは，どちらの径を基準に求めるのか。〈 *12* 〉
□　鉄筋コンクリートの柱の出隅に異形鉄筋を使用する場合，鉄筋の端部にフックを設ける必要があるか。〈 *13* 〉
□　一般的な鉄筋コンクリートの単位体積重量は約〈 *14* 〉$kN/m^3$である。
□　AE剤を用いない普通コンクリート(プレーンコンクリート)の中に含まれる空気量は〈 *15* 〉%程度であり，AE剤を用いる普通コンクリートの中に含まれる空気量は，特記によらない場合〈 *16* 〉%である。
□　セメントの量が多くなると，水セメント比は〈 *17* 〉なる。
□　SS400とは，引張強さが〈 *18* 〉以上の一般構造用圧延鋼材のことである。
□　鋼構造のはりのたわみは，一般に，スパンの〈 *19* 〉以下としなければならない。
□　溶接ビードの始端部，終端部には欠陥が発生しやすいので，〈 *20* 〉を設ける。
□　はりのフランジは〈 *21* 〉に抵抗する。
□　スチフナーはウェブの〈 *22* 〉防止。
□　アルミニウムの密度は，鋼材の約〈 *23* 〉である。
□　〈 *24* 〉とはセメントと水が化学反応によって硬化すること。
□　セメントは，粉末が〈 *25* 〉なものほど，水和反応が速い。
□　コンクリートの圧縮強度は，水セメント比が大きいものほど〈 *26* 〉。
□　コンクリートの圧縮強度は，一般に引張強度の〈 *27* 〉程度である。
□　板ガラスは，〈 *28* 〉〈 *29* 〉〈 *30* 〉などを主原料としている。
□　油性ペイントはなぜコンクリート面に使用できないのか。〈 *31* 〉

*1.* 継手は，部材をその材軸方向(直線的)に接合する方法またはその部分。仕口は，部材をある角度をもって接合する方法またはその部分。
*2.* 火打は，直交する水平材の隅に設置する補強材。方づえは，垂直材と水平材の隅部に設置する補強材。筋かいは，軸組の柱とその上下(土台とはり・けたの間)に対角線上に設置する斜材。
㊟火打・方づえは補強する材より断面を小さくする。→大きいと荷重を受けた場合，補強する材を破壊してしまう可能性がある。
*3.* 真壁は，壁を柱と柱の間に納めて柱が見える壁構造。大壁は，外部・内部とも柱が現れない壁構造。
*4.* 和小屋は，小屋ばりに束を立てて屋根を支える構造で，はりに生じる曲げで屋根を支えるために太いはりが必要になってくる。洋小屋は，小屋組をトラス構造にして，はり・合掌等に理論上曲げが生じないようにしたもの。そのため各構造部材は軸方向力に耐えればよいので，細くてすむ。
*5.* 大きい　*6.* 大きい　*7.* 15
*8.* フープは，鉄筋コンクリート柱の主筋に巻きつけた鉄筋(=「帯筋」)。柱のせん断補強に役立つと同時に，柱のふくらみを防ぐ。スターラップは，鉄筋コンクリートはりの主筋に巻きつけた鉄筋(=「あばら筋」)。はりのせん断力に対する補強筋。
*9.* コンシステンシーは，水の多少によるコンクリートの軟らかさの程度。ワーカビリティーは，水の多少だけではなく，流動性等の要素を含んだコンクリートの軟らかさを表すもの。(=「施工軟度」)
*10.* アルカリ骨材反応　*11.* 含まれない
*12.* 細い方の鉄筋　*13.* 設ける必要がある
*14.* 23　*15.* 1　*16.* 4.5　*17.* 小さく
*18.* 400MPa($N/mm^2$)
参考：$1Pa=1N/m^2$　$1M=10^6$
$400N/mm^2=400N/(10^{-3}m)^2=400N/(10^{-6}m^2)=400\times10^6\ N/m^2=400MPa$
*19.* $\frac{1}{300}$　*20.* エンドタブ　*21.* 曲げ
*22.* 局部座屈　*23.* $\frac{1}{3}$　*24.* 水和反応
*25.* 微細　*26.* 小さい　*27.* 10倍
*28.29.30.* 珪砂，ソーダ灰，石灰石(順不同)　*31.* 油性ペイントはアルカリに侵されやすい。コンクリートは弱アルカリ性。

# 4 建築構造設計

○毎年建築構造設計に関する問題が多く出題されている。基本的な事がらはしっかり理解すること。

○建築構造設計関係の問題を詳しく調べると，①単純ばりに集中荷重，等分布荷重が作用する場合の反力，曲げモーメント，せん断力の算定，②片持ばりに上記のような荷重が作用した場合の応力図，③静定トラスの部材応力算定，④静定ラーメンの応力算定，⑤材料の力学的性質および断面の性質等をあげることができる。

★なお，荷重が加わった場合に部材に生じる力を「応力」といい，以下では「応力」という用語を使用する。

## 重要事項の整理

### 1.力の合成・分解

⑴　1点に作用する力の2力への分解

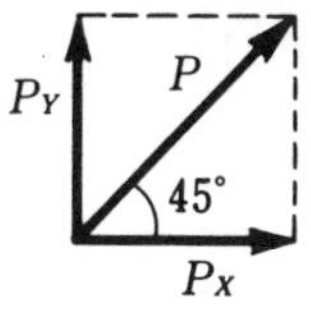


$P_X = P\cos 45° = P\dfrac{1}{\sqrt{2}}$

$P_Y = P\sin 45° = P\dfrac{1}{\sqrt{2}}$

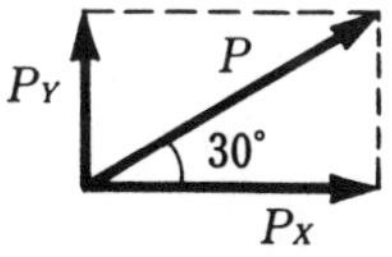


$P_X = P\cos 30° = P\cdot\dfrac{\sqrt{3}}{2}$

$P_Y = P\sin 30° = P\cdot\dfrac{1}{2}$

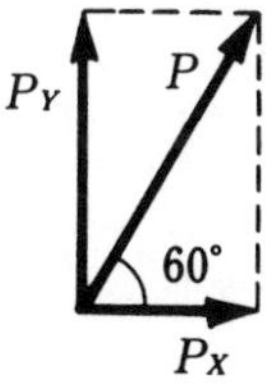


$P_X = P\cos 60° = P\cdot\dfrac{1}{2}$

$P_Y = P\sin 60° = P\cdot\dfrac{\sqrt{3}}{2}$

⑵　平行に作用する2力の合成(バリニオンの定理)

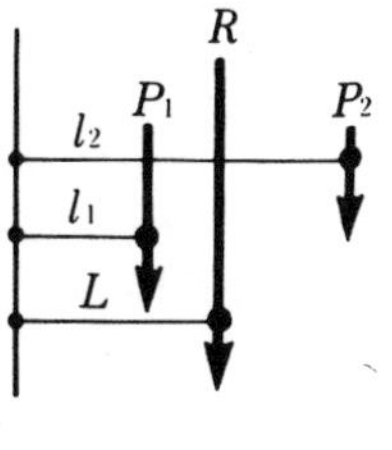


$R = P_1 + P_2$

$R\cdot L = P_1\cdot l_1 + P_2\cdot l_2$

$L = \dfrac{P_1\cdot l_1 + P_2\cdot l_2}{R}$

ある1点(平行力の場合は任意の平行線)に対する力のモーメントの総和は，その点に対する合力の力のモーメントに等しい。

### 2.反　力

反力は，つりあい条件から求める。

1) 移動しない　$\Sigma X = 0$　鉛直分力の総和が0

　　　　　　　$\Sigma Y = 0$　水平分力の総和が0

2) 回転しない　$\Sigma M = 0$　任意の点に対する力のモーメントの総和が0

### 3.部材の内部に生じる力(「応力」という)

⑴　単純ばり

力のつりあい条件から反力，応力が求まる。単純ばりを解くには，まず反力を求める。

⑵　片持ばり

片持ばりを解くには，必ずしも反力を必要としない。

(3)　応力図

a) 単純ばり

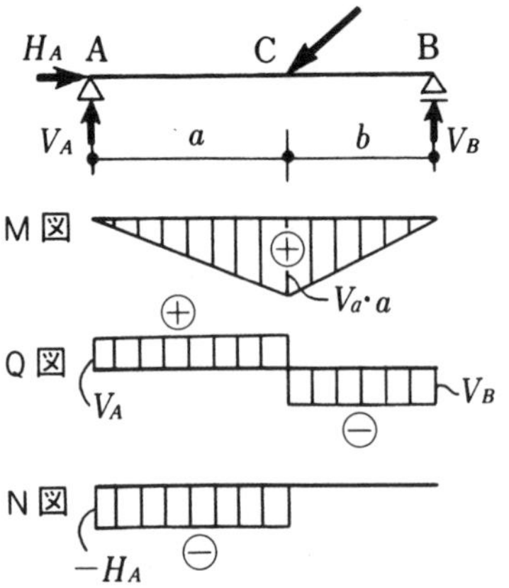


b) 片持ばり

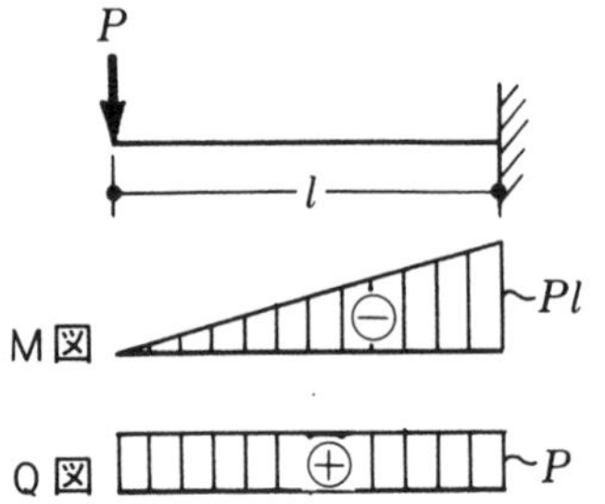


## 4. トラス

(1)　算式解法

未知数が2つのところから順次 ［$\Sigma X=0$，$\Sigma Y=0$］の式をつくり，解いていく。

下の図では，A→B→C→（D，E）の順に，［$\Sigma X=0$，$\Sigma Y=0$］を計算する。

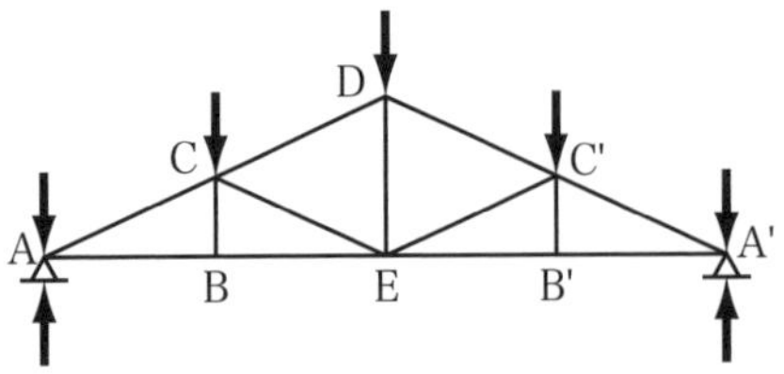


(2)　切断法による算式解法（リッター法）

未知応力が3つの場合，上記の算式解法では解けない。

そこで，ピン（トラスでは各節点をピンと仮定している）での曲げモーメントが0であることを利用して，以下の例では次のような式をたてる。

［$\Sigma Y=0$，　$\Sigma M_D=0$，　$\Sigma M_E=0$］

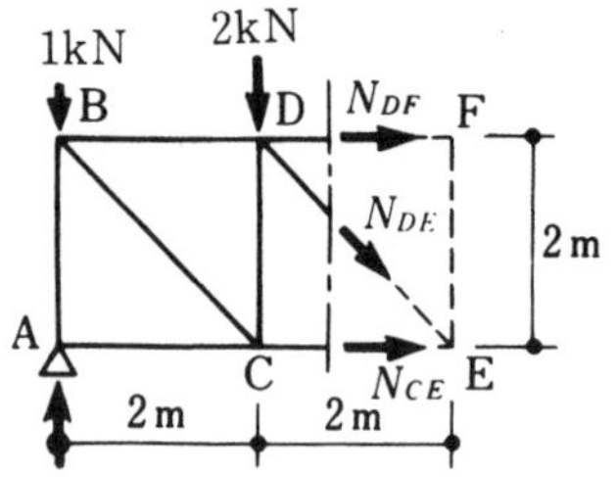


図の例では，下図のように塗りつぶした部分を一塊として考え，D点，E点それぞれでの，$\Sigma M=0$　を求めればよい。

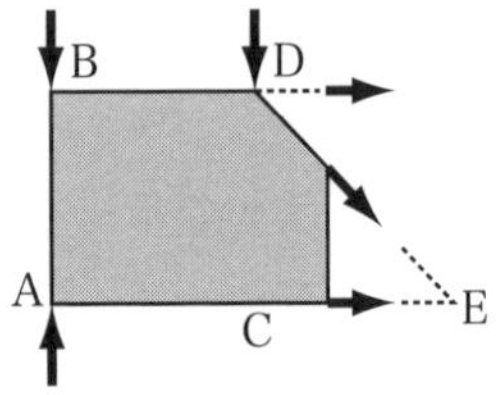


なお，この例でも，A→B→C→D・・・と順に解いていけば解ける。

## 5. 断面の性質

(1)　長方形断面の諸係数等

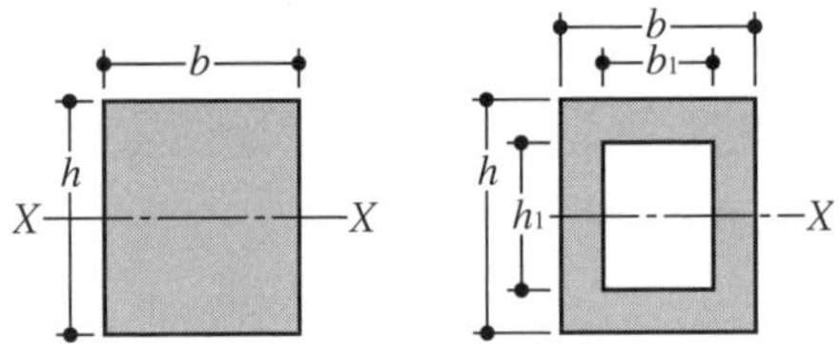


〔図a〕　〔図b〕

1) 長方形断面図aについて

図心軸$X$-$X$についての

断面二次モーメント　$I_X=\dfrac{bh^3}{12}$

断面係数　$Z_X=\dfrac{bh^2}{6}$

断面二次半径　$i_X=\dfrac{h}{\sqrt{12}}$

2) 図bの中空断面についての断面二次モーメント

$$I_X=\frac{bh^3}{12}-\frac{b_1h_1^3}{12}=I_0-I_1$$

$I_0$：中空部を含んだ全体（$b\times h$）の断面二次モーメント

$I_1$：中空部の断面二次モーメント

## 6. はりの曲げ応力度（縁応力度）

$$\sigma_b=\frac{M}{Z}$$

但し，$M$：曲げモーメント　　$Z$：断面係数

# 力だめし

## さあやってみよう！

**【典型問題１】 右図の単純ばりの反力を求め，M図，Q図，N図を描きなさい。**

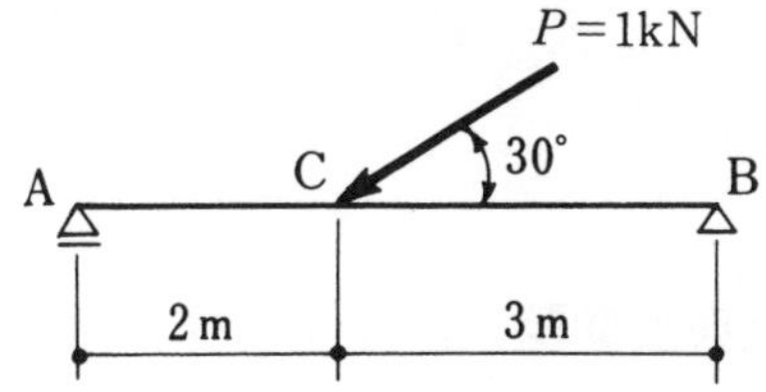


> **ここがポイント!**
>
> 典型問題1
> A点は移動端，B点は回転端。もしもA点が回転端，B点が移動端である場合どうなるかも考えてみよう。

**解　答**　(1)　はじめに，荷重を垂直・水平方向に分解する。

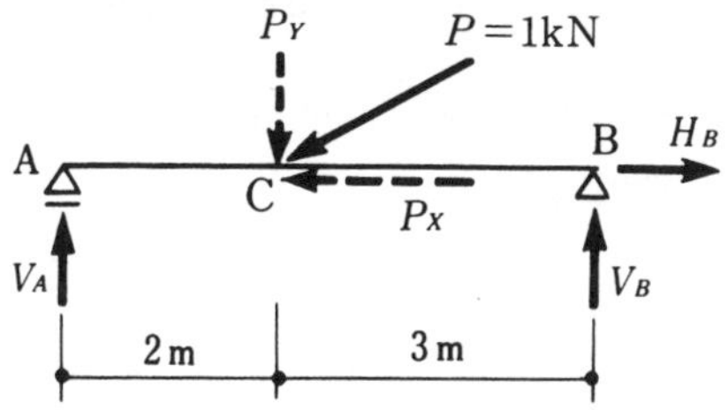


$P_X = P\cos 30° = 1000 \times \frac{\sqrt{3}}{2}$

$= 866\text{N}$

$P_Y = P\sin 30° = 1000 \times \frac{1}{2}$

$= 500\text{N}$

(2)　反力計算

$\Sigma X = -P_X + H_B = -866 + H_B = 0$　　$\therefore H_B = 866\text{N}$ (引張)

$\Sigma Y = V_A - P_Y + V_B = V_A - 500 + V_B = 0$　……　①

$\Sigma M_B = V_A \times 5 - P_Y \times 3 = V_A \times 5 - 500 \times 3 = 0$　……　②

　　$\therefore V_A = 300\text{N}$　……　③

③を①に代入　　$300 - 500 + V_B = 0$　　$\therefore V_B = 200\text{N}$

(3)　応力計算

・AC間　…　$N_X = 0$,　$Q_X = V_A = 300\text{N}$,　$M_X = V_A \cdot X = 300X$

　　　　　($\therefore M_A = 0,\ M_C = 600\text{N}\cdot\text{m}$　)

・CB間　…　$N_X = 866\text{N}$,　$Q_X = V_A - P_Y = 300 - 500 = -200\text{N}$

　　　　　$M_X = V_A \cdot X - P_Y(X-2) = -200X + 1000$

　　　　　($\therefore M_C = 600\text{N}\cdot\text{m},\ M_B = 0$　)

・よって，応力図は次のようになる。

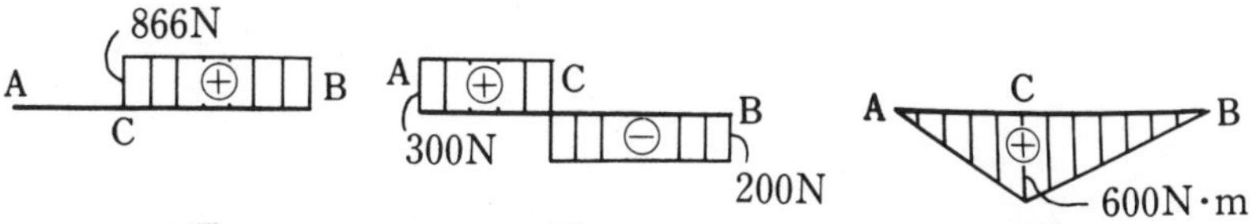


N図　　Q図　　M図

注　A点が回転端，B点が移動端の場合

反力：$H_A = 866\text{N}$ (圧縮)

応力 (軸方向力についてのみ)　　AC間：$N_X = -866\text{N}$ (圧縮)

CB間：$N_X = 0$

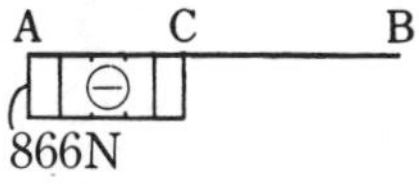

ここがポイント！

典型問題3
単位変換方法の例
$kN\cdot m = 10^3 N \times 10^3 mm = 10^6 N\cdot mm$
$N\cdot mm = 10^{-3} kN \times 10^{-3} m = 10^{-6} kN\cdot m$
$kN/m = \frac{10^3 N}{10^3 mm} = N/mm$
$kN/m^2 = \frac{10^3 N}{(10^3 mm)^2} = \frac{N}{10^3 mm^2} = 10^{-3} N/mm^2$

**【典型問題2】　右図の材軸（$X$軸）に関する断面二次モーメントを求めなさい。**

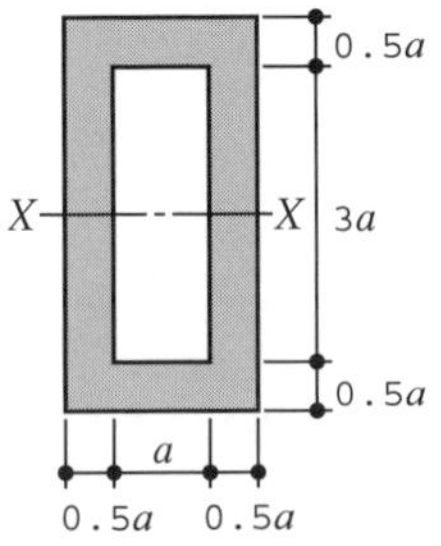


**解　答**

$$I_X = \frac{2a \times (4a)^3}{12} - \frac{a \times (3a)^3}{12} = \frac{101}{12} a^4$$

**【典型問題3】　スパン$l = 4$m，等分布荷重$w = 6$kN/mを受ける単純ばりに幅 $b = 12$cm, 高さ$h = 25$cmの断面を有するはり（松材）を用いるとき，安全であるか否かを確かめなさい。ただし，はり材の許容応力度は$8$N/mm$^2$とし，松材の自重は無視する。**

**解　答**

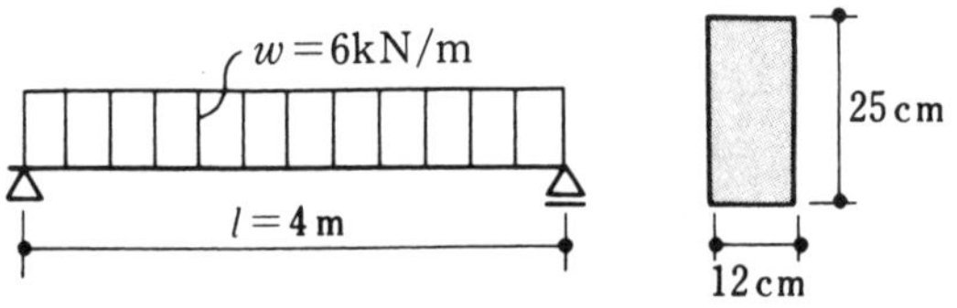


(1)　等分布荷重の最大曲げモーメント$= \frac{wl^2}{8} = \frac{6 \times 4^2}{8} = 12$ [kN・m]

$= 12 \times 10^6$ [N・mm]

断面係数$= \frac{bh^2}{6} = \frac{12 \times 25^2}{6} = 1250$ [cm$^3$] $= 1250 \times 10^3$ [mm$^3$]

(2)　縁応力度　$\sigma_b = \frac{M}{Z} = \frac{12 \times 10^6}{1250 \times 10^3} = 9.6$ [N / mm$^2$] $>$ 8 [N / mm$^2$]

∴この断面のはりは安全でない。

# 実戦就職問題

**【1】 建築物に作用する荷重および外力にはどのようなものがあるか。[　　]の中に記入しなさい。**

(1) [　　]荷重　(2) [　　]荷重　(3) [　　]荷重
(4) [　　]力　(5) [　　]力

**【2】 次の各々の単位を書きなさい。ただし，Nおよびmmを用いること。**

(1) 断面二次モーメント　(2) 曲げモーメント
(3) 断面二次半径　(4) 断面係数
(5) ヤング係数　(6) 引張応力度
(7) ひずみ度　(8) 断面積
(9) せん断応力度　(10) 引張力

ヒント!　公式と単位を同時に理解すること。

## ■単純ばり

**【3】 右図において，反力$H_A$を求めなさい。**

ヒント!　つりあい条件
$\Sigma X=0$，$\Sigma Y=0$，$\Sigma M=0$
であるが…。

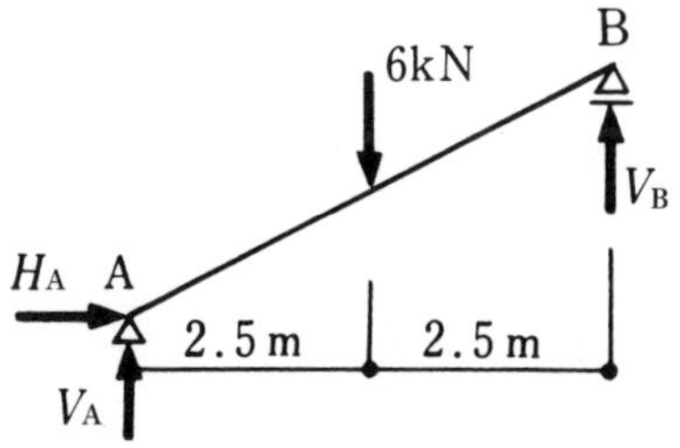


**【4】 右図の状態は，A, Bどちらに傾きますか。また，どちらに何N加えるとつり合いますか。**

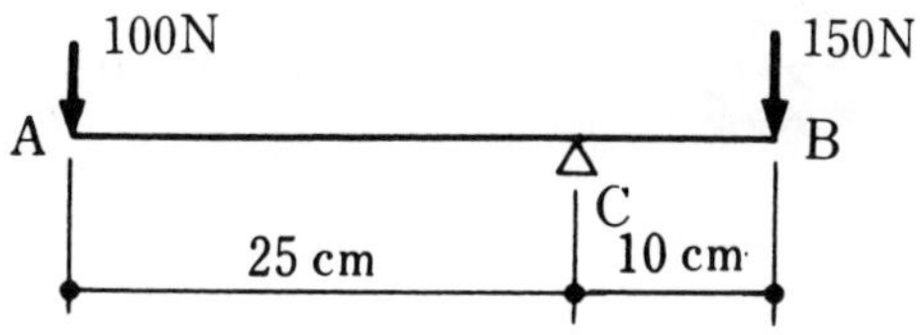


ヒント!　つりあい条件（回転しない）$\Sigma M=0$

**【5】 右図のはりについて，$M_{max}$ $Q_{max}$ を求めなさい。**

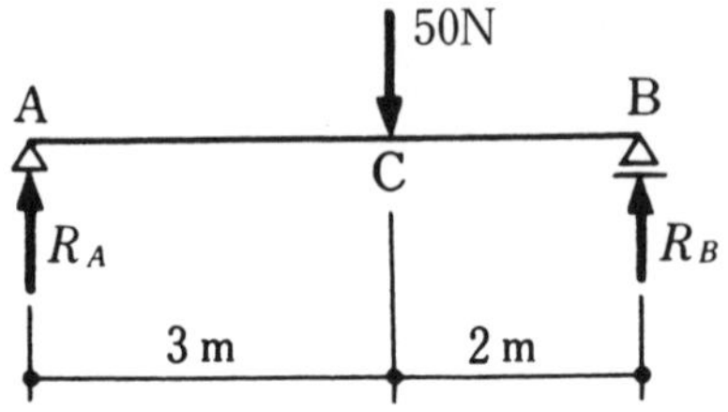


ヒント! まず反力を求める。

**【6】 右図のような単純ばりのA・B点の反力の組合せで，正しいものは次の(1)～(5)のうちどれですか。ただし，下向きの反力を「－」とする。**

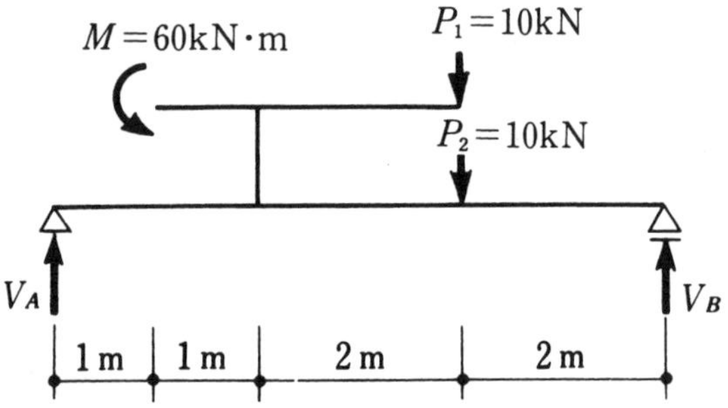


| | A点の反力［kN］ | B点の反力［kN］ |
|---|---|---|
| (1) | $\frac{40}{3}$ | $\frac{20}{3}$ |
| (2) | $\frac{20}{3}$ | $\frac{40}{3}$ |
| (3) | $\frac{10}{3}$ | $-\frac{50}{3}$ |
| (4) | $-\frac{20}{3}$ | $\frac{10}{3}$ |
| (5) | $\frac{50}{3}$ | $\frac{10}{3}$ |

ヒント! $\Sigma X=0$,　$\Sigma Y=0$,　$\Sigma M=0$

**【7】　右図に示すはりの中央にかかる曲げモーメントで正しい値は，次のうちどれですか。**

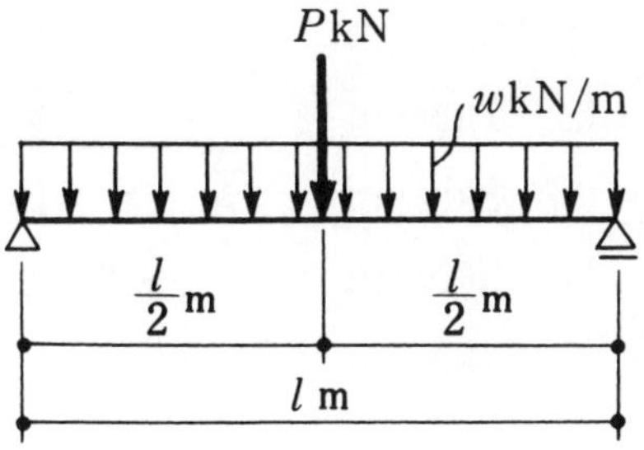


(1)　$\dfrac{wl^2}{8}+\dfrac{Pl}{4}$　　(2)　$\dfrac{wl}{4}\times P$

(3)　$\dfrac{wl}{8}\times\dfrac{Pl}{4}$　　(4)　$\dfrac{wl}{4}\times P$

(5)　$\dfrac{wl^2}{4}+P$

**ヒント!**　はりに同時に２種類の荷重が加わったときは，別々に求めて加えればよい。

**【8】　右図のはりの中央点Cにおける曲げモーメントの値を求めなさい。**

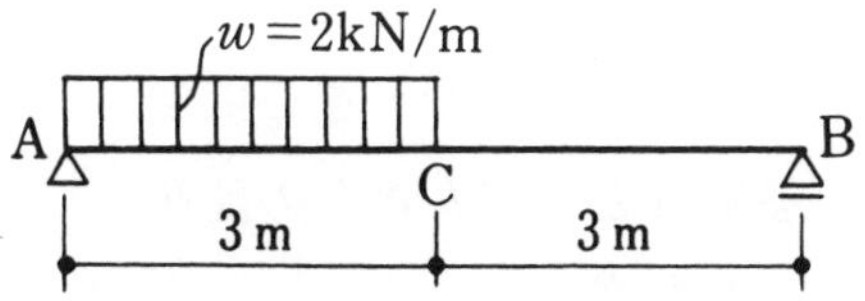

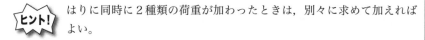

**ヒント!**　曲げモーメントを求める基本的な式を確認すること。

**【9】　下のはり架構について，次の問に答えなさい。**

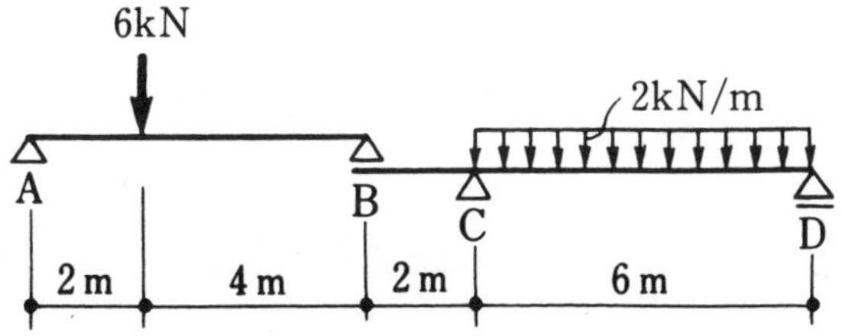


(1)　B～C間のせん断力を求めなさい。

(2)　C点の曲げモーメントを求めなさい。

**【10】　図のような連続ばりのB点に2kNの集中荷重が作用した時，D点に生ずる曲げモーメントの絶対値として正しいものはどれですか。**

(1)　0kN・m

(2)　1kN・m

(3)　2kN・m

(4)　3kN・m

(5)　4kN・m

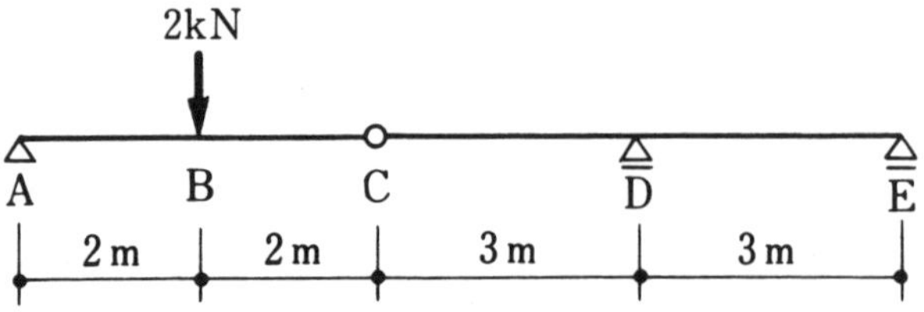


**【11】　長さ $l$m，単位荷重 $w$N/m の等分布荷重をうけている片持ばりの端部曲げモーメントは $\dfrac{wl^2}{2}$ で，また，単純ばりの中央部最大曲げモーメントは $\dfrac{wl^2}{8}$ で表される。**

**図のような等分布荷重を受けている同一断面のはりを支持する場合，はりの中央の曲げモーメントを0にする条件として $l_1$ と $l_2$ の比を求めなさい。**

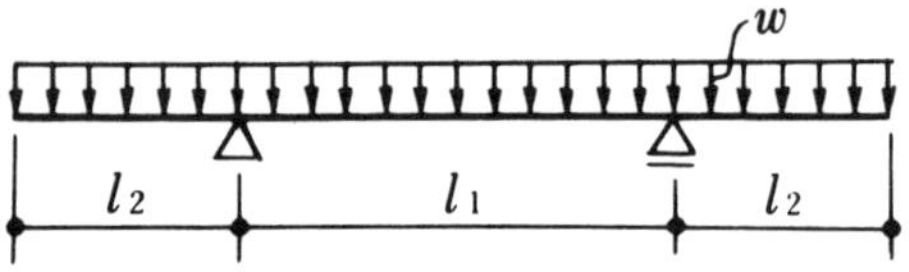


**【12】　下図に示すはりと曲げモーメントとの組合せで，誤っているものはどれですか。**

(1)

(2)

(3)

(4)

(5)

## ■トラス

**【13】 右図のような荷重を受ける構造物の㋑の部材の応力を求めなさい。**

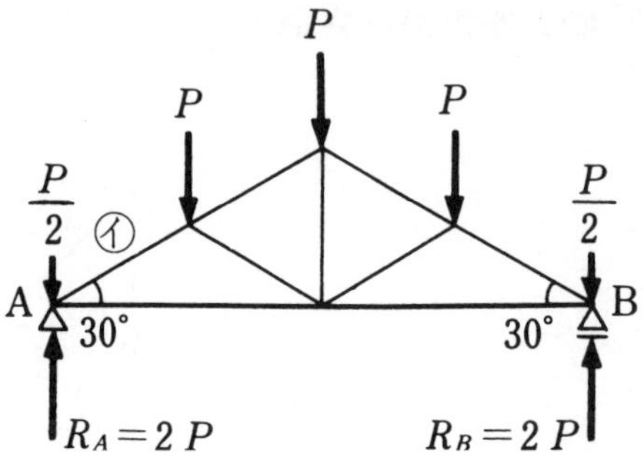


ヒント! トラスは各節点で曲げモーメントが0となるから，各節点で$\Sigma X=0$，$\Sigma Y=0$を計算すればよい。

**【14】 図に示すトラスの各部材の応力について答えなさい。ただし，引張応力の符号を＋とし，圧縮応力の符号を－とする。**

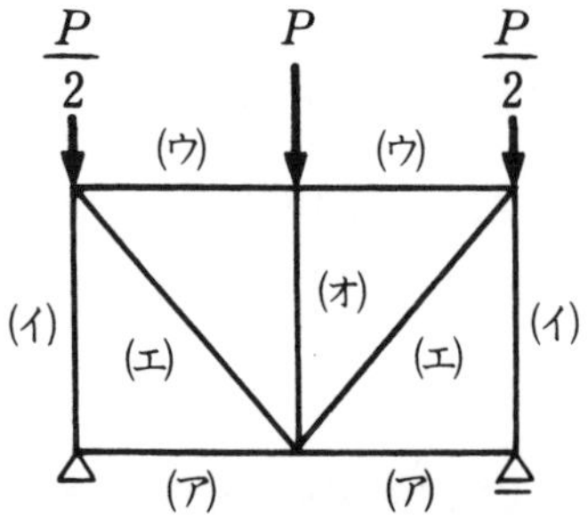


ヒント! (アイ)節点→(イウエ)節点→(ウオ)節点で示力図が閉じることを確認する。

**【15】 梁間10mの木造瓦葺事務所の小屋組（間隔3.0m以内）を設計するにあたって，下図のトラスのうち最も普通に用いられるものはどれですか。**

(1)
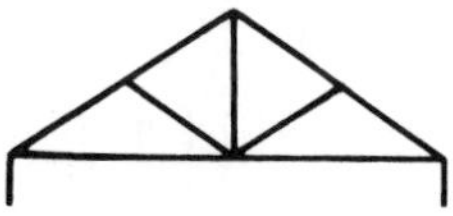

(2)
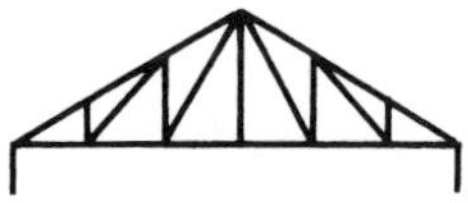

(3)
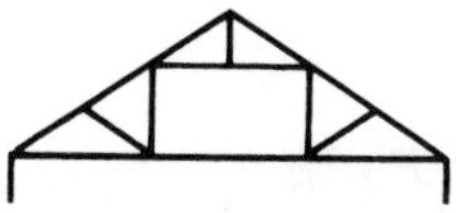

(4)
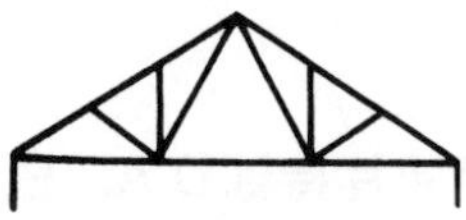

(5)
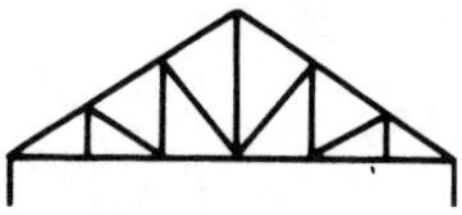

(6)
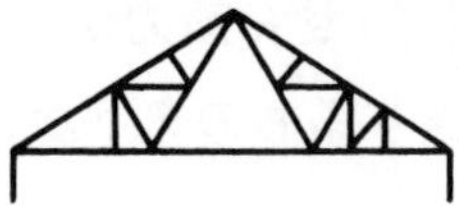

【16】 図のような荷重を受ける静定トラスの弦材Aに生じる軸方向力を求めなさい。

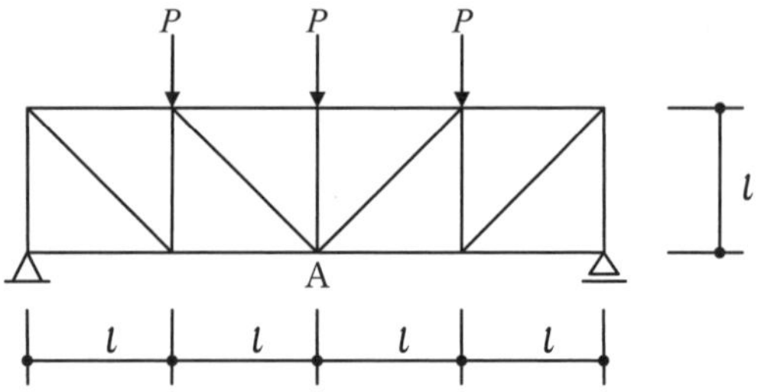


## ■静定ラーメン

【17】 右図の静定ラーメンについて，反力$H_A$，$V_A$，$V_B$を求めなさい。

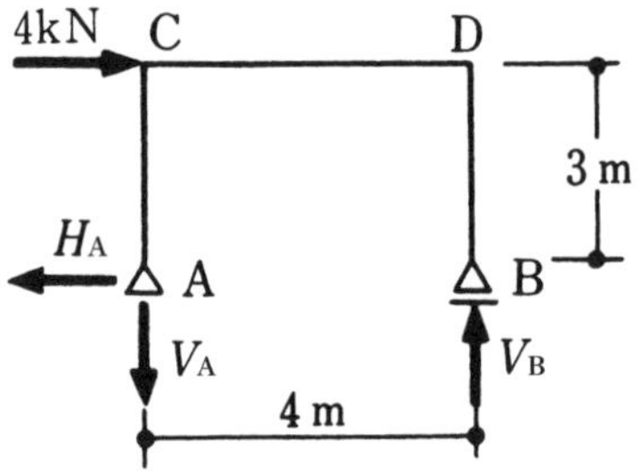


ヒント！ 静定ラーメンの基本的な問題。

【18】 右の図で，B点の反力が正しいものは次のうちどれですか。

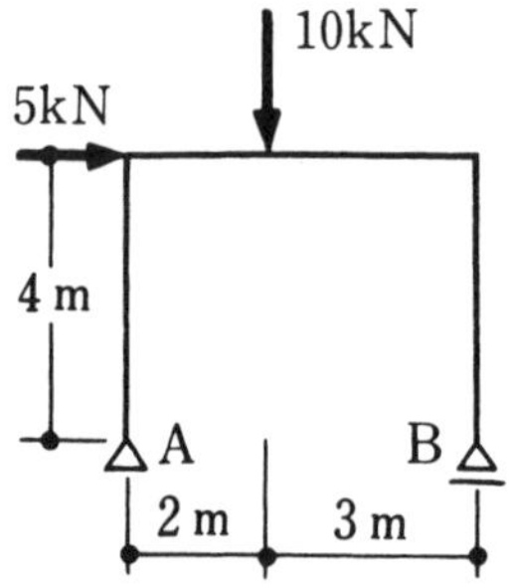


(1)　4 kN
(2)　5 kN
(3)　6 kN
(4)　7 kN
(5)　8 kN

【19】 図に示す片持ばりA，B，C材の（ア）軸方向力図，（イ）せん断力図，（ウ）曲げモーメント図に該当するものを下から選びなさい。

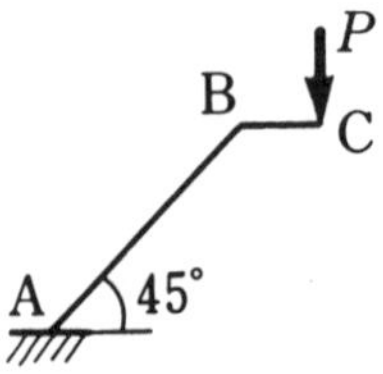

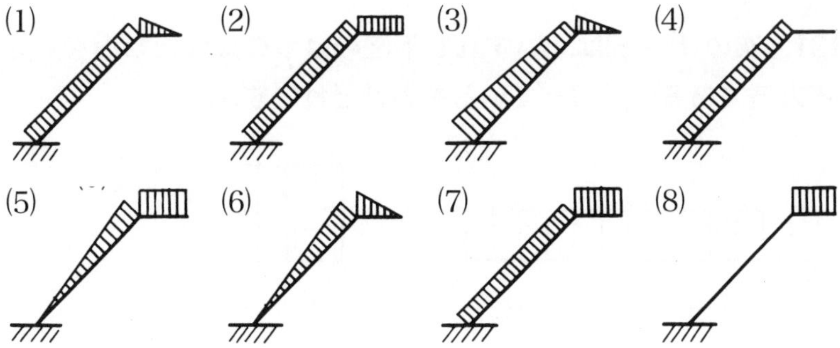


## ■応力計算

**【20】　右の断面の$X$軸についての断面二次モーメントおよび断面係数を求めなさい。ただし，図中の単位は[cm]とする。**

ヒント!　本書【重要事項の整理】参照のこと。

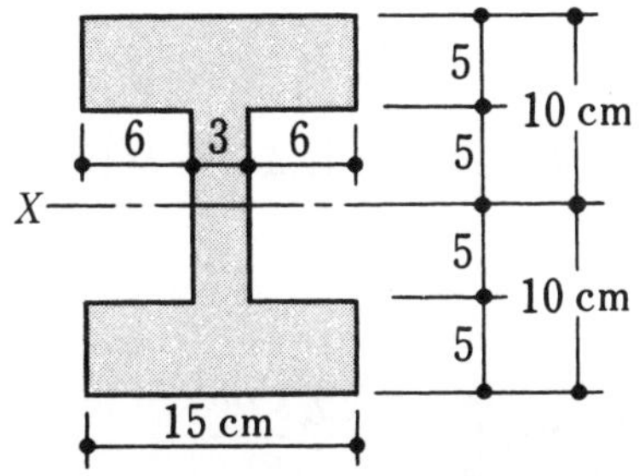


**【21】　図に示すような断面の$X$軸に関する断面二次モーメントの値で正しいものは次のうちどれですか。**

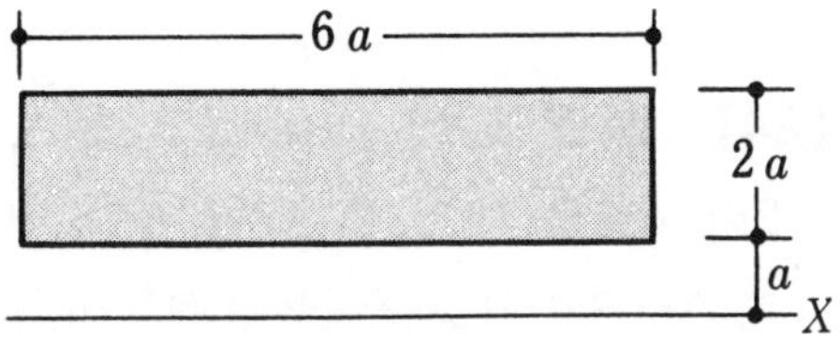


(1)　$36a^4$　　(2)　$40a^4$　　(3)　$44a^4$　　(4)　$48a^4$　　(5)　$52a^4$

ヒント!　$I_X = I_n + y_0{}^2 A$で求まる。

**【22】　図のようなラーメンにおいて，柱Aを基準としたときのはりBの剛比を求めなさい。ただし，はりBの断面二次モーメントの値は柱の断面二次モーメントの3倍とする。**

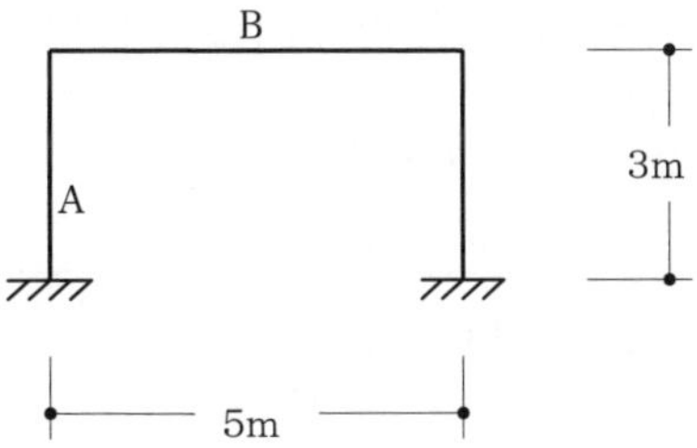

**【23】 次の(1)～(5)は，いずれも下図のはりの最大たわみを$\frac{1}{2}$にする方法であるが，誤っているものはどれですか。**

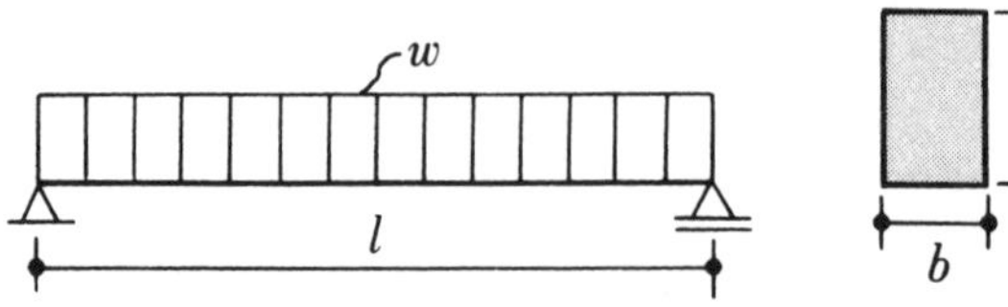


(1) 荷重($w$)を$\frac{1}{2}$にする。

(2) はりせい ($h$) を$\sqrt[3]{2}$倍にする。

(3) スパン ($l$) を$\frac{1}{2}$にする。

(4) 梁の材用にヤング係数が2倍のものを使用する。

(5) はりせい ($h$) を2倍，はり幅 ($b$) を$\frac{1}{4}$にする。

ヒント! $\delta = \dfrac{\alpha \cdot Pl^3}{EI}$

**【24】 断面積$A = 4.0\mathrm{cm}^2$，長さ$l = 150\mathrm{cm}$の柱が引張力$P = 28\mathrm{kN}$をうけて，長さが$l' = 150.05\mathrm{cm}$となった。**
**この材料のヤング係数は何N/mm$^2$ですか。**

ヒント! $E = \dfrac{\sigma}{\varepsilon} = \dfrac{P \cdot l}{A \cdot \Delta l}$

**【25】 図のような単純ばりに生じる最大曲げ応力度を求めなさい。ただし，部材の自重は無視するものとする。**

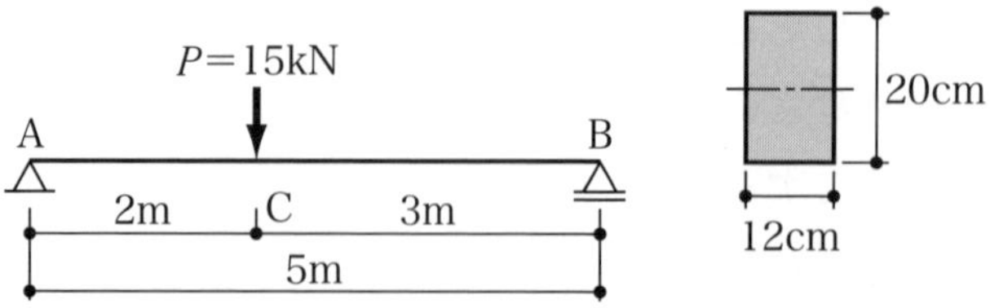

**【26】 下図に示す単純ばりの中央点Cの曲げ応力度を求め，許容曲げ応力度 $f_b = 10\text{N/mm}^2$ とするとき，安全かどうか検討しなさい。**

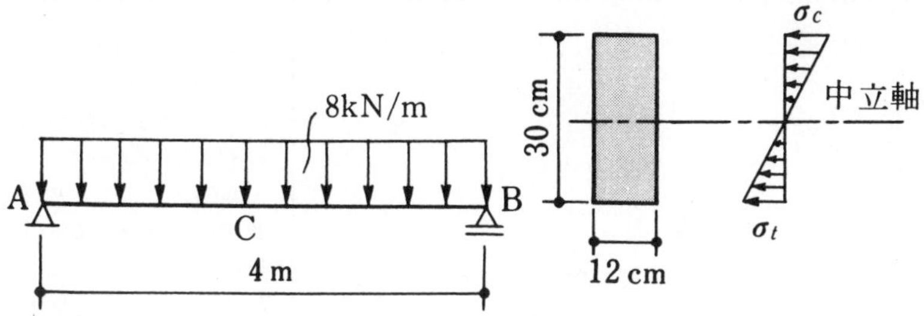


ヒント！ $\sigma\max = \dfrac{M\max}{Z}$

**【27】 図のような断面をもつ片持ばりに，15kNの荷重を加えたところ，最大曲げ応力度が1.8kN/cm²となった。このはりの長さを求めなさい。**

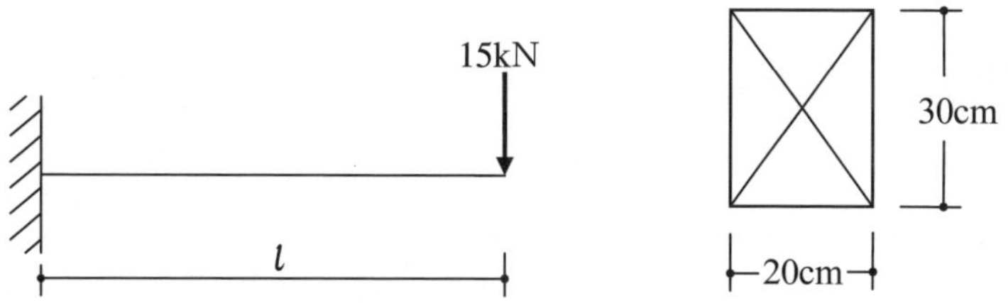


**【28】 図のような支持条件の下での各柱の座屈長さを求めなさい。ただし，すべての柱の材質，断面形状，長さは同じものとする。また，解は小数第一位まで求めればよい。**

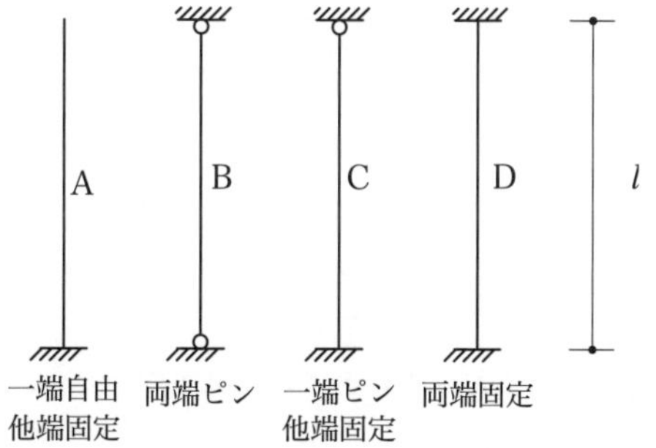


ヒント！ 座屈長さは座屈荷重のオイラーの公式で必要。

# 建築構造設計　チェックリスト

□　力の単位は。→〈 *1* 〉
□　力の3要素とは。→〈 *2* 〉
□　力のつりあい条件とは。→〈 *3* 〉
□　リッター図法とは。→〈 *4* 〉
□　応力度とは。また，応力度の単位は。→〈 *5* 〉
□　長方形断面の辺に平行な図心を通る軸についての断面二次モーメントの式は。またその単位は。→〈 *6* 〉
□　図心を通る$X$軸から$y_0$離れた平行軸$X_0$についての断面二次モーメントは。→〈 *7* 〉
□　長方形断面の辺に平行な図心を通る軸についての断面係数の式。またその単位は。→〈 *8* 〉
□　細長比とは。→〈 *9* 〉
□　座屈長さとは。→〈 *10* 〉
□　力のモーメント＝〈 *11* 〉×〈 *12* 〉。
□　支点の種類には，移動端，〈 *13* 〉，固定端がある。
□　反力の数は，移動端〈 *14* 〉，回転端〈 *15* 〉，固定端〈 *16* 〉である。
□　荷重の種類は，その作用状態から集中荷重，〈 *17* 〉荷重，等分布荷重などがある。
□　応力の種類には，軸方向力，〈 *18* 〉，〈 *19* 〉がある。
□　単純ばりでは，曲げモーメントの値は，$Q=0$の点で〈 *20* 〉値をとる。
□　片持ちばりは，〈 *21* 〉を求めないでも，先端の方から直接応力を求めることができる。
□　不静定構造物は〈 *22* 〉条件だけでは圧力，応力を求めることができない。
□　断面積にその断面の重心から$X$軸までの距離をかけたものを〈 *23* 〉という。
□　断面の図心軸$X$についての断面二次モーメント$I_X$をその軸から断面の最も遠い縁までの距離で除したものを〈 *24* 〉という。
□　断面二次モーメント$I_X$を断面積で除した平方根を〈 *25* 〉という。
□　はりの曲げ応力度（縁応力度）は$\sigma_b=\dfrac{\langle 26 \rangle}{\langle 27 \rangle}$。
□　〈 *28* 〉係数とは，弾性範囲内における$\sigma$と$\varepsilon$の比例定数をいう。
□　比較的細長い部材が，圧縮力を受けて急に横に曲がる現象を〈 *29* 〉という。
□　重心からeだけ離れた位置に軸方向力が作用する場合，基礎底板を回転させようとする。これを〈 *30* 〉荷重という。
□　せん断力図は，集中荷重の作用点で荷重の大きさだけ〈 *31* 〉に変化する。
□　はりの曲げモーメント図は，〈 *32* 〉を（＋）として書く。

*1.* ニュートン[N]，キロニュートン[kN]
*2.* 力の大きさ，力の方向と向き，力の作用点
*3.* 移動しない（$\Sigma X=0$，$\Sigma Y=0$），かつ回転しない（$\Sigma M=0$）
*4.* 「重要事項の整理」参照
*5.* 部材に力が加わったとき，部材内部に生じる力を応力といい，単位面積あたりの応力を応力度という。単位は[N/mm$^2$]，[kN/m$^2$]
*6.* $I=\dfrac{bh^3}{12}$
単位は[mm$^4$]，[cm$^2$]
*7.* $I_X=In+Ay_0^2$
*8.* $Z=\dfrac{bh^2}{6}$
単位は[mm$^3$]，[cm$^3$]
*9.* 圧縮材の座屈長さを断面二次半径で除した値。
*10.* 圧縮荷重により座屈の限界荷重$N_K$を求める際，両端ピンの圧縮材の長さを基準として，その支持条件により修正した部材の長さ。
*11.* 力
*12.* 力までの垂直距離
*13.* 回転端
*14.* 1　*15.* 2　*16.* 3
*17.* モーメント，等変分布
*18.* せん断力　*19.* 曲げモーメント
*20.* 最大
*21.* 反力
*22.* つり合い
*23.* 断面一次モーメント
*24.* 縁応力度
*25.* 断面二次半径
*26.* 曲げモーメント
*27.* 断面係数
*28.* ヤング
*29.* 座屈
*30.* 偏心
*31.* 段状
*32.* 引張側

# 5 建築施工

○建築施工は他の科目との関連性が強い。特に建築構造とは関連が強いので互いに留意して勉強する必要がある。
○仮設工事に関しては材料保管方法，足場の種類等に留意すること。
○鉄筋コンクリート・鉄骨工事は，工事順序および注意点，特にコンクリートの打込み，養生，かぶり厚さに関する問題が多い。施工機械については，土工とコンクリート工事機械の用途，各工事別の組合せが出題される。その他木工事，測量，見積り，施工計画についての問題が見られる。
○測量に関しては平板測量，水準測量について理解すること。
○近年，建設廃棄物についての規制等も強まり，それらに関する学習も必要だと思われる。

## 重要事項の整理

### 1.契約について

⑴　契約―「請負契約」と「委任契約」
⑵　建築の契約―大部分が「請負契約」である。
⑶　請負契約の種類　：　一式請負，分割請負，工事費別請負，共同請負(ジョイントベンチャー)

### 2.施工計画

⑴　施工計画―設計図書，積算書を検討し施工計画を立てる。
⑵　工程表―ネットワーク工程表，バーチャート工程表

### 3.敷地・地盤の調査と測量および解体工事

⑴　地盤の調査方法―ボーリング，標準貫入試験，載荷試験
　標準貫入試験における「N値」
⑵　測量―平板測量，水準測量，トランシット測量
⑶　解体工事―解体による建設廃棄物には，一般廃棄物，産業廃棄物があり，そのほか廃棄物には「特別管理産業廃棄物」がある。

### 4.仮設工事

⑴　共通仮設―仮囲い，仮設建築物，工事用電気・給排水設備
⑵　直接仮設―遣り方，足場，災害防止設備
⑶　足場―単管足場，枠組足場，ローリングタワー等

### 5.土工事

⑴　根切り，山留め
⑵　山留め工法―水平切張り工法，グラウンドアンカー工法，アイランド工法等
⑶　土工事機械―ブルドーザー，パワーショベル，ドラグライン，バックホー，クラムシェル等。土工事用機械については，名前とともにその使用目的，使用場所（地盤より上方か下方か，軟弱地盤か固い地盤か等）をも関連付けて覚えること。
⑷　土木工事に生じる特殊な異常現象―ボイリング，クイックサンド，ヒービング

### 6.地業・基礎工事

⑴　地業とは，基礎を安定させるために元の地盤に

行なわれた工事部分

力の伝達順で考えると，構造体→基礎→地業→地盤となる。

⑵　地業の種類—砂利地業，割ぐり地業，杭地業（既成コンクリート杭，場所打ちコンクリート杭，鋼杭）

**7．主体工事**

⑴　木工事—最近はプレカットされた部材が多くなってきている。

建て方の流れは，基礎→土台→柱→胴差し→小屋はり→小屋組

⑵　鋼構造工事

1) 工場作業—工作図→原寸図→けがき→加工（現在では原寸作業・けがきは省略されることが多い）

2) 現場作業—建方→仮締め→建入直し→本締

3) 溶接の欠陥—ピット，オーバーラップ，ブローホール，スラグ巻込み 等々

⑶　鉄筋コンクリート工事

1) 鉄筋コンクリート—圧縮力をコンクリート，引張力を鉄筋が負担する。

2) 鉄筋—丸鋼（ＳＲ），異形鉄筋（ＳＤ）

3) 配筋における注意—継手長さ，定着長さ，かぶり厚，あばら筋・帯筋の役割

4) コンクリート工事—打継ぎの際の注意（打継ぎ箇所・打継ぎ表面の処理等），振動機の扱い方

5) コンクリート工事に関する用語—ブリージング，レイタンス，コールドジョイント

**8.仕上げ工事**

屋根工事，石工事，金属工事，ガラス工事，塗装工事等。

## 力だめし

### さあやってみよう！

ここがポイント！

**【典型問題１】　次の地盤の許容応力度および基礎杭の許容支持力を求める地盤調査の方法で，関係のないものはどれですか。**

⑴　ボーリング試験

⑵　杭の載荷試験

⑶　ベーン試験

⑷　スランプ試験

⑸　標準貫入試験

**解　答**　⑷

㊟スランプ試験とは，コンクリートの施工軟度を調べるための試験。ベーン試験とは，地盤のせん断強さを調べる試験法。

**【典型問題２】　次の文の（　　）に中にあてはまる適当な語句をａ～ｉから選び出し，記号で答えなさい。**

ここがポイント！

⑴　リベットの穴のくいちがいを合わせるには（　　　　）を用いる。

⑵　陸墨を出すには（　　　　）を用いる。

⑶　鉄筋の加工には（　　　　）を用いる。

⑷　土の突き固めには（　　　　）を用いる。

⑸　高張力ボルトの締め付けには（　　　　）を用いる。

| | | |
|---|---|---|
| a.ガイデリック | b.インパクトレンチ | c.バーベンダー |
| d.バッチミキサ | e.レベル | f.ランマー |
| g.クラムシェル | h.トランシット | i.ドリフトピン |

**解　答**　⑴－i　⑵－e　⑶－c　⑷－f　⑸－b

㊟ガイデリックとは，揚重作業をする機械，　バッチミキサとは，コンクリート１練分の材料を投入・搬出を交互に行うミキサ，クラムシェルとは，ブームの先端にバケットを吊り下げ，土をつかみ上げる，水中の掘削も行う機械。
トランシットは，測角を行う測量器械。

5

# 実戦就職問題

## ■施工計画と仮設工事

**【1】 工事現場において設計図に不審な点を見つけた場合，現場監督とし，どのような処置をとるか。次のうちから正しいものを選びなさい。**

(1) 設計図のとおり施工する。　(2) 建築主の意見を聞く。
(3) 仕様書に従って施工する。　(4) 設計者と相談する。
(5) 自分で判断して施工する。

ヒント! 現場監督，設計者，建築主との関係を理解すること。

**【2】 工程管理とは何か，説明しなさい。**

ヒント! 工程管理は，計画通りに工事を実施するために必要なことである。

**【3】 ネットワークとは何か，説明しなさい。**

ヒント! 工程表の一種である。ネットワーク工程表については，見方も理解すること。

**【4】 現場における資材管理に関する記述で<u>正しいもの</u>はどれですか。**

(1) セメントは風通しのよい出入口以外に複数の開口部をもつ倉庫に保管する。
(2) アスファルトルーフィングは，屋内の乾燥した場所に井げた積みとする。
(3) 塗料は乾燥しやすいので，すぐ使えるように使用箇所近くに保管する。
(4) 溶接棒は常に乾燥した場所に保管し，必要に応じて乾燥装置を設けて乾燥させる。
(5) 砂はまとめやすいように周辺地盤より低いところに保管する。

ヒント!　材料の保管については，その特性を考えること。

**【5】 足場に関して，次のA～Cに相当する用語，および①～⑫に当てはまる数値を入れなさい。**

(1) 単管足場の柱に相当する部材を（　A　）といい，その間隔は，けた行方向（　①　）m以下，はり間方向（　②　）m以下とする。そしてけた行き方向（対象工作物に平行）に（　A　）をつなぐ水平材を（　B　）という。地上第1の（　B　）は地上（　③　）m以下に設置する。壁つなぎの間隔は，垂直方向（　④　）m以下，水平方向（　⑤　）m以下とする。そして，はり間方向（壁に直角）に（　B　）をつなぐ材を（　C　）という。なお，（　A　）間の積載荷重は（　⑥　）kgを限度とし，作業の安全を考え，高さ（　⑦　）cm以上に手すりを設ける。

(2) 枠組足場の高さは，原則として（　⑧　）m以下とする。そして壁つなぎの間隔は，垂直方向（　⑨　）m以下，水平方向（　⑩　）m以下とする。

(3) 登りさん橋は（　⑪　）°以下とし，（　⑫　）°以上の場合は，踏みざんを設置する。そして（　⑪　）°を超える場合は階段状としなければならない。

**【6】 次のうち，平板測量に必要でないものはどれか指摘し，その理由を述べなさい。**

(1) アリダード　　(2) 布テープ　　(3) スタッフ

(4) ポール　　(5) 下げ振り

ヒント!　平板測量は，小規模の敷地形状測量等を行なうものであり，高低差はレベル測量で行なう。

**【7】 敷地の形状を縮尺1：200で作成したところ，右のようになった。敷地の面積で正しいものは次のうちどれですか。**

(1) 9,400m²　　(2) 6,800m²

(3) 4,700m²　　(4) 4,400m²

(5) 3,700m²

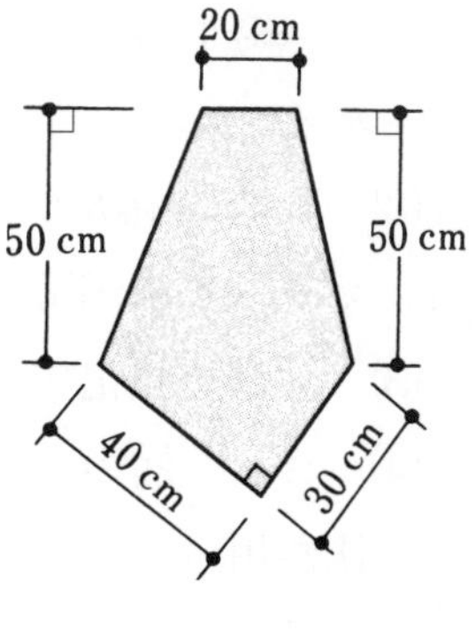

ヒント! 縮尺は長さに対してのもの。それを面積に移し変えるとどうなるか？

**【8】　平板測量により，ある敷地をＡＢＣＤＥの順に測量したところ，図のようになり，Ａ点での閉合誤差が1.2cmであった。この誤差を調整したとき，図上でのＣ点の調整値はいくらになるか。ただし，平板の精度（閉合比）は，標準精度以内とする。**

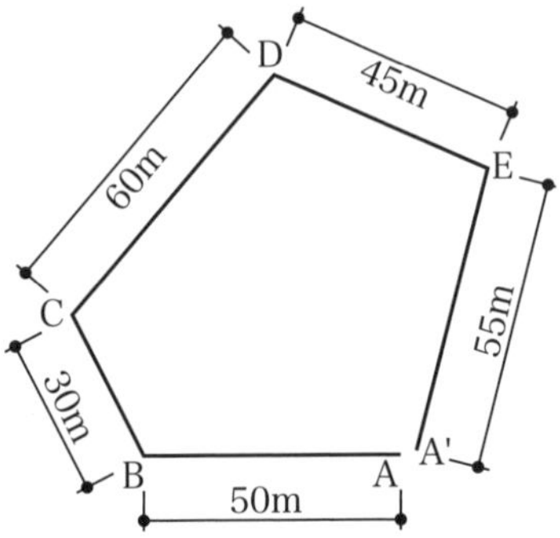


⑴　0.2cm　　⑵　0.3cm　　⑶　0.4cm

⑷　0.5cm　　⑸　0.6cm

ヒント! 全測線長に対して誤差が1.2cmである。

**【9】　建設廃棄物には「一般廃棄物」「産業廃棄物」「特別管理産業廃棄物」がある。次の中で，特別産業廃棄物はどれか。**

⑴　木くず　　⑵　アスベスト廃棄物　　⑶　汚泥

⑷　アスファルト破片　　⑸　廃タイヤ　　⑹　ガラスくず

⑺　コンクリート破片　　⑻　金属くず　　⑼　廃ＰＣＢ汚染物

⑽　繊維くず

ヒント! 最近は廃材についての規制が厳しくなってきているので，注意すること。

## ■土 工 事

**【10】　土工事および基礎工事に関する次の記述のうち，正しいものはどれですか。**

⑴　基礎工事までの作業工程は，地業→根切り→山留め→基礎となる。

⑵　敷地に余裕のない場合の山留め工法として，法付けオープンカット工法が用いられる。

⑶　地盤を強化するためには，均しモルタル地業を行う。

⑷　シルト層のような細密な地層の排水には，ウェルポイント工法が用いられる。

(5) 深い根切りの埋戻しには，砂質土と粘性土を交互に組み合わせて締め固める。

## ■主体工事

**【11】 鉄筋コンクリート工事の鉄筋の重ね継手・定着およびかぶり厚さに関する記述のうち，誤っているものは次のうちどれですか。**

(1) 径の異なる鉄筋の重ね継手の長さは，細い方の鉄筋の径を基準に決める。

(2) 重ね継手および定着の長さは，末端のフック部分の長さを除いたものとする。

(3) はりの鉄筋のかぶり厚さは，主筋の外側からコンクリートの表面までとする。

(4) はりの鉄筋のかぶり厚さの検査は，コンクリートの打込みに先立って行う。

(5) はりの主筋を柱内に定着する場合，鉄筋を柱の中心軸より外側の位置で垂直に折り曲げる。

**【12】 コンクリートの打設に関する次の記述のうち，誤っているものはどれですか。**

(1) はりの打継ぎ位置は，スパンの中央付近とする。

(2) スラブの打継ぎ位置は，スパンの端部とする。

(3) 型枠せき板は，コンクリートの打込む前に散水して湿潤にする。

(4) 打継ぎ部分のコンクリート面は，散水をして十分に吸水させ，湿潤な状態とし，打込む際に水は取り除いてから行なう。

(5) 打継ぎ面は，新たに打込むコンクリートと一体となるように，レイタンスなどを取り除き行なう。

ヒント! 打継ぎ位置はその構造部への影響を考える。また，打継ぎ面については，できるだけコンクリートの一体化に近い状態となるような工夫をする。

**【13】 コンクリートの打継ぎ・打込み・締固めに関する次の記述のうち，正しいものには○，誤っているものには×を付けなさい。**

(1) 連続した壁の打込みは，壁の端部から横流しにして行う。

(2) 棒形振動機による締固めによる加振時間は，コンクリートの上面にペーストが浮くまでとする。

(3)　棒形振動機による締固めの際には，その先端が先に打込まれたコンクリート層に入らないように注意する。

(4)　打込み後のコンクリートの沈み，材料分離等による不具合は，コンクリートの凝結が終了してからタンピングなどによる処理をする。

(5)　柱および壁の水平打継ぎ部は，床スラブ・はりの下端，または床スラブ・はり・基礎ばりの上端に設ける。

ヒント!　JASS－5「7節　運搬および打込み・締固め」を参照のこと。

**【14】　高力ボルト接合に関する次の記述のうち，誤っているものはどれですか。**

(1)　高力ボルト接合と溶接とを併合する継手においては，高力ボルトを先に締め付けた後，溶接を行なう。

(2)　接合部で一群をなしている場所を高力ボルトで締め付ける場合は，その周辺部から中央部に向かって順次締め付ける。

(3)　高力ボルト接合の締め付けは，その接触面を錆び止め塗装しないで行なう。

(4)　座金との接触面に鋼材のまくれがある場合，平グラインダー掛けにより取り除き，平らに仕上げる。

(5)　建方時に使用する仮ボルトには，軸径が本締めボルトと同一の中ボルトを使用した。

ヒント!　高力ボルトの性質を考えてみよう。

**【15】　木造の小屋組に使用する金物とその使用箇所との組合せで，誤っているものは次のうちどれですか。**

(1)　短冊　――――　真束と合掌

(2)　かすがい　――――　合掌と方杖

(3)　箱金物　――――　真束とはり

(4)　羽子板ボルト　――――　合掌とはり

(5)　手違いかすがい　――――　母屋と合掌

ヒント!　接合金物の形状を考えること。接合金物の種類を理解すること。

## ■各種工事

**【16】 次の記述のうち，正しいものには○印を，誤っているものには×印を，それぞれの（　　）の中に記入しなさい。**

(1) 型枠は足場に堅固に緊結する。…（　　）

(2) コンクリートの温度が下がるとその硬化が遅れるから，寒冷時に打設したコンクリートは養生期間を長くとる必要がある。…（　　）

(3) 仮締めボルトは，本締めボルトの約$\frac{1}{3}$程度かつ２本以上とする。…（　　）

(4) モルタル塗壁体の上塗りはひび割れを防ぐためには，モルタルが貧調合であるほどよい。…（　　）

(5) ガラスはめ込みの時期は，一般に内部仕上げが終了した後が適当である。…（　　）

**【17】 施工順序に関する記述で適当でないものは次のうちのどれですか。**

(1) 屋根瓦は軒先から棟に向かってふき上げる。

(2) 下見板は下部から張り上げる。

(3) 床のモザイクタイルは入口に遠い方から張り始める。

(4) 壁のタイルは下段から張り上げる。

(5) 人造石洗出しは下部から仕上げる。

ヒント！ 施工後の状況を考えてみよう。例えば，雨が降ったらどうなるかなど。

**【18】 塗装に関する記述で，誤っているものは次のうちどれですか。**

(1) エマルジョン塗料は，引火性があるから注意が必要である。

(2) エナメルラッカーは，乾燥が早いのでスプレー塗装がよい。

(3) 油性ペイントは，乾燥がおそいのでドライヤーを用いることがある。

(4) モルタル面を塗装するときは，できるだけ長く放置してから行う。

(5) 木材を塗装する場合には，十分乾燥させてから行う。

## ■施工機器

**【19】 次の工事に関係ある機器を下欄の中からいくつか選んで，その記号で答えなさい。**

⑴　根切工事　　⑵　鉄骨工事　　⑶　杭打ち工事

⑷　鉄筋コンクリート工事

| | |
|---|---|
| ㈠　スプレーガン | ㈡　バーベンダー |
| ㈢　トラッククレーン | ㈣　パワーショベル |
| ㈤　ミキサー | ㈥　ディーゼルパイルハンマー |
| ㈦　ガイデリック | ㈧　スプリンクラー |
| ㈨　クラムシェルバケット | ㈩　バッチャプラント |
| (サ)　ドロップハンマー | (シ)　インパクトレンチ |

ヒント!　各工事の内容を考えること。

## ■用　　語

**【20】 次の建築工事に関連のある用語を㈠～㈤から選び，記号で答えなさい。**

| | |
|---|---|
| ⑴　山留め工事 | ㈠　トルクレンチ |
| ⑵　型枠工事 | ㈡　ブルドーザー |
| ⑶　コンクリート工事 | ㈢　シートパイル |
| ⑷　土工事 | ㈣　水セメント比 |
| ⑸　鉄骨工事 | ㈤　フォームタイ |

**【21】 次の用語と関係のある工事種別を㈠～㈤から選び，記号で答えなさい。**

| | |
|---|---|
| ⑴　スプリンクラー | ㈠　鉄骨工事 |
| ⑵　高力ボルト | ㈡　設備工事 |
| ⑶　スランプ | ㈢　土工事 |
| ⑷　セパレーター | ㈣　コンクリート工事 |
| ⑸　クラムシェル | ㈤　型枠工事 |

# 建築施工　チェックリスト

□　ネットワーク工程表とは。〈 *1* 〉
□　ジョイントベンチャーとは何か。〈 *2* 〉
□　ベンチマークとは。〈 *3* 〉
□　足場の種類にはどのようなものがあるか。〈 *4* 〉
□　登りさん橋は，勾配〈 *5* 〉以下とし，勾配〈 *6* 〉～〈 *5* 〉では，滑り止めが必要。そして,〈 *5* 〉以上では階段とする。また，幅は〈 *7* 〉以上とする。
□　オープンカット工法とは。〈 *8* 〉
□　地業の種類にはどのようなものがあるか。〈 *9* 〉
□　標準貫入試験とはどのような方法で何を調べるのか。〈 *10* 〉
□　高力ボルト孔の径は，高力ボルトの軸径より〈 *11* 〉を超えてはならない。ただし，高力ボルト軸径が27mm以上でかつ構造耐力上支障のない場合はボルト径より〈 *12* 〉まで大きくできる。
□　ボルト孔の径は，ボルトの軸径より〈 *13* 〉を超えてはならない。ただし，ボルト径が20mmでかつ構造耐力上支障のない場合はボルト径より〈 *14* 〉まで大きくできる。
□　高力ボルトの仮締めのボルト本数は，全体の〈 *15* 〉かつ〈 *16* 〉以上とする。
□　鉄筋の加工は径〈 *17* 〉までは常温加工で，径〈 *18* 〉以上は加熱加工を行なう。
□　鉄筋のあきは，径の〈 *19* 〉倍以上，粗骨材最大径の〈 *20* 〉倍以上かつ〈 *21* 〉mm以上とする。
□　ガス圧接部のふくらみ部の直径は，鉄筋径の〈 *22* 〉倍以上，ふくらみ長さは，鉄筋径の〈 *23* 〉以上とする。
□　スランプ値とは。〈 *24* 〉
□　レイタンスとは。〈 *25* 〉
□　ブリージングとは。〈 *26* 〉
□　アスファルト・コンパウンドは，軟化点に〈 *27* 〉を加えた温度以上にしない。
□　アスファルト・ルーフィングの重ね幅は，長手・幅方向とも〈 *28* 〉程度とし，水上に向かって重ねる。
□　外壁モルタル塗りのひび割れ防止の処置として，上塗りモルタルは〈 *29* 〉調合とする。
□　補強コンクリートブロック工事において，ブロックの1日の積み上げ高さは〈 *30* 〉を標準とする。
□　〈 *31* 〉とは，「日本産業規格(Japanese Industrial Standard)」のこと。
□　〈 *32* 〉とは「建築工事標準仕様書（Japanese Architectural Standard Specification）」のこと。
□　道路使用の許可申請先は〈 *33* 〉である。なお，道路占用許可申請先は〈 *34* 〉である。
□　〈 *35* 〉は，狭くて深い場所の掘削に適する。ただし，固い地盤に対しては向かない。

*1.* 問3を参照のこと。
*2.* 1企業の能力を超えた大規模建築等で事業を請け負う場合に2企業以上で共同して行う請負のこと。
*3.* 建築施工においては，建物の基準位置・基準高を決める点のこと。なお，測量関係においては，水準原点を基準として定めた標高の点のこと(BM)。
*4.* 鋼管足場，枠組み足場，ローリングタワー，つり足場　等
*5.* 30°　*6.* 15°　*7.* 90cm
*8.* 敷地周辺に余裕がある場合に，傾斜面(法)をつけて根切りをする工法
*9.* 割ぐり地業，杭地業等
*10.* 所定の深さに標準貫入試験用サンプラーを設置し，63.5kgのハンマーを落下高75cmから落下させ，サンプラーが30cm打込まれるのに要する回数をN値といい，この値から地盤の相対的な強さを推定する試験。また，土試料を採取することにより地盤の状況を調べることができる。
*11.* 2mm
*12.* 3mm(参考：建築基準法施行令第68条)
*13.* 1mm　*14.* 1.5mm (参考：建築基準法施行令第68条)
*15.* $\frac{1}{3}$　*16.* 2本　*17.* 25mm
*18.* 28mm　*19.* 1.5　*20.* 1.25
*21.* 25　*22.* 1.4　*23.* 1.1
*24.* 上端内径10cm，下端内径20cm，高さ30cmのスランプコーンに練ったコンクリートを詰め，コーンを引き抜いたときのコンクリートの下がりをスランプ値といい，コンクリートの軟らかさを表す値(単位は[cm])。
*25.* コンクリート打設後に表面に上昇してくる泥状物。強度がないので，打ち継ぐ場合は表面を十分に清掃して取り除く必要がある。
*26.* コンクリート打設後，コンクリート中の水の一部が分離してコンクリート表面に上昇する現象。
*27.* 170℃　*28.* 10cm
*29.* 貧(㊟セメントは富調合にすると強度は大きくなるが，収縮率も大きくなり，亀裂しやすくなる。)
*30.* 1.6m　*31.* JIS　*32.* JASS
*33.* 警察署長
*34.* 道路管理者
*35.* クラムシェル

# 土木

# 1 土木設計

○土木系に関する出題の中心となるのが土木設計であるので基本的な公式を理解することが出来れば，応用にも適用できるので，しっかりとした力を身につけることが大切である。

○その内容は「力のつりあい」，「静定ばり」，「部材断面の性質」，「トラス」が中心で，特に単純ばりの反力計算，応力計算（せん断力図，曲げモーメント図を求める問題）は必ずといってよいほど出題される。ほかに簡単なはりの断面の設計や鉄筋コンクリートの設計がわずかであるが出題されることがある。

※なお，この章では部材に生じる力を「応力」，単位面積当りの応力を「応力度」として表してある。

## 重要事項の整理

### 1.材料の強さ

(1)　軸方向応力

$\sigma = \dfrac{P}{A}$　　$\sigma$：軸方向応力度
$P$：軸方向力
$A$：部材断面積

(2)　ひずみ

縦ひずみ：$\dfrac{\Delta l}{l}$　〔$l$は部材の長さ〕

横ひずみ：$\dfrac{\Delta b}{b}$　〔$b$は部材の横幅〕

(3)　まとめ

フックの法則：弾性材料において，応力度とひずみ度の比が一定である。

$\sigma = E \cdot \varepsilon$　　$\sigma = \dfrac{P}{A}$　　$\varepsilon = \dfrac{\Delta l}{l}$

$E$：弾性係数またはヤング係数

### 2.力のつりあい

(1)　力の3要素

「力の大きさ」，「力の作用点」，「力の方向」

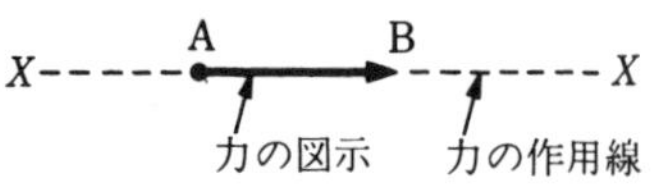


(2)　バリニオンの定理

$M_0 = P_1 l_1 + P_2 l_2 + P_3 l_3 = Rl$

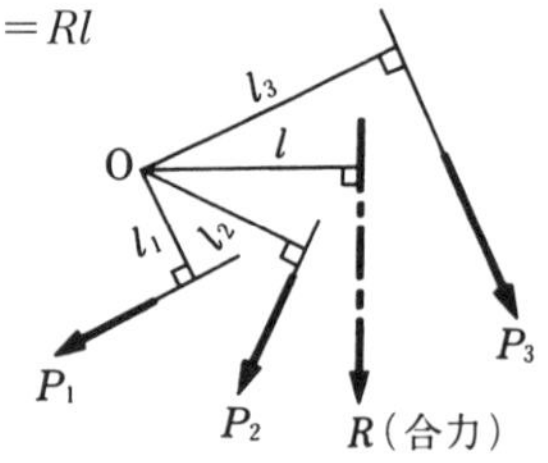


(3)　力のつりあい……つり合いの条件は，「移動しない」かつ「回転しない」こと。

つりあいの3条件

①移動しない　$\Sigma H = 0$ ……水平分力の総和が0
$\Sigma V = 0$ ……鉛直分力の総和が0

②回転しない　$\Sigma M = 0$ ……力のモーメントの総和が0

### 3.はりの計算

はりの判別式による判別，力のつりあいの3条件による解法

・はりの判別式

$N = r - 3 - h$

$N$：不静定次数

$r$：反力の数

$h$：接続ヒンジの数

3：つりあいの条件式の数

$N=0$ならば静定なはり

・はり
- 不安定なはり
- 安定なはり
  - 静定ばり
  - 不静定ばり

・静定ばり

単純ばり，片持ばり，張出しばりなど

・不静定ばり

両端固定ばり，連続ばりなど

(1) 単純ばり

・反力，応力（せん断力，曲げモーメント）の計算

・せん断力図，曲げモーメント図の図示

(2) 片持ばり

・反力計算は固定端で，応力計算は自由端より行うと楽。

・最大せん断力および曲げモーメントは固定端で生じる。

・符号に注意する。

## 4.部材の断面の性質

(1) 断面一次モーメント：$Q=$（面積×軸から図心までの距離）の和 ［$cm^3$, $m^3$］

(2) 図心

断面一次モーメントが0となるような軸を図心軸といい，この軸の交点を図心という。

$x_0=\dfrac{Q_y}{A}$　　$y_0=\dfrac{Q_x}{A}$

(3) 断面二次モーメント：$I=${面積×(軸から図心までの距離)$^2$}の和 ［$mm^4$, $cm^4$, $m^4$］

・図心軸に関する断面二次モーメントの例

［長方形断面］

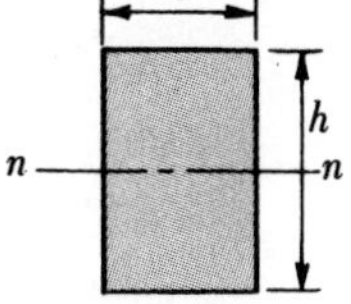


$I_n=\dfrac{bh^3}{12}$

［円形断面］

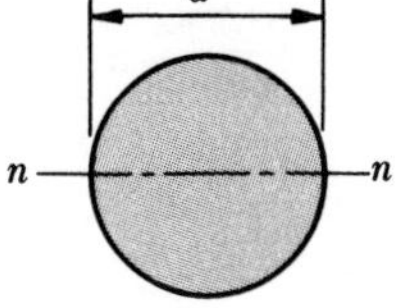


$I_n=\dfrac{\pi d^4}{64}$

［三角形断面］

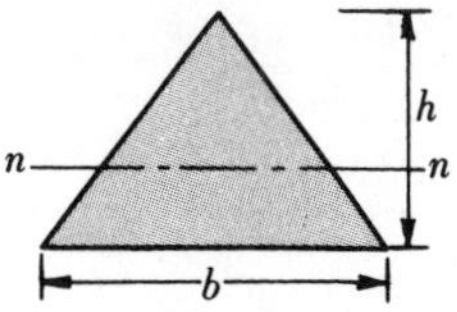


$I_n=\dfrac{bh^3}{36}$

・図心から$e$だけ離れた軸に関しての断面二次モーメント

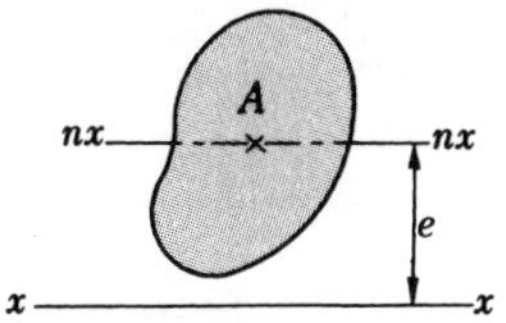


$I_x=I_{nx}+Ae^2$

(4) 断面係数：W

曲げモーメントに対する抵抗の程度。

$W_c=\dfrac{I_{nx}}{y_c}$

$W_t=\dfrac{I_{nx}}{y_t}$

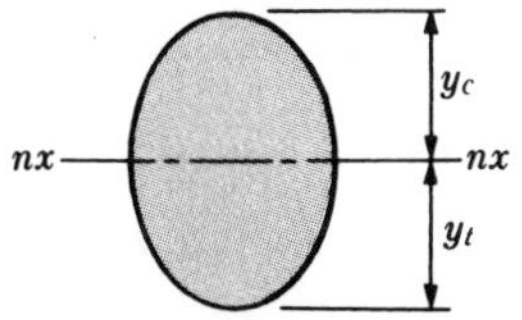

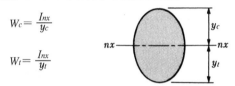

・図心に関する断面係数の例（図・記号は上図参照）

［長方形断面］　　$W_n=\dfrac{bh^2}{6}$

［円形断面］　　$W_n=\dfrac{\pi d^3}{32}$

## 5.柱

短柱：柱が圧縮力を受けたとき，押しつぶされて破壊する（圧座）。

長柱：柱が圧縮力を受けたとき，曲がって折れて破壊する（座屈）。

・細長比：柱の長さと断面の最小断面二次半径との比。$(\dfrac{l}{r})$

断面二次半径　$r=\sqrt{\dfrac{I}{A}}$

・細長比が大きいほどその材の座屈荷重は小さくなる。

## 6.トラスの解法

(1) トラス…三角形状にヒンジによって接合され組み合わせられた構造

(2) トラス（静定トラス）の解法

・図式解法—クレモナ図法

・算式解法
- 格点法
- 断面法
  - クルマン法
  - リッター法

算式解法では，つり合いの3条件を用いる。(格点法ではこの２式のみで求まる)

・移動しない（$\Sigma H=0$,　$\Sigma V=0$）

・回転しない（$\Sigma M=0$）

**7.はりの設計**

⑴　曲げに対する検討

はりに生じる曲げ応力とせん断応力を調べ，これに対して耐えるように設計する。

$$\sigma=\sigma_C=\sigma_t=\frac{M}{W}$$　（対称断面の場合）

$\sigma_{ca}\geqq\sigma_C$,　$\sigma_{ta}\geqq\sigma_t$　であれば安全

ここで　$\sigma_C$：圧縮側の曲げ応力度

$\sigma_t$：引張側の曲げ応力度

$\sigma_{ca}$：圧縮側の許容曲げ応力度

$\sigma_{ta}$：引張側の許容曲げ応力度

また，$Mr\geqq M$ であれば安全

$Mr$：抵抗曲げモーメント

⑵　せん断に対する検討

せん断に対しては，$\tau_a\geqq\tau$ であれば安全。

$\tau_a$：許容せん断応力度

# 力だめし

## さあやってみよう！

**ここがポイント！**

典型問題１

○**単純ばりの反力計算について**

両支点からの $\Sigma$（力のモーメント）＝0でも求まるが，基本的には「移動しない」「回転しない」ということを考える。

○**単純ばりに等分布荷重が作用する場合**

⑴反力計算では，等分布荷重を集中荷重に換算し，その中央に作用するとして計算する。

⑵せん断力計算では，「応力を求める点までの等分布荷重×その間の距離」で荷重を求める。

⑶曲げモーメント計算では，応力を求める点までの等分布荷重を集中荷重に換算し，その間の中央に作用するとして計算する。よって等分布荷重の区間の曲げモーメント図は二次曲線とる。

**【典型問題１】　次の図の単純ばりの反力を求め，せん断力図および曲げモーメント図を描きなさい。**

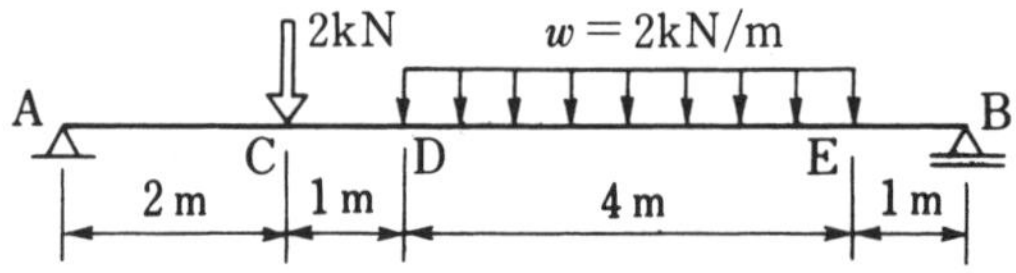


**解　答**　等分布荷重を集中荷重に換算してみると，

$P=2\text{kN/m}\times4\text{m}=8\text{kN}$

また，その作用点は等分布荷重の中心であるので，

A点から5ｍ，あるいはB点から3ｍの位置である。

したがって，反力$R_A$および$R_B$は次のようになる。

・移動しない　$\Sigma H=0$,　$\Sigma V=R_A-2-8+R_B=0$

・回転しない　$\Sigma M_{(A)}=0=2\times2+8\times5-R_B\times8=0$

∴　$R_A=4.5\text{kN}$　　$R_B=5.5\text{kN}$

せん断力が0の位置は

$S=0=R_A-2-w\cdot x$

であるので

$$x=\frac{R_A-2}{w}=\frac{4.5\times-2}{2}=1.25\text{m}$$

最大曲げモーメントは，せん断力が0の地点で生ずる。

よって，$x=1.25$ｍの地点での曲げモーメントは

$$M_{MAX}=R_A\cdot(2+1+1.25)-2\times(1+1.25)-w\times1.25\times\frac{1.25}{2}$$

$$=4.5\times4.25-2\times2.25-2\times1.25\times\frac{1.25}{2}$$

$=13.06\ \text{kN}\cdot\text{m}$

よって，応力図は次のようになる。

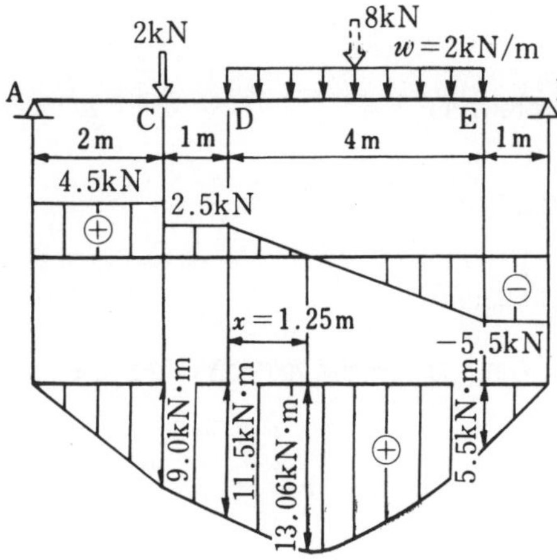


ここがポイント！

**【典型問題２】 図のように重さ500Nの荷重がACおよびBCの部材で支えられている。このとき，それぞれの部材に働く力はいくらですか。**

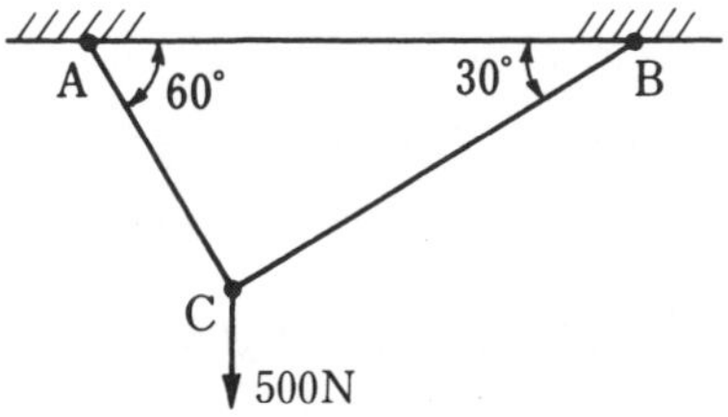


**解　答**　500Nを合力として考えると右図のようになるので，

AC＝500 × cos30°≒ 433N

BC＝500 × sin30°＝ 250N

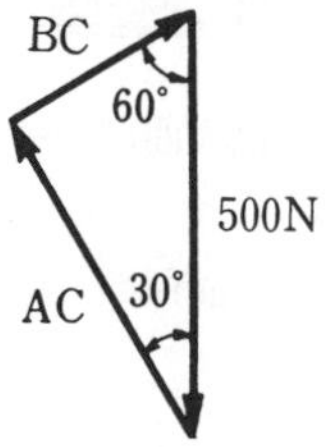


典型問題２

力の三角形が閉じれば，その構造体はつり合っている。（移動もしないし，回転もしない）

なお，力はベクトルである。

**【典型問題３】 下図のように同一断面をもつ部材がある。このとき材質が同じとしたならば，曲げモーメントに対する強さの順番はどのようになりますか。ただし，横座屈は考えないものとする。**

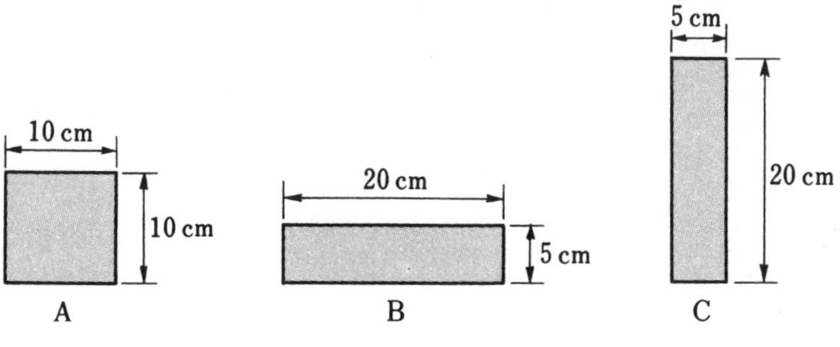


典型問題３

本書「重要事項の整理－7」参照のこと。

$$曲げ応力度＝\frac{曲げモーメント}{断面係数}$$

であるから，断面係数が大きいほど生ずる曲げ応力度は小さくなる。

ここがポイント！

典型問題４
単位の変換について
$1m = 10^2 cm = 10^3 mm$
$1mm = 10^{-1} cm = 10^{-3} m$
$1m^2 = 10^4 cm^2 = 10^6 mm^2$
$1kN = 10^3 N$
$1kN \cdot m = 10^6 N \cdot mm$
$1kN/m = 1 \times \frac{10^3 N}{10^3 mm} = 1N/mm$
$1kN/m^2 = 1 \times \frac{10^3 N}{10^6 mm^2} = 10^{-3} N/mm^2$

**解　答**

Aの部材　$W_A = \frac{10 \times 10^2}{6} = 166.67 cm^3$

Bの部材　$W_B = \frac{20 \times 5^2}{6} = 83.33 cm^3$

Cの部材　$W_C = \frac{5 \times 20^2}{6} = 333.33 cm^3$

したがって，曲げモーメントに対する強さは，断面係数が大きい順となる。
∴　C＞A＞B

**【典型問題４】　右図に示すはりの中央点に生ずる曲げ応力度を求めなさい。ただし，材の質量は考えなくてよい。また，横座屈も考慮しなくてよい。**

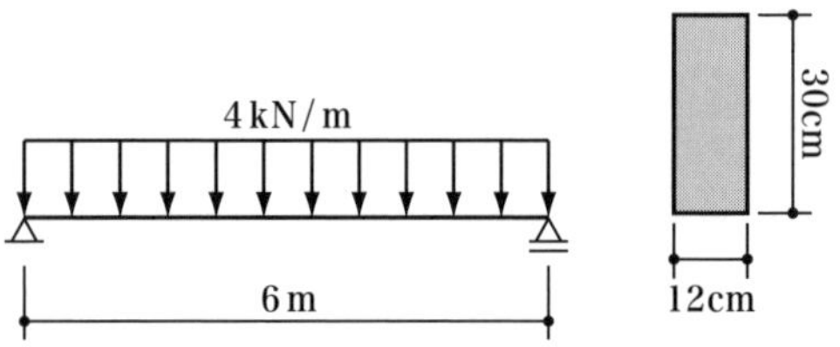


**解　答**

最大曲げモーメント　$M_{max} = \frac{wl^2}{8} = \frac{4 \times 6^2}{8} = 18 kN \cdot m = 18 \times 10^6 N \cdot mm$

断面係数　$Wx = \frac{bh^2}{6} = \frac{12 \times 30^2}{6} = 1800 cm^3 = 1800 \times 10^3 mm^3$

よって，最大曲げ応力度　$\sigma_t = \frac{M_{max}}{Wx} = \frac{18 \times 10^6}{1800 \times 10^3} = 10 N/mm^2$

㊟単位の変換に気をつけること。

# 実戦就職問題

**【1】 図のような一端を固定した柱に荷重$P$＝10kNが作用した場合の伸びを求めなさい。ただし，断面積$A = 10\text{cm}^2$，ヤング係数$E = 1.0 \times 10^4\text{N/mm}^2$，柱の長さを10mとし，柱の自重を0とする。**

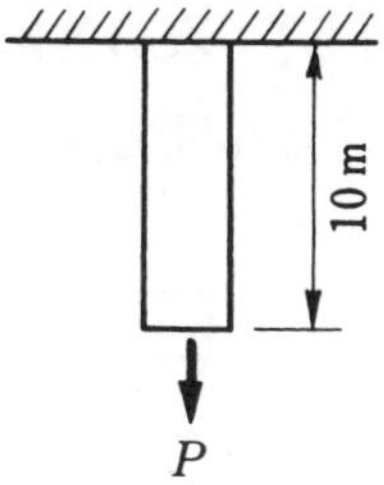


ヒント！ 部材に働く応力$\sigma$は，ヤング係数$E$とひずみ$\varepsilon$によって決まる。そして$\sigma = \frac{P}{A}$，$\varepsilon = \frac{\Delta l}{l}$

**【2】 次の図のはりのモーメント図，せん断力図を書きなさい。**

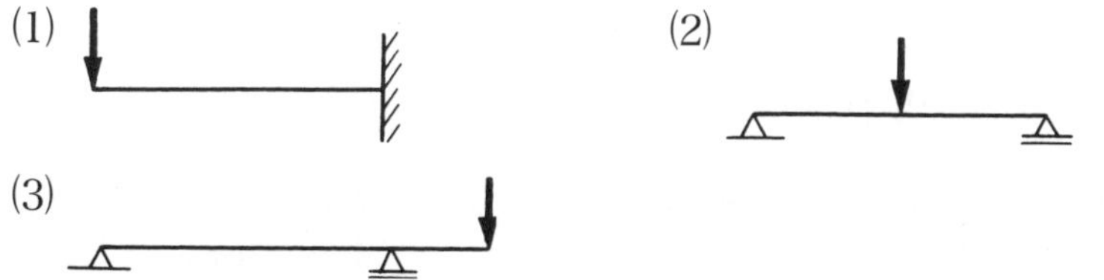


ヒント！ 反力を考えれば，せん断力図および曲げモーメント図は求まる。

**【3】 次の図のような集中荷重を受ける単純ばりのA端の反力と最大曲げモーメントを求めなさい。**

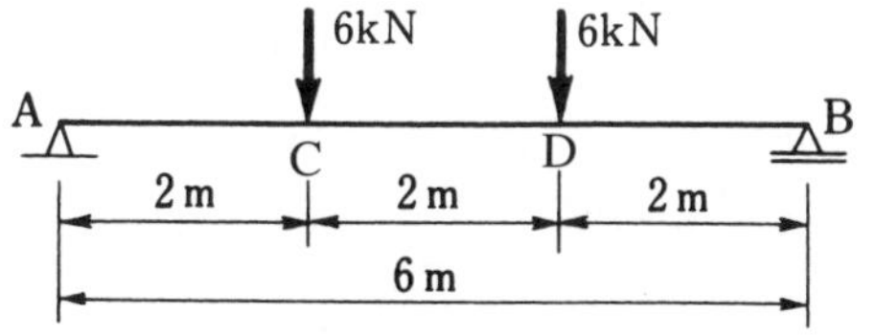


ヒント！ せん断力が0の点で曲げモーメントが最大となる。

**【4】 スパン10mの単純ばりに図のような等分布荷重が載るとき，次の問いに答えなさい。**

(1) 反力$R_A$を求めなさい。

(2) せん断力が0となる点は，A点より何mのところですか。

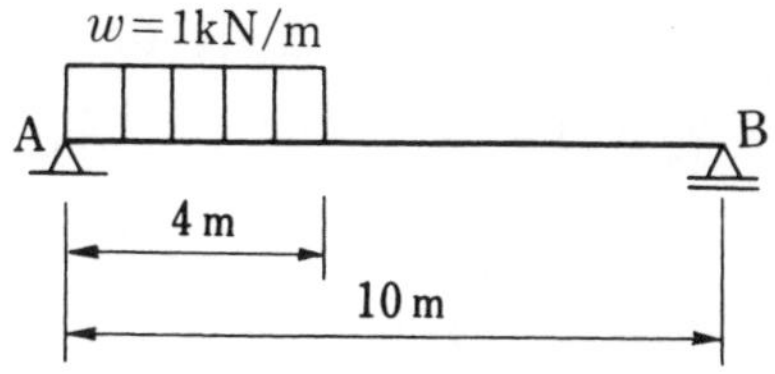

ヒント! 反力計算では，等分布荷重を集中荷重に換算し，その中央に作用すると考える。
せん断力計算では，求める点までの等分布荷重を集中荷重に換算し，その他の荷重・反力と共に計算する。

**【5】 次の各はりの（a）最大曲げモーメント，ならびに（b）最大せん断力を求めなさい。**

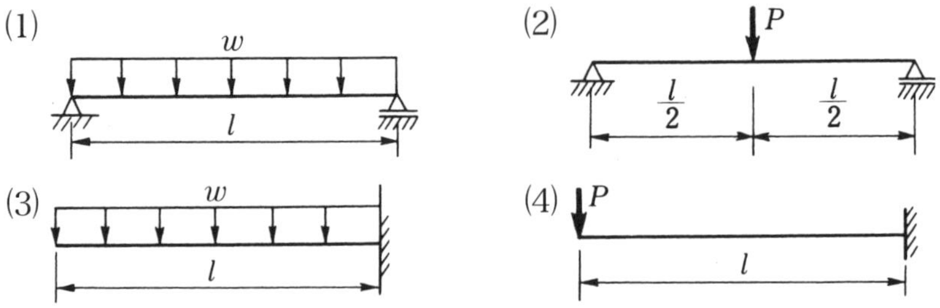


ヒント! 外力と反力より求められる。

**【6】 次の図の単純ばりについて，下の問いに答えなさい。**

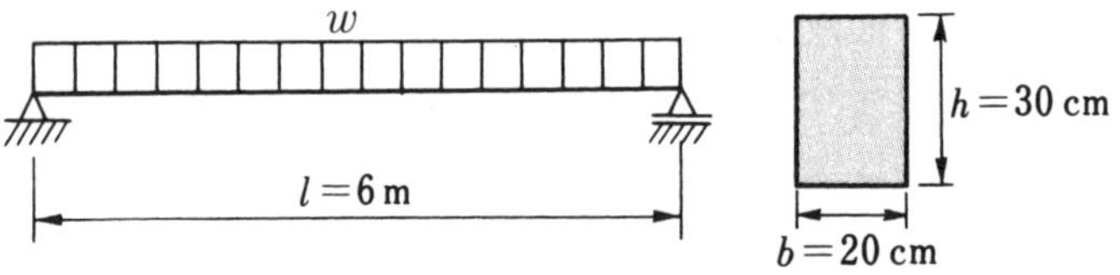


(1)　このはりの断面係数$W$を求めなさい。

(2)　許容曲げ応力度を$\sigma_a = 900\mathrm{N/cm^2}$としたとき，このはりの抵抗モーメント$Mr$を求めなさい。

(3)　このはりのスパンを$l = 6\mathrm{m}$としたときの，許容等分布荷重$w$を求めなさい。

ヒント! 本書「重要事項の整理　4および7」参照のこと。

**【7】 右の図に示す単純ばりについて，次の問いの答えなさい。**

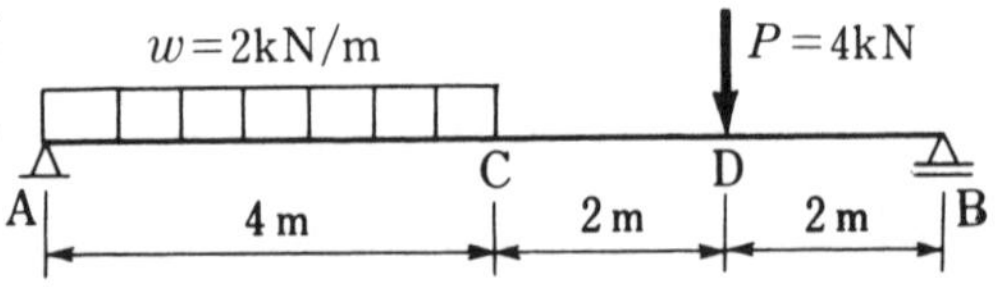

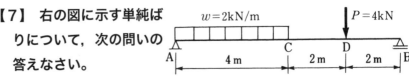

(1)　A点およびB点の反力を求めなさい。

(2)　C点の曲げモーメントを求めなさい。

ヒント! 等分布荷重の扱い方に注意すること。

**【8】 下の図に示すはりの中央点Cの曲げモーメントはどれですか。次の(1)～(5)から選び番号で答えなさい。**

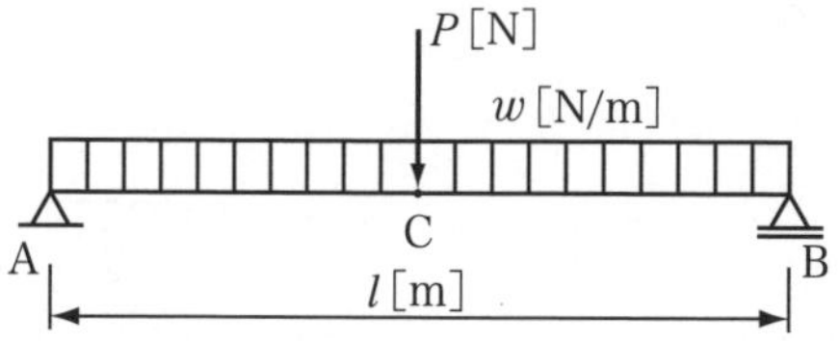


(1) $\dfrac{Pl}{4}+\dfrac{wl^2}{8}$　　(2) $\dfrac{Pl}{4}+\dfrac{wl^2}{4}$　　(3) $\dfrac{Pl}{8}+\dfrac{wl^2}{8}$

(4) $\dfrac{Pl}{8}+\dfrac{wl^2}{4}$　　(5) $\dfrac{Pl}{8}+\dfrac{wl^2}{2}$

**ヒント!** 集中荷重と等分布荷重を分けて考え，それを合わせればよい。

**【9】 次の文中の□の中を，$b$と$h$を用いて埋めなさい。**

高さ$h$，幅$b$の長方形の重心を通り底辺に平行な軸に関する断面二次モーメントは　$I=\dfrac{bh^3}{12}$であるが，このことがわかれば三角形の断面二次モーメントは積分をつかわずに求めることができる。

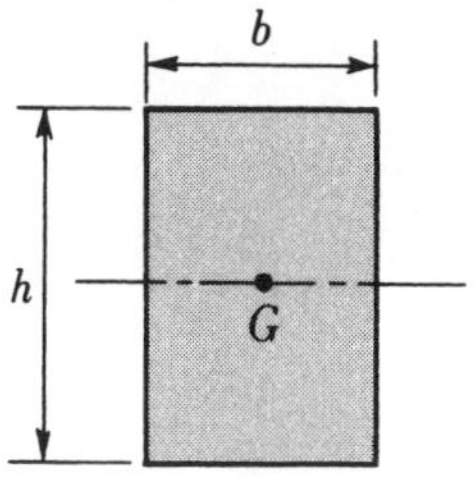


〔図 1〕

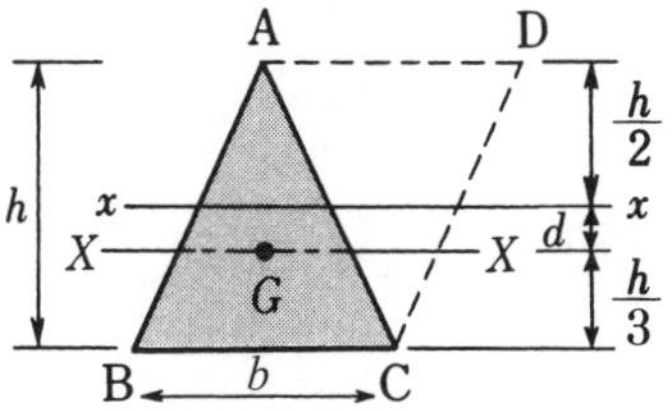


〔図 2〕

いま〔図2〕のような△ABCの場合，平行四辺形ABCDを考えて，これの$x-x$軸に関する断面二次モーメント$I_1$は，

$I_1=$ ① であり，

△ABC≡△CDAゆえ，△ABCの$x-x$軸に関する断面二次モーメント$I_2$は，$I_2=$ ② となる。△ABCの重心Gを通り底面に平行な軸$X-X$に関する断面二次モーメントを$I_0$，$X-X$軸と$x-x$軸の間隔を$d$，△ABCの面積をAであらわせば，$I_2=I_0+d^2A$であり，このとき$d=$ ③ であるから，$I_0=$ ④ となる。

**【10】 鉄筋コンクリート柱に圧縮力$P$が加わるとき，この柱のひずみ度を求めなさい。ただし，鉄，コンクリートのヤング係数をそれぞれ$E_S$，$E_C$，断面積をそれぞれ$A_S$，$A_C$とする。また，鉄筋**

**とコンクリートは一体となって弾性変形するものとする。**

ヒント！　鉄筋が負担する圧縮力とコンクリートが負担する圧縮力を分けて考え，その合計が圧縮力$P$となると考える。

**【11】 右図に示す単純ばりの中央点の曲げ応力度を求め，許容応力度$f_b$＝15N/mm$^2$とするとき，安全かどうかを検討しなさい。ただし，材の重量は考慮せず，また，横座屈は考えないものとする。**

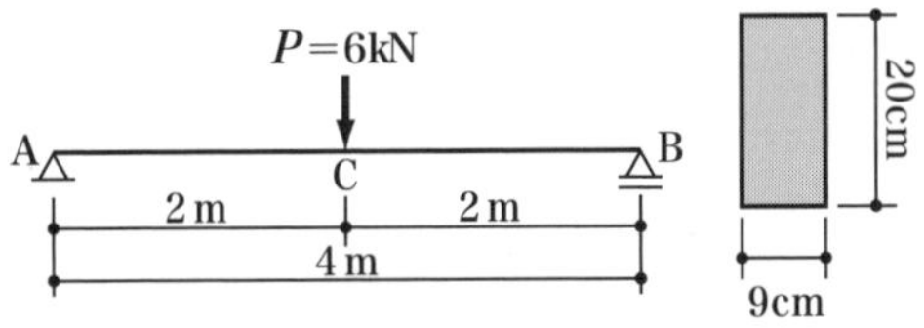


ヒント！　応力度$\sigma = \frac{M}{W}$と，許容応力度を比較する。

# 土木設計　チェックリスト

□　力の3要素とは，〈 1 〉，〈 2 〉，〈 3 〉である。
□　力のつり合いの3条件とは何か。〈 4 〉
□　バリニオンの定理について説明せよ。〈 5 〉
□　はりの判別式を書け。〈 6 〉
□　静定なはりの種類をあげよ。〈 7 〉
□　20 m²の断面の部材に50kNの軸方向応力が作用するときの応力度を求めよ。〈 8 〉
□　スパンl＝8mの静定はりに50kNの集中荷重が中央に作用するとき，せん断力図と曲げモーメント図を描け。〈 9 〉
□　l＝10mの静定はりに$w$＝20kN/mの等分布荷重が載荷している。せん断力図と曲げモーメント図を描け。〈 10 〉
□　トラスにはどのような種類があるか。〈 11 〉
□　トラスにはどのような力が働くのか。〈 12 〉
□　トラスの解法では，どのような条件を用いて解くのか。〈 13 〉
□　トラスの解法のリッター法について説明せよ。〈 14 〉
□　フックの法則について説明しなさい。〈 15 〉
□　弾性係数（ヤング率）とは何か。〈 16 〉
□　ひずみ度には〈 17 〉と〈 18 〉とがあり，その比を〈 19 〉という。
□　断面一次モーメントの一般式を求めなさい。また，その単位は何か。〈 20 〉
□　図心はどのようにして求めるか。〈 21 〉
□　断面二次モーメントの一般式を求めなさい。その単位は何か。〈 22 〉
□　四角形（幅$b$，高さ$h$）の図心軸に関する断面二次モーメントの式を求めよ。〈 23 〉
□　三角形（幅$b$，高さ$h$）の図心軸に関する断面二次モーメントの式を求めよ。〈 24 〉
□　円（直径d）の図心軸に関する断面二次モーメントの式を求めよ。〈 25 〉
□　図心からある距離$y$だけ離れた軸に関する断面二次モーメントの一般式を求めよ。〈 26 〉
□　断面係数を求める一般式を求めよ。また，その単位は何か。〈 27 〉
□　四角形（幅$b$，高さ$h$）の図心軸に関する断面係数の式を求めよ。〈 28 〉
□　はりの設計を行なうとき，$\sigma$はどのようにして求めるのか。〈 29 〉
□　鋼材の応力度–ひずみ曲線を描き，重要な点の名称を書け。〈 30 〉

1. 力の大きさ　2. 力の方向と向き　3. 力の作用点
4. 移動しない（$\Sigma X=0,\ \Sigma Y=0$），　回転しない（$\Sigma M=0$）
5. ある1点（平行力の場合は任意の平行線）に対する力のモーメントの総和は，その点に対する合力の力のモーメントに等しい。
6. $N=r-3-h$　ただし，$N$：不静定次数，$r$：反力の数，$h$：接続ヒンジの数，　3：つりあいの条件式の数
7. 単純ばり，片持ちばり，張り出しばり等
8. 50／20＝2.5kN/m²
9. 

（せん断力図）　（曲げモーメント図）

10. 

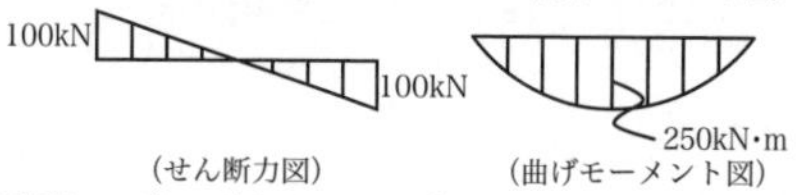


（せん断力図）　（曲げモーメント図）

11. 平面トラス（キングポスト，クインポスト，ワーレン等），立体トラス
12. 軸方向力（理論上は，節点において曲げモーメント＝0と考える）
13. 曲げが生じないということで，各節点で$\Sigma X=0$，および$\Sigma Y=0$を計算すれば求まる。
14. 例えば下の例で，$N_{CE}$，$N_{DF}$および$N_{DE}$を求めることを考える。

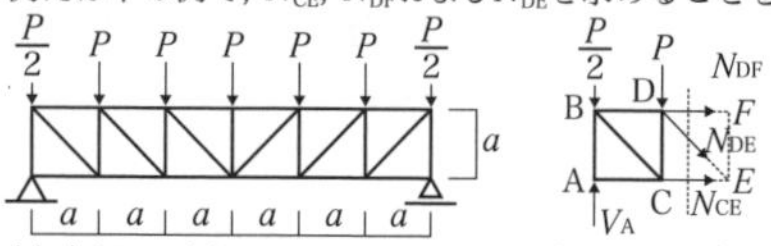


未知応力が3つあり，$\Sigma X=0,\ \Sigma Y=0$ だけでは解けない。そこで，ピンでの曲げモーメントが0であることをも利用する。図の例では，下図のように塗りつぶした部分を一塊として考え，D点，E点それぞれでの，$\Sigma M=0$をも利用する。

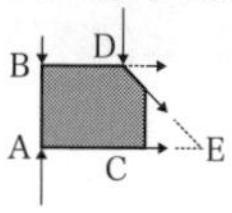


$V_A=3P,\ \Sigma Y=V_A-\dfrac{P}{2}-P-N_{DE}\sin45°=0$

$N_{DE}=\dfrac{3\sqrt{2}}{2}P$

$\Sigma M_{(E)}=V_A\times2a-\dfrac{P}{2}\times2a-P\times a+N_{DF}\times a=0$

$\Sigma M_{(D)}=V_A\times a-\dfrac{P}{2}\times a-N_{CE}\times a=0$

$\therefore\ \ N_{DF}=-4P,\ N_{CE}=5\dfrac{P}{2}$

15. 比例限度内では，応力度とひずみ度は比例する。つまり，$\sigma=E\varepsilon$，ここで，$E$はヤング係数。
16. 弾性体において，応力度とひずみ度との関係を表す定数（ヤング係数ともいう）
17. 横ひずみ度　18. 縦ひずみ度　19. ポアソン比
20. $Q=\Sigma(y\times dA)$，ただし，$dA$は求める軸から$y$の部分の面積，単位は[mm³][m³]。
21. すべての軸に対して断面一次モーメントが0となるときの交点。
22. $I=\Sigma(y^2\times dA)$，単位は[mm⁴][m⁴]。
23.24.25.「重要事項の整理」参照のこと。
26. $I_n=I_0+Ay^2$，ただし，$I_0$は図心軸に対する断面二次モーメント
27. 断面係数＝$\dfrac{\text{断面二次モーメント}}{\text{図心軸から最遠縁までの距離}}$
なお，単位は[mm³][m³]
28. $W=\dfrac{bh^2}{6}$　29. $\sigma=\dfrac{\text{曲げモーメント}}{\text{断面係数}}=\dfrac{M}{W}$
30. 

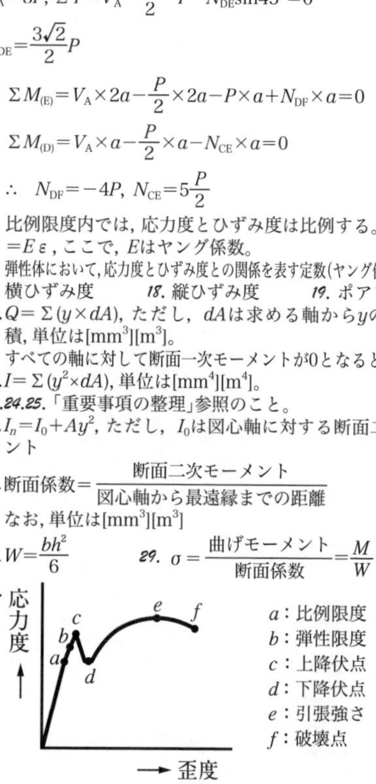

# 2 土木計画

○土木工事が実施されるとき，その工事の内容や規模についての計画をする。この分野を体系的にまとめたものが土木計画である。

○土木計画の内容を大別すると，「治水」，「利水」，「交通」，「都市計画」となる。

○出題の中心は治水・利水で，河川堤防・ダムに関する問題が多く，他に交通・上下水道なども頻度が高い。

○用語が多く出ているので，よく理解してほしい。

## 重要事項の整理

### 1.治水

水による災害と対策，河川，砂防・海岸の計画。

(1)　河川改修工事

(a)　高水工事（主として洪水を防ぐ）…河道改修工事，洪水調整工事

(b)　低水工事（主として利水のため）…流路改良工事，運河工事

(2)　堤防

洪水の氾濫を防止・軽減させる目的。

(a)　堤防の名称

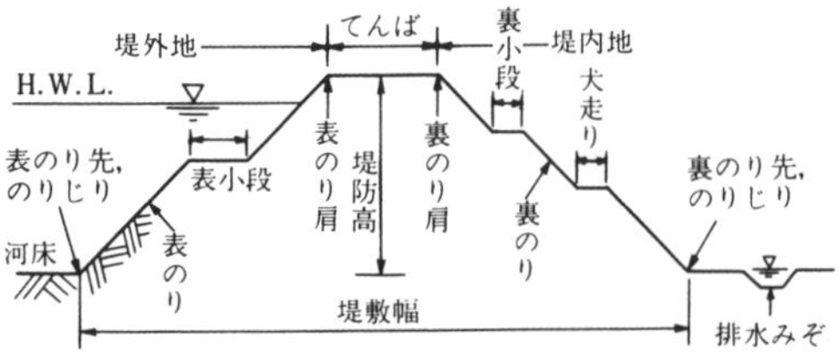


(b)　堤防の種類

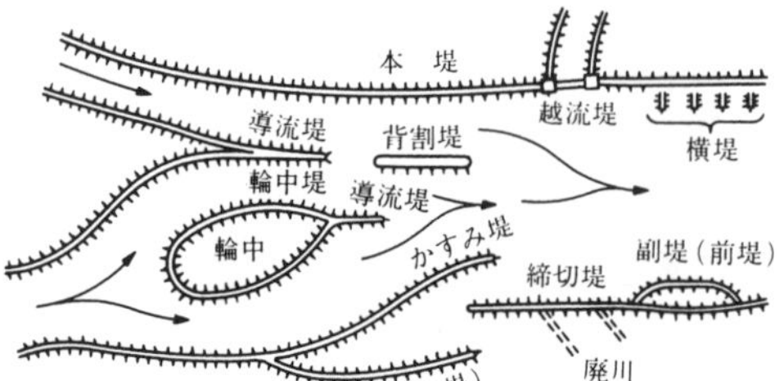


(3)　河川工作物

堤防・護岸・水制・水門・堰など河川に設ける構造物。

(a)　護岸：堤防を直接保護する。

(b)　水制：流水の制御

(c)　床固め工：河床低下の防止，高水敷の維持

(d)　堰・水門・ひ門・ひ管：取水や流量配分。

(4)　砂防計画

土砂・砂れきなどからの災害防止。

(a)　山腹工事：山腹のり切工，山腹階段工，山腹被覆工，植栽工など。

(b)　渓流工事：ダム工，護岸工，水制工，流路工など。

(5)　海岸計画

漂砂・波浪・高潮・津波などから，海岸の侵食や港湾の埋没を防止したり，海岸線･港湾の維持のため。

### 2.利水

河川を維持し，水資源の確保と利用。

(1)　水資源の開発（ダムの建設）

(a)　コンクリートダム…重力式ダム，中空重力式ダム，バットレスダム，アーチダム

(b)　ロックフィルダム

(c)　アースダム

(2) 生活用水（上水道により供給）

◦上水道のしくみ

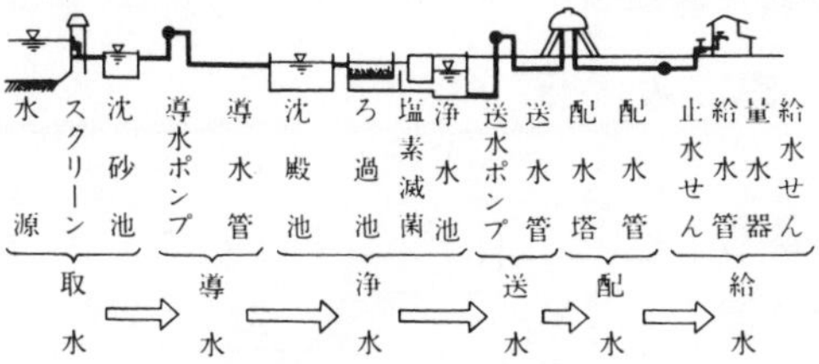


(3) 発電用水（水力発電に使用）

◦発電方法には水力発電の他，火力発電（地熱・原子力を含む），風力発電などがある。

◦水力発電の方法

水路式，ダム式，ダム水路式，揚水式

(4) 産業用水

工業用水，農業用水，漁業用水などに利用。

**3.交通**

人や物資の移動，輸送における各種交通機関についてのあり方。

(a) 道路計画：交通量調査，路線計画，道路の種類，道路の構造，高速道路

(b) 鉄道計画：鉄道の種類，施設・設備

(c) 港湾計画：港湾の種類，施設・設備

(d) 空港計画：騒音対策，施設・設備

**4.都市計画**

都市計画の内容

(1) 土地利用計画

商業地域，工業地域，住宅地域。

(2) 開発地域制

市街化区域，市街化調整区域。

(3) 用途地域制

第1種住居専用地域，第2種住居専用地域，住居地域，近隣商業地域，商業地域，準工業地域，工業地域，工業専用地域。

(4) 容積地域制

容積率制限，建ぺい率制限，建築物高さ制限。

(5) 構造地域制

防火地域，準防火地域。

(6) 地区

美観地区，風致地区，臨港地区。

**5.都市の衛生と環境の改善**

生活環境の健全を維持する。

(1) 下水道計画

(a) 排除施設（下水道）と処理施設

(b) 下水処理：生活排水，産業廃水，雨水

① 計画汚水量，計画雨水量

② 下水排除（自然流下式を原則とした排除施設の設置）

③ 下水処理施設

(c) ごみ処理（焼却・埋立て・海洋投棄など）

# 力だめし

## さあやってみよう！

ここがポイント！

**【典型問題1】 右の図の番号の堤防各部の名称および堤防の名称を書きなさい。**

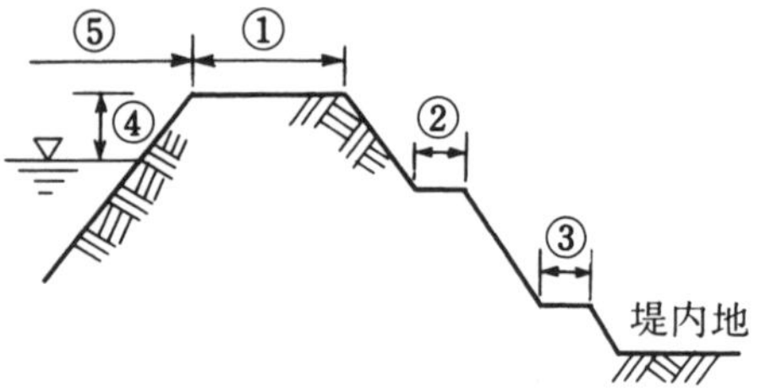


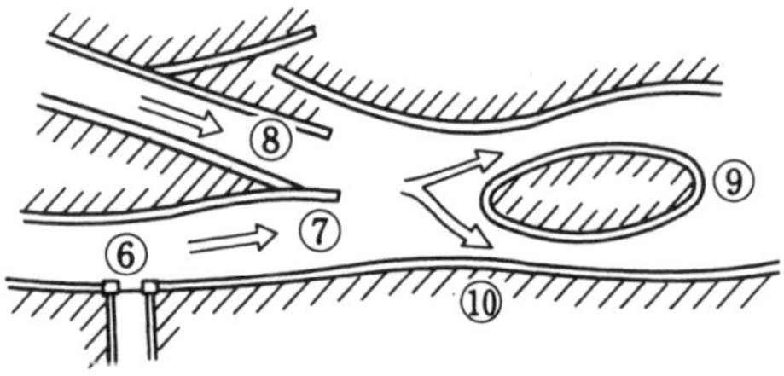


**解　答**　①てんば　②裏小段　③犬走り　④余裕高　⑤堤外地　⑥越流堤　⑦導流堤　⑧かすみ堤　⑨輪中堤　⑩本堤

㊟　裏小段は，堤防断面を増大し水の浸透やすべり破壊に対する安全を考え，堤内側に設けられたもの。犬走りは，堤防の幅を広くするときなど裏小段の下に設けられる。余裕高は，堤防の高さを決める重要な高さで，計画水位より余裕をみておく高さである。

越流堤は，洪水時に遊水池や分水路へ分流させるために堤防の上を越流できるようにした堤防。導流堤は，河の合流点において流れの方向を保つために設ける堤防。かすみ堤は，洪水などのとき堤防が決壊しないように不連続にしたもので，洪水の一部を堤内地に導き遊水池的な役割を考えた堤防。

**【典型問題2】 ダムに作用する外力を6つ上げなさい。**

**解　答**　①静水圧　②地震による動圧力　③泥圧　④揚圧力　⑤地震力　⑥氷圧

㊟　ダムを設計する場合には，まずどんな力が作用するかということを考える。ダムには静水圧・地震による動圧力・泥圧・揚圧力・地震力・氷圧などの外力のほか，ダム本体の自重などが力となって作用する。

① 大洪水，地震または暴風雨による波浪門扉操作上の不慮の事故およびその他不測の事故に対し，安全のために貯水池の最高水位に更に若干の余裕を加えた水位により算出する。
② 堤体と池水との相対運動により生じる動的な力。
③ 貯水池に将来泥土の堆積することを予想して堆積泥土の圧力を考慮する。
④ 堤体と基礎岩盤との接触面，施工継目などからの浸透水によってダムは上向き

の圧力を受ける。

⑤ 地震の強さは便宜上等値水平震度を以て表す。震度はダムの種類および大きさ，基礎地盤の良否等によって決定される。

⑥ 寒冷地では，ダムの設計に氷圧を考慮する必要がある。天然の活氷は貯水池の地形，形状，大きさ等に左右される。

ここがポイント！

**【典型問題3】 有効落差が150m，最大使用水量が$30m^3/sec$の発電所がある。この発電所の理論水力はいくらになりますか。**

**解 答** 理論水力：$P=\rho gQH=1000\times9.8\times30\times150=44100\times10^3W=44100kW$

㊟ 実際の発電力は次式のようになる。

発電力＝理論水力×水車効率×発電機効率

# 実戦就職問題

**【1】 普通に行われている水力発電の方式（構造物に注目した分け方で，主として土木工学分野で用いられるもの）を４つあげなさい。**

ヒント! 水力発電には水を貯えるダム，送水する水路などが必要であり，これらを組合わせて発電を行う。

**【2】 次の図は河川の標準断面である。図の番号に該当する用語を右から選び，記号を記入しなさい。**

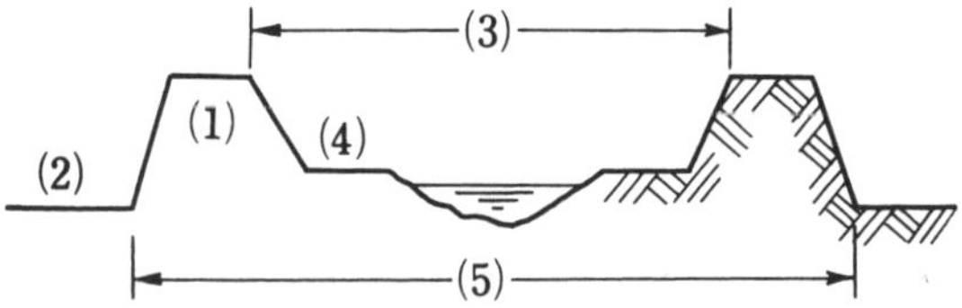


(ア) 堤防
(イ) 河敷
(ウ) 河幅
(エ) 堤内地
(オ) 高水敷

ヒント! 堤防は何のために設けられるものかを考えれば，おのずとその名称は出てくる。

**【3】 次の文の（　　）内に下の語の中から最も適当なものを選んで記入し，文章を完全なものにしなさい。**

アーチ式ダムは，主として（　①　）作用によって水圧などの外力に抵抗するもので，堤体の厚さは重力ダムに比較して（　②　）のが普通である。また，材料も（　③　）ですむが，基礎地盤が堅固な（　④　）であることが要求される。

(ア) 土層　(イ) 岩盤　(ウ) 多く　(エ) 軟弱　(オ) アーチ
(カ) 厚い　(キ) 薄い　(ク) 重力　(ケ) 少なく　(コ) 計画

ヒント! コンクリートダムを設ける場合の条件について理解する。

**【4】 次の文章の空欄を埋めなさい。**

水力発電所で起きる電気的な動力を発電力といい，単位としては（　①　）が用いられる。発電力は（　②　）が多いほど，また（

③　) が大きいほど大きいが，等しい発電力であっても，その継続時間の長短によって発生するエネルギーに差が生ずる。このエネルギーを(　④　)といい，単位としては(　⑤　)が用いられる。

ヒント! 発電力を求める基本的な考え方で，水力は水量と落差の2大要素から成り立つ。

**【5】 新交通システムについて次の左右列の最も関係のあるものを線で結びなさい。**

| | | | |
|---|---|---|---|
| (1) | デマンドバス | (ア) | 呼び出しシステム |
| (2) | PRT | (イ) | 個別輸送システム |
| (3) | 超高速鉄道 | (ウ) | 磁気浮上システム |
| (4) | 動く歩道 | (エ) | 連続輸送システム |
| (5) | デュアルモードバス | (オ) | 有軌道・無軌道システム |

**【6】 桟橋の特徴のうち，正しくないものはどれですか。**

(1) 軽いから軟弱地盤に適する。

(2) 簡単なふ頭に適する。

(3) 前面が洗掘される恐れのある場所にも適する。

(4) 地震に対して重力式岸壁より弱い。

(5) 船の衝撃に対して一般にやや弱い。

# 土木計画　チェックリスト

□　小段について説明せよ。〈 *1* 〉
□　堤防にはどのような種類があるか。〈 *2* 〉
□　堤内地と堤外地について説明せよ。〈 *3* 〉
□　かすみ堤について説明せよ。〈 *4* 〉
□　ひ門とはどのようなものか。〈 *5* 〉
□　河川工作物にはどのようなものがあるか。〈 *6* 〉
□　水制とは。〈 *7* 〉
□　護岸は〈 *8* 〉,〈 *9* 〉,〈 *10* 〉からなる。
□　突堤にはどのようなものがあるか。〈 *11* 〉
□　ダムにはコンクリートダム,〈 *12* 〉,〈 *13* 〉がある。そしてコンクリートダムには〈 *14* 〉,〈 *15* 〉,〈 *16* 〉,〈 *17* 〉がある。
□　水力発電の方法には〈 *18* 〉,〈 *19* 〉,〈 *20* 〉,〈 *21* 〉がある。
□　砂防工事は〈 *22* 〉と〈 *23* 〉に分類される。
□　ろ過の方法には〈 *24* 〉,〈 *25* 〉がある。
□　新交通システムにはどのようなものがあるか。〈 *26* 〉
□　道路法による道路には〈 *27* 〉,〈 *28* 〉,〈 *29* 〉,〈 *30* 〉がある。
□　道路を継続して使用する場合の道路の占有に関しては〈 *31* 〉の許可が必要となる。
□　カントについて説明せよ。〈 *32* 〉
□　車両限界とは何か説明せよ。〈 *33* 〉
□　市街化調整区域について説明せよ。〈 *34* 〉
□　下水排除は〈 *35* 〉を原則とする。

*1.* 上部の築堤工事をする足場とするとともに,河川からの漏水を防ぐ。
*2.* 本堤,副堤,かすみ堤,導流堤,背割堤,横堤等
*3.* 堤防によって洪水の被害から守る側ということで河川の堤防の外側が堤内地,河川側が堤外地という。
*4.* 洪水を一時的に遊水池に貯留して,本堤の決壊を防ぐもの。
*5.* 用水の取り入れや遊水地に溜まった洪水の排除のために堤防に設けられた水路。
*6.* 堤防,護岸,水制,水門,堰等
*7.* 流水の方向を河川の中央部に向かうように制御し,護岸を保護する工作物で,堤防から河川の中央に向かって作られる。
*8.* 法覆工
*9.* 法留工
*10.* 根固め工
*11.* 直線型,T型,L型,Z型等
*12.* ロックフィルダム
*13.* アースダム
*14.* 重力ダム
*15.* 中空重力ダム
*16.* バットレスダム
*17.* アーチダム
*18.* 水路式
*19.* ダム式
*20.* ダム・水路式
*21.* 揚水式
*22.* 山腹工事
*23.* 渓流工事
*24.* 緩速ろ過
*25.* 急速ろ過
*26.* モノレール,超高速磁気浮上システム,中量軌道輸送機関等。
*27.* 高速自動車国道
*28.* 一般国道
*29.* 都道府県道
*30.* 市町村道
*31.* 道路管理者
*32.* 線路において,外側と内側のレールの高低差。
*33.* 線路内の車両が一切の部分もはみ出せない限界。
*34.* 都市計画区域について無秩序な市街化を防止するために,当面は市街化を抑制する区域。
*35.* 自然流下式

# 3 測　　量

○測量は，測量作業の結果から野帳の整理，誤差の調整，応用測量への活用が出来るよう理解と基礎力を養うことが必要である。
○分野別では，距離測量，平板測量，角測量，水準測量，三角測量が中心である。
○またその内容は野帳の記入，誤差の計算とその調整，結果の整理，測量の種類と使用器具などから出題されている。

## 重要事項の整理

### 1.測量に関しての基本事項

(1) 誤差の原因と種類

原因：
- 器械的誤差
- 個人的誤差
- 自然的誤差

誤差の種類：
- 定誤差（累積誤差）
- 不定誤差（偶然誤差，消し合い誤差）
- 錯誤

(2) 観測値の重さ
(a) 重さは観測回数に比例する。（各観測値の測定回数が異なる場合）
(b) 重さは誤差に反比例する。（各測量値の中等誤差（確率誤差）が異なる場合）
(c) 重さは測線長に反比例する。（標高既知点数点からある点の標高を求める場合）
(3) 中等誤差（平均二乗誤差）と確率誤差

### 2.距離測量

・尺定数……正しい長さと使用巻尺の長さとの差

補正量$=L\left(\dfrac{\Delta l}{l}\right)$　$L$：測定距離　$l+\Delta l$：尺定数

・水平距離と斜距離

### 3.平板測量

(1) 特徴

長所：
- 現場で作図でき，内業が少ない。
- 器械が簡単，便利で早い。
- 細部の測量に適している。

短所：
- 天候に左右されやすい。
- 高い精度は期待できない。
- 図紙は乾湿の影響を受けやすい。

(2) 標定作業…すえつけの3条件
- 整準：図版を水平にする。
- 求心：図板上の測点と地上の測点とが同一鉛直線上にある。
- 定位：図板上の測線の方向と地上の測線の方向を一致させる。

(3) 平板を用いて応用できる測量…高さの測定，スタジア測量など。

### 4.角測量（トランシット測量）

(1) トランシットの4軸線
鉛直軸（$V$），水平軸（$H$），視準軸（$C$），気ほう管軸（$L$）
作業を行うときは
$L\perp V$, $C\perp H$, $H\perp V$であること。
(2) 水平角の測定…単測法，倍角法，方向法など。
(3) トラバース測量
・$n$角形の内角の総和$=(n-2)\times 180^\circ$
・方位角と方位
方位角…磁北を基準に各測線までの時計回りの

角度

方位…南北軸（N－S 軸）を基準に各測線が東西（E－W）になす角

・トラバースの調整

- コンパス法則…角測量と距離の精度が同程度
- トランシット法則…角測量の精度が距離測量の精度よりよい。

方位角と方位の例（計算方法は「典型問題２」参照のこと）

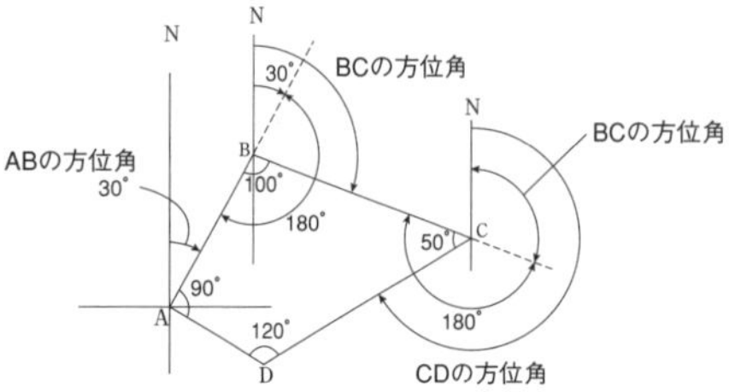

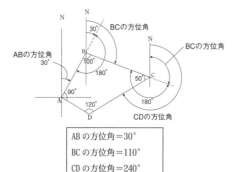

| |
|---|
| AB の方位角＝30° |
| BC の方位角＝110° |
| CD の方位角＝240° |
| DA の方位角＝300° |

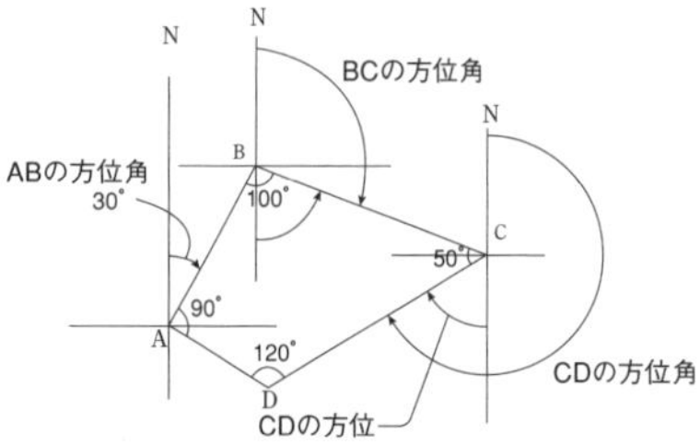


| |
|---|
| A Bの方位＝N　30°　E |
| B Cの方位＝S　70°　E |
| C Dの方位＝S　60°　W |
| D Aの方位＝N　60°　W |

## 5. 水準測量（レベル測量）

・器高式と昇降式（野帳の記入）

・もりかえ点と中間点

⑴　器高式の計算

機械高（I.H.）＝既知点の地盤高（G.H.）＋後視（B.S.）

求める点の地盤高＝器械高－前視（F.S.）

⑵　昇降式の計算

高低差＝後視（B.S.）－前視（F.S.）

高低差が（＋）のときは昇，（－）のときは，降の欄に記入し，前点の地盤高に昇・降の値を加えて求める。

## 6. 三角測量

⑴　三角形の配列…三角網と三角鎖

⑵　偏心計算

⑶　測定基線の補正

(a)　温度補正

(b)　張力補正

(c)　たるみ補正

(d)　尺定数補正

(e)　傾斜補正

(f)　平均海面への補正

⑷　測定角の調整

- 角条件に対する補正
- 辺条件に対する補正
- 方位角の調整

⑸　辺長計算

$$\frac{\mathrm{B.L.}}{\sin\alpha}=\frac{\mathrm{BC}}{\sin\beta}=\frac{\mathrm{AC}}{\sin\gamma}$$

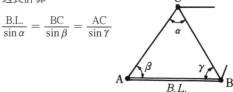

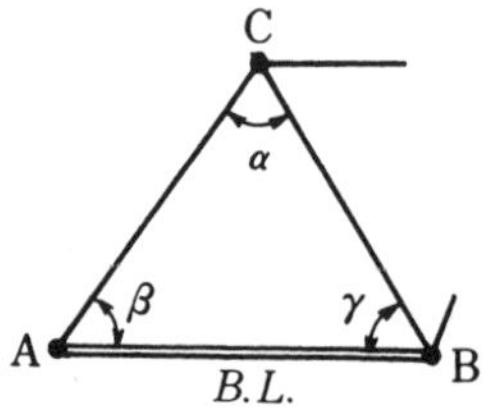


## 7. 地形測量

⑴　等高線

・等高線の種類と縮尺による間隔

・等高線の性質

・等高線の測定……直接法と間接法

⑵　等高線の利用

断面図作成，体積の計算など

## 8. 曲線設置

⑴　曲線の種類

①水平曲線（単曲線，複曲線，反曲線，緩和曲線）

②縦曲線（放物線，円曲線）

⑵　曲線設置（単心曲線）

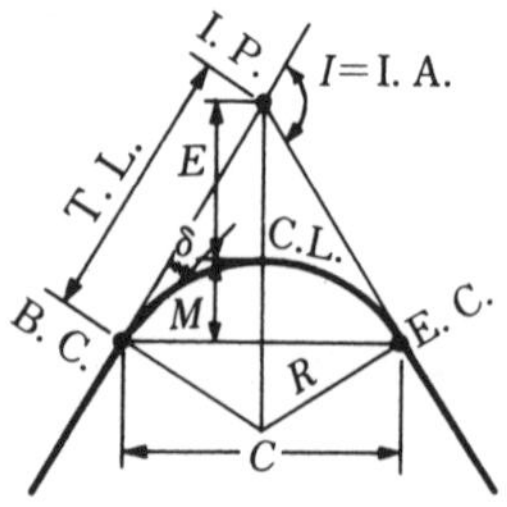


$$\mathrm{T.L.}=R\tan\frac{I^\circ}{2}$$

$$\mathrm{C.L.}=RI\,[\text{ラジアン}]=0.0174533RI^\circ$$

$$E=R\left(\sec\frac{I^\circ}{2}-1\right)$$

$$M=R\left(1-\cos\frac{I^\circ}{2}\right)$$

$$C=2R\sin\frac{I^\circ}{2}$$

$$\text{偏角}\ \delta=\frac{l}{2R}\,[\text{ラジアン}]=1718.87\frac{l}{2}\,[\text{分}]$$

# 力だめし

## さあやってみよう！

**【典型問題1】 次の文章の［　　］内を埋めなさい。**

(1) 縮尺1:2500の平板測量においては，図上距離［㋐］mmは，地上距離2.5mに相当するから，地上において40cmの移動は図上において［㋑］mmにすぎない。

(2) 地図の縮尺とは地図上の長さと［㋒］との比であって，地上の長さを$L$，地図上の長さを$l$とすれば，この地図の縮尺は［㋓］である。縮尺は通常［㋔］を1とする。

(3) 縮尺1：500の地図上で図上面積$20cm^2$の敷地の現地面積は［㋕］$m^2$である。

**解答**　㋐ 1　㋑ 0.16　㋒ 地上の長さ　㋓ $\frac{l}{L}$　㋔ 分子　㋕ 500

㊟　㋐ 2.5m＝2500mm，よって縮尺2500で割ると，図上距離$=\frac{2500\text{mm}}{2500}=1\text{mm}$

㋑ 40cm＝400mm，よって縮尺2500で割ると，図上距離$=\frac{400\text{mm}}{2500}=0.16\text{mm}$

㋕ 縮尺は長さに対してである。実際の面積は[縮尺$^2$]倍となる。

$20\times500^2\text{cm}^2=5\times10^6\text{cm}^2=5\times10^6\times(10^{-2}\text{m})^2=500\text{m}^2$

**ここがポイント！**

典型問題1

平板測量や地図編集などにおける縮尺に関する問題である。難しい公式があるわけではないので，縮尺とはどのように決まるかということがポイント。

なお，縮尺は，長さの縮尺であり，面積換算の場合は注意すること。また，同じ文章の中に単位が[mm][cm][m]と使われていることに注意する。

**【典型問題2】 次の図より各側線の方位角および方位を計算しなさい。**

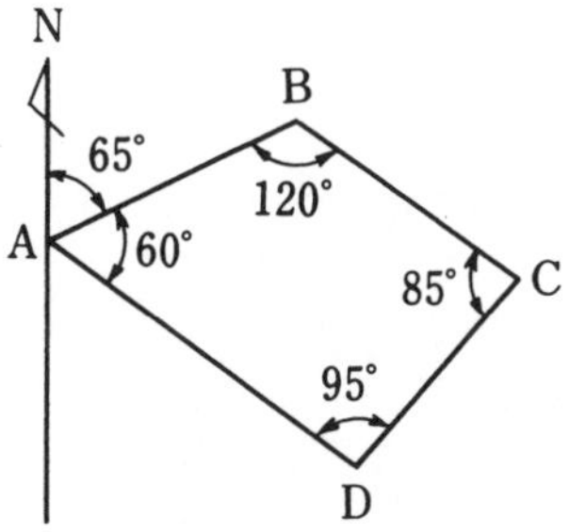


**解答**　方位角（右回りの測角）

ABの方位角＝65°

BCの方位角＝65°＋180°－120°＝125°

CDの方位角＝125°＋180°－85°＝220°

DAの方位角＝220°＋180°－95°＝305°

典型問題2

各測線の方位角は次式で決まる。

ある測線の方位角＝（1つ前の測線の方位角）＋180°－（その点の内角）

（右回りのとき）

方位はN-S軸を基準に考える。

ここがポイント!

方位

方位角が0～90°のとき，　N（方位角）E

方位角が90～180°のとき，S（180°－方位角）E

方位角が180°～270°のとき，S（方位角－180°）W

方位角が270°～360°のとき，N（360°－方位角）W

よって，各測線の方位角と方位をまとめると次のようになる。

| 測線 | 方位角 | 方位 |
|---|---|---|
| AB | 65° | N 65°E |
| BC | 125° | S 55°E |
| CD | 220° | S 40°W |
| DA | 305° | N 55°W |

典型問題3

野帳計算の基本的な型である。昇降式と器高式の方法があるので，間違えないように記入する。必ず検算することが大切。

**【典型問題3】 水準測量を行なったところ次のような結果を得た。野帳を完成させ，各点の標高を求めなさい。**

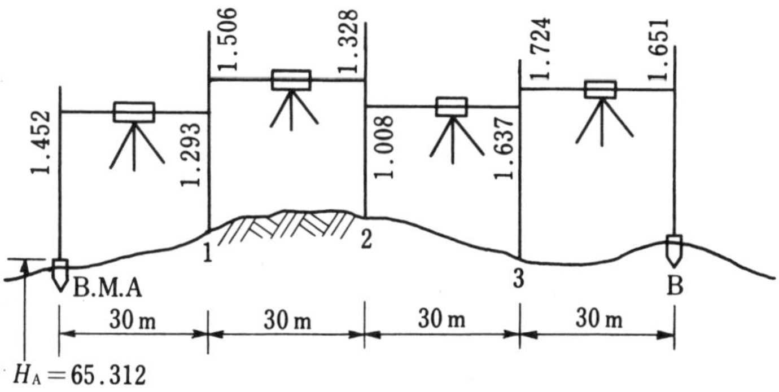


| 測点 | 距離 | B.S. | F.S. | 昇 | 降 | G.H. |
|---|---|---|---|---|---|---|
| B.M.A. | | | | | | |
| 1 | | | | | | |
| 2 | | | | | | |
| 3 | | | | | | |
| B | | | | | | |

㊟B.S.：後視，　F.S.：前視，　G.H.：地盤高

解　答

| 測点 | 距離 | B.S. | F.S. | 昇 | 降 | G.H. |
|---|---|---|---|---|---|---|
| B.M.A. | | 1.452 | | | | 65.312 |
| 1 | | 1.506 | 1.293 | 0.159 | | 65.471 |
| 2 | | 1.008 | 1.328 | 0.178 | | 65.649 |
| 3 | | 1.724 | 1.637 | | 0.629 | 65.020 |
| B | | | 1.651 | 0.073 | | 65.093 |
| 計 | | 5.690 | 5.909 | 0.410 | 0.629 | |

検　算

$\Sigma$B.S.－$\Sigma$F.S.＝5.690－5.909＝－0.219

65.312－0.219＝65.093

よって，間違いなしである。

**【典型問題4】 トランシット測量の倍角法で以下のような結果を得た。∠BACの角度は計算上いくらになるか。**

ここがポイント!

| 測点 | 視準点 | 望遠鏡 | 倍数 | 測角値 | |
|---|---|---|---|---|---|
| | | | | バーニヤⅠ | バーニヤⅡ |
| A | B | 正 | 2 | 1°00′20″ | 00′40″ |
| | C | | | 145°23′40″ | 24′00″ |

**解　答**　初読（AB）の平均＝1°00′30″，　終読（AC）の平均＝145°23′50″
2倍角の平均値＝145°23′50″－1°00′30″＝144°23′20″
よって，∠BAC＝144°23′20″／2＝72°11′40″

3

# 実戦就職問題

**【1】 右の図において高さABを概算しなさい。**

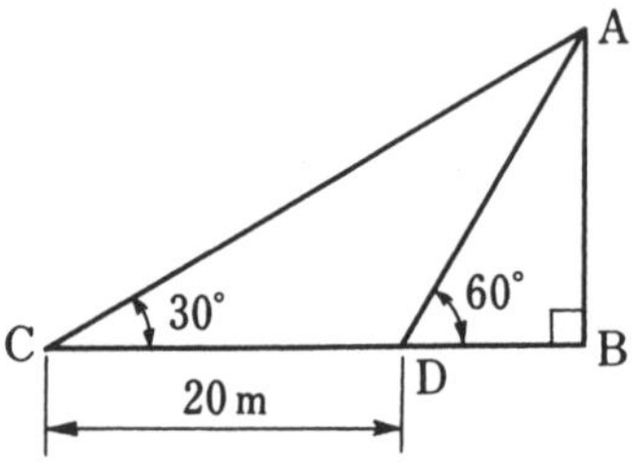


**ヒント!** CD＝AD＝20mであるので，ABの長さは三角比を考えればよい。

**【2】 右の図の斜線部の面積を概算しなさい。**
(注) 円の面積の一部である。

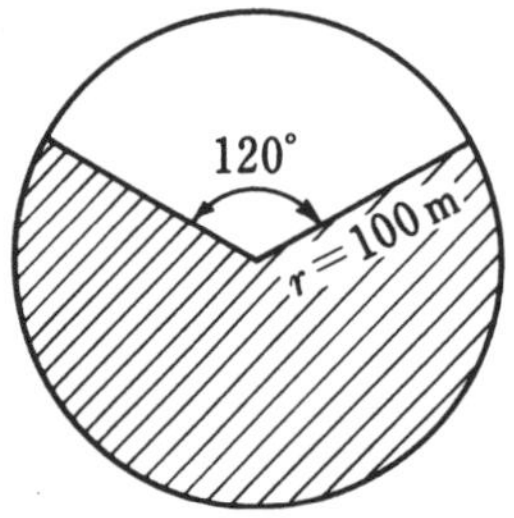


**ヒント!** 斜線部の中心角は，全円の何割に当たるかを考えて計算すればよい。

**【3】 右の図よりBC測線の方位角と方位を計算しなさい。**

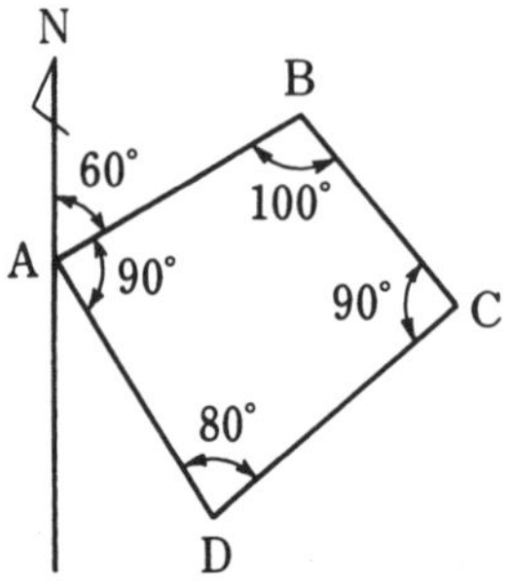


**ヒント!** 右回りの方位角の計算は，「前測線の方位角＋180°－その点の内角」である。

**【4】 次のA群に示した各々の測量には，どんな器具・材料が必要か。B群の中からそれぞれ選びなさい。**（重複してもよい）

〔A　群〕

(ア) 水準測量　　(イ) 平板測量
(ウ) トラバース測量　　(エ) 曲線設置

〔B　群〕

① トランシット　② レベル　③ 野帳
④ スタッフ　⑤ ポール　⑥ 水糸
⑦ そろばん　⑧ 水平器　⑨ テープ
⑩ アリダード　⑪ 平板　⑫ 六分儀
⑬ 三角スケール　⑭ 曲線表　⑮ 間縄

ヒント! 各種測量作業における使用器具についての問いである。測量内容がわかればおのずと使用機器も決まってくる。

**【5】 平板測量の長所として正しくないものは，次のうちどれですか。**

(1) 器械が簡単で運搬に便利である。
(2) 現場で直ちに作図することができる。
(3) 現場で作図するので必要な事項を測り忘れることがない。
(4) 内業が少なくてすむ。
(5) 高低の測量が容易に行なわれる。

ヒント! 平板測量では，アリダードを用いて高低差を簡易的に求めることができるが，精度は低い。

**【6】 トラバース測量の順序として正しいものは，次のうちどれですか。**

(1) 選点——観測——踏査——造標——方位角測定
(2) 踏査——選点——造標——観測——方位角測定
(3) 観測——選点——方位角測定——踏査——造標
(4) 造標——観測——選点——方位角測定——踏査
(5) 方位角測定——観測——造標——踏査——選点

ヒント! どのような測量作業でも，まず踏査・選点から始まる。

**【7】 国土地理院発行の地形図は何を基準に測量されていますか。**

(1) 東京湾中等潮位（T. P.）
(2) 隅田川霊岸島量水標零位（A. P.）
(3) 江戸川中掘江量水標零位（Y. P.）
(4) 大阪湾最低干潮面（O. P.）
(5) 朔望平均干潮面

ヒント! わが国の高さの基準となる日本水準原点の高さは，どこを基準にしているかを考える。

**【8】 次の表はトラバース測量の結果である。この測量の閉合誤差と閉合比を求めなさい。**

| 測線 | 距離（m） | 緯距 | | 経距 | |
|---|---|---|---|---|---|
| | | （＋） | （－） | （＋） | （－） |
| AB | 90.89 | 50.25 | | 75.73 | |
| BC | 61.80 | | 40.86 | 46.37 | |
| CD | 70.00 | | 57.83 | | 39.44 |
| DA | 95.76 | 48.41 | | | 82.62 |
| 計 | 318.45 | 98.66 | 98.69 | 122.10 | 122.06 |

緯距の誤差　$E_L$＝　　　　　　　　閉合誤差　$E$＝

経距の誤差　$E_D$＝　　　　　　　　閉合比　＝

ヒント！ 閉合誤差$E$は$E_L$と$E_D$とを2辺とする直角三角形の斜辺である。トラバース測量の精度は一般に閉合比で表している。

**【9】 次の等高線に関する性質のうち，正しくないものはどれですか。**

⑴　同一等高線上のすべての点は基準面上等しい高さにある。

⑵　地表面上の傾斜一様なるときは等高線の間隔は相等しく，且つ平行である。

⑶　等高線は分岐することなく懸崖絶壁以外には交叉することがない。

⑷　等高線は河，湖，渓谷等においては断絶し，終端となり，図上にて閉合することはない。

⑸　等高線は常に最大傾斜線に直角をなし，また分水線および渓谷線に直交する。

ヒント！ 地形図で地表面の高さを表す等高線の性質に関する基本的問題である。

**【10】 レベル測量を行った結果，下記図の通りの結果を得た。器高式計算法により下表の（　　）内に器械高，地盤高を記入しなさい。**

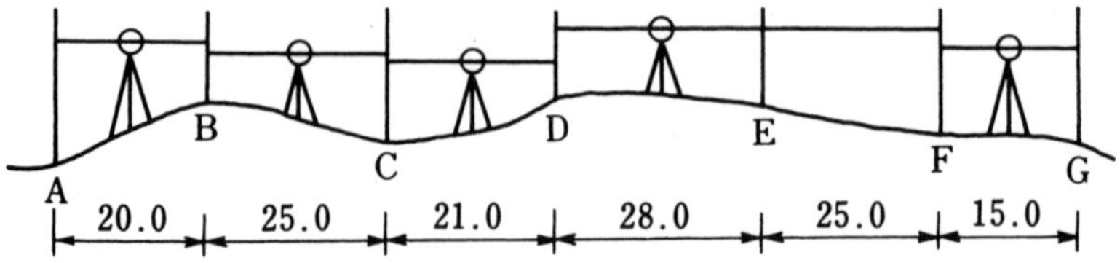

| 測点 | 距離 | 後視 B.S. | 前視 F.S | | 器械高 I.H | 地盤高 G.H |
|---|---|---|---|---|---|---|
| | | | 移器点 T.P. | 中間点 I.P. | | |
| A | 0 | 1.56 | | | 11.56 | 10.00 |
| B | 20 | 0.59 | 0.80 | | ( ① ) | 10.76 |
| C | 25 | 1.25 | 1.30 | | 11.30 | ( ② ) |
| D | 21 | 1.10 | 0.90 | | ( ③ ) | 10.40 |
| E | 28 | | | 1.20 | | ( ④ ) |
| F | 25 | 1.10 | 1.38 | | 11.22 | 10.12 |
| G | 15 | | 1.20 | | | ( ⑤ ) |
| 検算 | | ＋5.6 | －5.58 | | | ＋0.02 |

**ヒント!** 器高式における地盤高の計算は，まず器械高を求めてから前視を引いて求める。器械高は既知点の標高＋後視である。

**【11】 平板測量により，ある敷地をABCDEの順に測量したところ，図のような結果を得た。A点での閉合誤差が1.5cmであった。この誤差を調整したとき，図上でのD点の調整値はいくらになるか。ただし，平板の精度（閉合比）は，標準精度以内とする。**

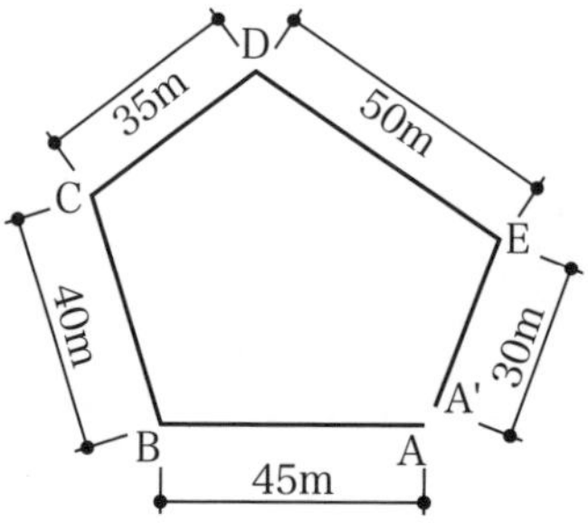


**ヒント!** 閉合誤差の基本的修正法の問題である。

**【12】 図のようなバーニヤを組み込んだ目盛盤の測定値はいくらになりますか。また，それを計算によって，説明しなさい。**

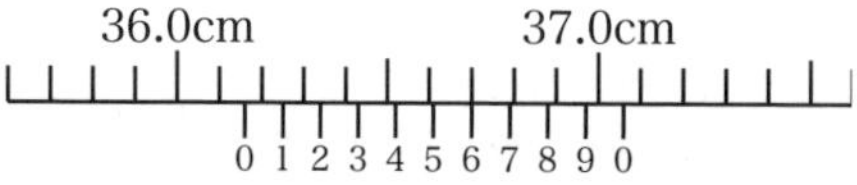


バーニアの目盛り＝主尺の0.9目盛を10等分

**ヒント!** バーニヤはノギス，マイクロメータにも用いられる基本的なものであるので，理屈も理解すること。

# 測　量　チェックリスト

□　測量の誤差の原因にはどのような場合があるか。〈 *1* 〉

□　測量の誤差の種類をあげよ。〈 *2* 〉

□　50m＋0.005mの巻尺である距離を測定したところ40mであった。正しい長さはいくらか。〈 *3* 〉

□　ある距離を斜距離で測定したとき，この長さは〈 *4* 〉に直さなければならない。

□　平板測量の長所と短所を書け。〈 *5* 〉

□　標定の3条件とは何か。〈 *6* 〉

□　平板測量にはどのような器具を用いるか。〈 *7* 〉

□　平板測量の方法にはどのような方法があるか。〈 *8* 〉

□　トランシットの4軸線とは〈 *9* 〉,〈 *10* 〉,〈 *11* 〉,〈 *12* 〉である。

□　トランシット測量の誤差のうち，水平に正しく設置されていないために生じる観測角の誤差を〈 *13* 〉誤差という。

□　水平角の測定法としては〈 *14* 〉,〈 *15* 〉,〈 *16* 〉などがある。

□　六角形トラバースの内角の合計は何度か。〈 *17* 〉

□　方位角と方位の違いについて説明せよ。〈 *18* 〉

□　水準測量に用いる器具をあげよ。〈 *19* 〉

□　高低測量の野帳の記入方法には〈 *20* 〉と〈 *21* 〉とがある。

□　三角測量の方法にはどのようなものがあるか。〈 *22* 〉

□　等高線にはどのような種類があるか。〈 *23* 〉

□　曲線にはどのような種類があるか。〈 *24* 〉

□　緩和曲線とはどのような曲線か。〈 *25* 〉

*1.* 機械的誤差, 自然的誤差, 個人的誤差, 錯誤

*2.* 定誤差, 偶然誤差

*3.* $40+\frac{0.005}{50}\times 40=40.004$ [m]

*4.* 水平距離

*5.* 長所：器具が簡単で取り扱いやすい。測り忘れが少なく, 誤記の訂正もしやすい。内業での作業が少ない。
短所：器具の精度が低い。天候による影響を受けやすい。

*6.* 整準, 求心, 定位

*7.* アリダード, 図板, 三脚, 求心器, 下げ振り, 磁針箱等

*8.* 放射法, 道線法, 交会法

*9.* 鉛直軸($V$)

*10.* 水平軸($H$)

*11.* 視準軸($C$)

*12.* 気ほう管軸($L$)

*13.* 鉛直軸

*14.* 単測法

*15.* 倍角法

*16.* 方向法

*17.* $180\times(6-2)=720°$

*18.* 方位角…各測線が北に対して右回りで何度になるかを表したもの
方位…各測線が南北を基準にして東西軸に何度になるかを表したもの(90°以下)

*19.* レベル(水準儀), 三脚, 標尺

*20.* 昇降式

*21.* 器高式

*22.* 三角測量方式, 3辺測量方式, トラバース測量方式

*23.* 計曲線, 主曲線, 補助曲線

*24.* 単心曲線, クロソイド曲線, 縦断曲線等

*25.* 曲率が曲線の長さに比例して変化する曲線で, 直線と円曲線との間などに引かれる。(クロソイド曲線)

# 4 土木施工

○土木施工は，出題頻度の高い分野である。しかもその範囲は広く多岐にわたるので，用語を中心によく理解すること。
○特に土木材料，施工機械，施工法に集中している。
○土木材料ではなんといってもセメントやコンクリートで，これらの性質と用い方，施工機械と施工法についてはその種類と使用法，現場に応じた組合わせ方法などである。
○基本事項からの出題であるので，頑張ろう。これを乗り切ればあとはその関連性から他の分野でも理解できる。

## 重要事項の整理

### 1.土木材料

⑴　材料の種類
木材，鉄鋼，高分子材料，石材，セメントなど多種にわたる。これらの種類と特性(力学的性質)を理解しておく。

⑵　鉄鋼材料
(a)　種類……鋼・鋳鋼・鍛鋼・鋳鉄
(b)　製品……帯鋼，鋼板，形鋼，鋼管，線材

・構造用圧延鋼材
  - 一般構造用圧延鋼材（SS400など）
  - 溶接構造用圧延鋼材（SM490など）

・形鋼……L・U・I・H型の形鋼，鋼矢板

⑶　コンクリート材料
(a)　セメント（種類とそれらの特性と用途）

ポルトランドセメント：普通，早強，超早強，中庸熱
混合セメント：高炉セメント，シリカセメント，フライアッシュセメント

(b)　セメントの性質
密度，粉末度，凝結，安定性，強さ

(c)　骨材の性質
密度，吸水量，表面水量，単位容積重量，粒度，粗骨材の最大寸法

(d)　混和材料
・混和材……使用量が多く，配合設計に関係する。これにはポゾラン（フライアッシュ，シリカなど）や岩石微粉末などがある。
・混和剤……使用量が少なく，配合設計に関係しない。これにはAE剤，減水剤，促進剤，遅延剤，防水剤などがある。

### 2.土工

土工
- 現地盤を切り崩す→切取り，掘削
- 地盤に土砂を盛る→盛土，築堤

⑴　土工計画
・土工定規と施工基面
・土量の変化と土積図（土積曲線）
・ほぐし率，締固め率，土量換算係数

⑵　土工機械……工事作業の種類，規模，条件などによって選定する。
掘削運搬機械……ブルドーザー，スクレーパなど
掘削機械……パワーショベル，ドラグライン，ドラグショベル，クラムシェルなど
積込機械……トラクタショベル, ロッカショベル, バケットローダなど
運搬機械……ダンプトラック，ダンパ，ベルトコンベヤなど

整地・締固め機械……モータグレーダ，マカダムローラ，タンデムローラ，タイヤローラなど

**3.コンクリート工**

(1) まだ固まらないコンクリートの性質

・コンシステンシー，ワーカビリティー，プラスチシティー，フィニッシャビリティー，ポンパビリティーなどの用語

・スランプと空気量

・コンクリートの強度……圧縮・引張・曲げ・せん断の各強度

(2) コンクリートの配合

コンクリート1m$^3$をつくるときに必要な各材料の量によって示す。

・示方配合と現場配合

・配合強度

・水セメント比($W/C$)…水($W$)とセメント($C$)との質量比をいい，%で示す。コンクリートの性質･強度に影響する。

(3) コンクリートの施工

・運搬……材料の分離などが生じないこと

・打込み，締固め……コールドジョイントに注意，内部振動機の使用上の注意

・寒中コンクリートと暑中コンクリート

・水中コンクリートと海洋コンクリート

・その他……コンクリートは弱アルカリ性，アルカリ骨材反応，ブリーディング，レイタンス

**4.のり面保護工**

のり面……切取のり面と盛土のり面。傾きの程度はのり勾配で表す。

(1) のり面保護

のり面の安定，環境の保全，美観など。

・植生による……張芝工，筋芝工，種子吹付け工など

・構造物による……モルタル・コンクリート吹付け工，張り工，のりわく工など

**5.基礎工**

(1) 基礎の種類

(a) 浅い基礎……直接基礎(原地盤，地盤改良)

(b) 深い基礎……くい基礎(既製ぐい，現場打ちぐい)，ケーソン基礎(オープンケーソン，ニューマチックケーソン)，矢板式基礎，連続地下壁など。

(2) 地盤改良工法

ゆるい砂質や軟弱地盤への対策

(a) ゆるい砂質地盤

バイブロフローテーション工法，バイブロコンポーザ工法など。

(b) 軟弱地盤

プレローディング工法，バーティカルドレーン工法(サンドドレーン，ペーパードレーン)，ウェルポイント工法，真空工法，押え盛土工法，除去置換工法など。

**6.ダム工**

転流工，仮締切工，ブロック割など。

**7.工程管理**

(1) 工程図表について

(a) 工程図表の種類

・横線式工程表(ガントチャート，バーチャート)，グラフ式工程表，バナナ曲線，ネットワーク式工程表

(2) 各工程図表の特徴と比較

(3) ネットワークの作成

(a) 作業内容の整理

(b) 作成上の基本事項

・アロー(矢線)とイベント(結合点)による表示。

・ダミー(擬似作業)の挿入

(c) 結合点の処理

・ポイント…最早開始時刻，最遅完了時刻，余裕日数の計算

・余裕日数(全余裕日数，自由余裕日数，干渉余裕日数)

・クリティカルパス…全余裕日数が0となる経路

# 力だめし

## さあやってみよう！

**【典型問題1】 次の文章の空欄を下記の語句の中から適するもので埋めなさい。**

コンクリートの配合とは，コンクリートまたはモルタルにおいて，これらを作るときの各材料の割合をいう。コンクリートの配合は，所要の[ ① ]，[ ② ]，[ ③ ]および作業に適する[ ④ ]をもつ範囲内で[ ⑤ ]をできるだけ少なくするように定めなければならない。

コンクリートの配合には[ ⑥ ]と[ ⑦ ]とがある。前者は設計書または責任技術者によって指示される配合で，骨材は[ ⑧ ]状態であり，細骨材は[ ⑨ ]フルイを85%以上通るもの，粗骨材は[ ⑩ ]フルイに85%以上とどまるものを用いた場合の配合をいい，後者は前者のコンクリートとなるように現場における材料の状態および計量方法に応じて定めた配合である。

(ア) 単位水量　(イ) 混和剤　(ウ) 強度　(エ) 示方配合
(オ) 絶対乾燥　(カ) 表面乾燥飽水　(キ) ワーカビリティー
(ク) スランプ　(ケ) 密度　(コ) 粒度　(サ) 水密性
(シ) 空気量　(ス) コンシステンシー　(セ) 細骨材率　(ソ) 耐久性
(タ) 5mm　(チ) 8mm　(ツ) 10mm　(テ) 現場配合

**解　答**　①―(ウ)　②―(サ)　③―(ソ)　④―(キ)　⑤―(ア)　⑥―(エ)
⑦―テ　⑧―(カ)　⑨―(タ)　⑩―(タ)

㊟　調合の順序としては次のようになる。
コンクリートの強度―水セメント比―骨材粒度―スランプ―調合比。
コンクリートの強度は，水セメント比とセメント強度によって決定され，施工軟度を支配するものは，水量，セメント量，骨材量，骨材の粒度と混練方法，時間，混和剤などである。調合比の決定は水セメント比，スランプ，骨材粒度で，AE剤を混入すればコンクリート強度は低下する。また，寒中コンクリートでも強度が低下する。いずれにせよ，コンクリートの強度は水セメント比によって決まる。

**【典型問題2】 次の各作業に適する施工機械を下から選び，その記号を書きなさい。**

(1)　軽い掘削・中短距離の運搬　　(2)　掘削
(3)　積込み　　(4)　締固め

ここがポイント！

典型問題2
施工機械については写真・絵などで確認すること。

ここがポイント!

4

(ア)　パワーショベル　　(イ)　トラクターショベル
(ウ)　スクレーパ　　(エ)　バケットローダ
(オ)　タンデムローラ　　(カ)　ブルドーザ
(キ)　ドラグショベル　　(ク)　マカダムローラ

**解　答**　(1)―(ウ),(カ)　(2)―(ア),(キ)　(3)―(イ),(エ)　(4)―(オ),(ク)

㊟　(ア)機械より高い位置の掘削に適する。　(イ)積込みの他，簡単な掘削もできる。(ウ)掘削および中距離の運搬のほか，積込み・敷きならしもできる。　(エ)連続したバケットで土砂を積み込む。　(オ)道路などの仕上げ転圧・締固めを行う。三輪のものがある。　(カ)作業用土工板をトラクタの前に取り付けたもの。土砂の掘削・短距離の運搬。　(キ)バックホーとも呼ばれる。機械より低い位置の掘削に適する。　(ク)砂利道などの初期転圧および仕上げ転圧。後輪が2輪。

# 実戦就職問題

**【1】 次のうち，コンクリートの特徴として，正しくないものはどれですか。**

(1) 圧縮強度が大きい。
(2) 耐火的である。
(3) 鋼材の防錆力がある。
(4) 引張強度が大きい。
(5) 花崗岩にくらべ廉価である。

ヒント！ コンクリートの基本的な性質である。防錆力とは錆を防ぐ力。

**【2】 コンクリート1m$^3$につき，セメント6袋を使用するとき，水セメント比を50%とすれば，何kgの水を用いたらよいですか。ただし，セメント1袋は40kgとする。**

**【3】 次のうち，コンクリートの骨材に関する記述で誤っているものはどれですか。**

(1) 粗骨材は一般に球形に近いものがよい。
(2) 骨材は堅硬なものがよい。
(3) 細粗粒が適当に混合しているものがよい。
(4) 砕石を使用するとコンクリート強度が小さくなる。
(5) 塩分を含む骨材は支障のある場合がある。

**【4】 コンクリートの強度に最も関係のあるものは，次のうちどれですか。**

(1) 水とセメントの重量比率　(2) セメント量
(3) 骨材とセメントの重量比率　(4) 水と骨材の重量比率
(5) 粗骨材と細骨材の比率

ヒント！ コンクリートの強度などに最も大きな関係があるのは水セメント比と単位水量である。

**【5】 左欄の（　　）内に，右欄の用語の中から最も関係の深いものを選んでその記号を記入しなさい。**

| | |
|---|---|
| (1) プレストレストコンクリート（　　） | (ア) トラックミキサー |
| (2) AEコンクリート（　　） | (イ) 付着応力 |
| (3) レディミクストコンクリート（　　） | (ウ) ワーカビリティ |
| (4) 寒中コンクリート（　　） | (エ) 砂利 |
| (5) 暑中コンクリート（　　） | (オ) コンクリート強度 |
| (6) 粗骨材（　　） | (カ) 散水 |
| (7) スランプテスト（　　） | (キ) 空気量 |
| (8) 異形鉄筋（　　） | (ク) 鉄筋の継手 |
| (9) 水セメント比（　　） | (ケ) PC鋼線 |
| (10) ガス圧接（　　） | (コ) 電気養生 |

ヒント! 一般的な用語であるので，定義からよく考える。

【6】土量の変化

| | | |
|---|---|---|
| ほぐし率 $L$ | 硬岩・軟岩 | 1.30～2.00 |
| | れき混り土 | 1.10～1.45 |
| | 普通土 | 1.20～1.45 |
| | 粘性土 | 1.20～1.45 |
| | 砂 | 1.10～1.20 |
| 締固め率 $C$ | 硬岩・軟岩 | 1.00～1.50 |
| | れき混り土 | 0.85～1.30 |
| | 普通土 | 0.85～1.00 |
| | 粘性土 | 0.85～0.95 |
| | 砂 | 0.85～1.00 |

**【6】 土砂を掘削すると土量は増加するが，次の記述は地山の同一土量を掘削した場合に土量が多くなるものから順に並べたものである。この中で正しいものはどれですか。**

(1) 硬岩，軟岩，粘土，砂

(2) 軟岩，硬岩，粘土，砂

(3) 粘土，硬岩，砂，軟岩

(4) 砂，軟岩，粘土，硬岩

(5) 硬岩，砂，粘土，軟岩

ヒント! 土砂を掘削すると，その堆積が変わってくる。地山の種類による土量の変化率から考えること。

**【7】 450m$^3$の砂質土の盛土を造成するのに必要な地山の土量と，その地山をほぐした土量を求めなさい。ただし，ほぐし率L＝1.2，締固め率C＝0.9とする。**

**【8】 次の各文章は，ある土木用語を説明したものである。それぞれは何について述べているか答えなさい。**

(1) 砂地盤の支持力を推定する場合，標準貫入試験を行うが，このときの打撃数。

(2) 上部の軟弱な地層を貫いて下部の岩盤に到達させた杭で，純粋に先端の支持力のみにたよる杭。

(3) 細長い直線の部材をその材端で結合して順次三角形状に直結して構成した構造。

(4) 切取りや盛土を行なう場合の基準断面形。

(5) 車両運転の安全を確保するために線路付近にある構造物，その他のものの近接に対して一定の制限をつけた限界。

ヒント! 用語の説明から何について書いてあるかを判断する。

**【9】 左欄の（　　）内に，最も関係の深い用語を右欄から選び，その記号を記入しなさい。**

| | |
|---|---|
| (1) 排水工　（　　） | (ア) 転圧 |
| (2) 水中橋脚の基礎工（　　） | (イ) 泥水シールド |
| (3) 山岳トンネル　（　　） | (ウ) ウェルポイント |
| (4) 下水道工事　（　　） | (エ) 伸縮継手 |
| | (オ) ケーソン工法 |
| | (カ) ディビダーク工法 |
| | (キ) 上部半断面先進工法 |

**【10】 土量30,000m$^3$を15tブルドーザーで運搬距離50m，工期4ヶ月（1ヶ月は30日とする）で処理する場合のブルドーザーの所要台数を求めなさい。ただし，このブルドーザーで土を50m運搬する場合の時間当たりの作業量は30m$^3$/h，作業時間は6h/日，雨天・休日等による日数実働率を60%とする。**

ヒント! 必要項目の単位を考えて計算する。1日の純作業量は[m$^3$/日]，工期は[日]，そして実工期日数は日数実働率を掛ければよい。

**【11】 次のA群の項目に最も関係のある項目をそれぞれ1つB群から選び，その記号を（　　）に入れなさい。**

| 〔A 群〕 | 〔B 群〕 |
|---|---|
| (1) ピクノメーター　（　　） | (ア) 層流と乱流 |
| (2) トランシット　（　　） | (イ) 水圧測定 |
| (3) 量水標　（　　） | (ウ) 比重測定 |
| (4) エントレインドエア　（　　） | (エ) 水位観測 |
| (5) レイノルズ数　（　　） | (オ) 常流と射流 |

(カ)　測角
(キ)　AEコンクリート
(ク)　流速測定

**【12】　次の各文章について，正しいものには○，誤っているものには×を（　　）に記入しなさい。**

(1)　ポアソン比とは横ひずみ度と縦ひずみ度の比であり，弾性限度内では応力の大きさに比例する。（　　　）

(2)　ワーカビリティーとは，まだ固まらないコンクリートの性質で，主として水量の多少による柔らかさの程度で示される。（　　　）

(3)　一定の温度・湿度の下でコンクリートに一定の持続荷重を加えると，コンクリートのひずみは時間の経過とともに増加していく。この性質をコンクリートのクリープという。（　　　）

(4)　微小な独立した空気のあわをコンクリート中に一様に分布させるために用いる混和材料をAE剤という。（　　　）

(5)　鉄道線路では曲線部において直線部よりも軌間を少し拡大している。この拡大寸法のことをカントという。（　　　）

**【13】　図に示すネットワーク式工程表のクリティカルパスの日数は次のうちどれですか。**

(1)　16日
(2)　18日
(3)　19日
(4)　20日
(5)　22日

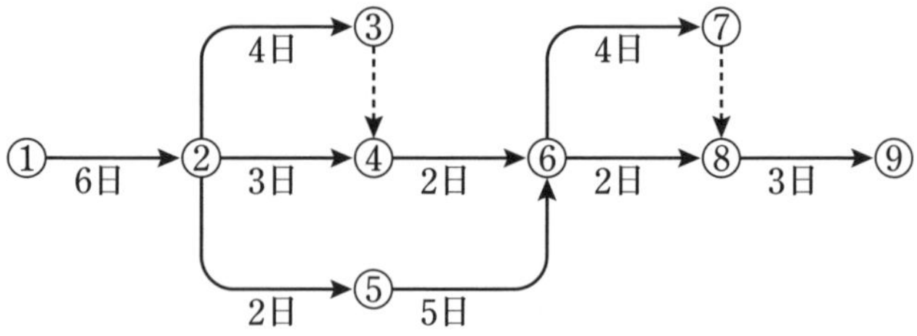

# 土木施工　チェックリスト

- □　フックの法則とは。〈 *1* 〉
- □　弾性係数とはどのようなものか。〈 *2* 〉
- □　形鋼の種類をあげよ。〈 *3* 〉
- □　山留めにおける鋼矢板の特徴をあげよ。〈 *4* 〉
- □　ポアソン比とは。〈 *5* 〉
- □　PC鋼材とは。〈 *6* 〉
- □　ポルトランドセメントにはどのようなものがあるか。〈 *7* 〉
- □　細骨材と粗骨材について説明せよ。〈 *8* 〉
- □　混和材と混和剤の違いとその種類をあげよ。〈 *9* 〉
- □　土工とはどのような作業をいうか。〈 *10* 〉
- □　土工定規とはどのようなものか。〈 *11* 〉
- □　ブルドーザーとは。〈 *12* 〉
- □　掘削機械にはどのようなものがあるか。〈 *13* 〉
- □　モータグレーダはどのような作業に適するか。〈 *14* 〉
- □　マカダムローラとタンデムローラの違いは。〈 *15* 〉
- □　しゅんせつ船の種類をあげよ。〈 *16* 〉
- □　ヒービングとは。〈 *17* 〉
- □　ボイリングとは。〈 *18* 〉
- □　クイックサンド現象とは。〈 *19* 〉
- □　山留め工事におけるアイランド工法について説明しなさい。〈 *20* 〉
- □　フーチングとは。〈 *21* 〉
- □　くい基礎は支持伝達の方法で〈 *22* 〉ぐいと〈 *23* 〉ぐいに大別される。
- □　場所打ちぐいの機械掘削工法にはどのようなものがあるか。〈 *24* 〉
- □　ケーソン基礎には〈 *25* 〉と〈 *26* 〉とがある。
- □　モルタルとは。〈 *27* 〉
- □　AE剤によって生じた空気のあわを〈 *28* 〉という。
- □　コンクリートのワーカビリティーとコンシステンシーについて説明せよ。〈 *29* 〉
- □　水セメント比について説明せよ。〈 *30* 〉
- □　レディミクストコンクリートとは。〈 *31* 〉
- □　寒中コンクリートと暑中コンクリートについて説明せよ。〈 *32* 〉

*1.* 弾性限度内においては，応力度と歪度との比は，材料の種類によって一定の値となる。

*2.* フックの法則において応力度と歪度との関係式における定数(ヤング係数)

*3.* L形鋼，I形鋼，みぞ形鋼，H形鋼等

*4.* 遮水性，水密性がある。厚みが薄く打込みやすく，深くまで設置する場合に適する。地盤変形にも耐えられる。縦長のものをつなぎ合わせて打込むので鉛直精度の確保がしにくい。

*5.* 材料に外力を加えると，応力方向とともに応力に直角な方向にも歪が生じる。この応力方向の歪度と直角方向の歪度との比をポアソン比という。

*6.* プレストレストコンクリートにプレストレストを与えるための高強度鋼材。

*7.* 普通ポルトランドセメント，早強ポルトランドセメント，中庸熱ポルトランドセメント等。

*8.* 5mm以下の骨材を細骨材，5mm以上の骨材を粗骨材というが，実用上は，5mmの標準フルイを85%以上通過した骨材を細骨材，5mmの標準フルイに85%以上とどまった骨材を粗骨材という。

*9.* 混和材…セメント・骨材・水以外にコンクリートに混入してもよい材料のうち，使用料が多く，配合設計に関係する。高炉スラグ，シリカ，フライアッシュ等
混和剤…コンクリートの品質を改善する目的で混入する配合設計では無視できる使用料の少ない材料。AE剤，減水剤，流動化剤等

*10.* 地盤を切り崩したり(切土)，運搬したり，地盤に土砂を盛ったり(盛土)する作業。

*11.* 切土，盛土の基準断面形状。

*12.* トラクタの前面にブレードをつけることにより，土の掘削・盛土，運搬等の作業を行うもの

*13.* パワーショベル，ドラグショベル(バックホウ)，ドラグライン，クラムシェル

*14.* 地盤の敷きならし，路面の補修(不陸ならし等)の作業を行う。

*15.* マカダムローラ…アスファルト舗装の初期転圧あるいは砕石の締め固めに用いられる。
タンデムローラ…マカダムローラより平滑な仕上面が可能で，アスファルト舗装の仕上げに用いられる。

*16.* ポンプ船，グラブ船，バケット船，ディッパ船

*17.* 山留め工において根入れ深さの不足により，根切り底が膨れ上がる現象。(軟弱な粘土質地盤で生じる)

*18.* 砂質地盤において，上向きの地下水流圧力がそのうえの地盤の圧力を上回ったときに，地下水が砂とともに地表に湧き出てくる現象

*19.* 地震動が起こるとその振動により土中の水圧が高くなり，支える地盤圧を上回り，土のせん断抵抗を失う。そのため土が流動化する現象。(液状化現象ともいう)

*20.* はじめに法付けオープンカット工法で根切り底まで掘り，そこに中央部の基礎構造物を施工し，それを利用して周辺の矢板に斜め切り張りを渡して掘削していく工法。

*21.* 地盤の接地圧を増すために布基礎の底面を下部を広げた部分。

*22.* 支持ぐい　　*23.* 摩擦ぐい

*24.* ベノト工法，リバース工法，アースドリル工法

*25.* オープンケーソン工法　　*26.* ニューマチックケーソン工法

*27.* セメントと砂(細骨材)を水で練り混ぜたもの。

*28.* 連行空気

*29.* ワーカビリティー…水の多少だけではなく，流動性等の要素を含んだコンクリートの軟らかさを表すもの。(=「施工難度」)
コンシステンシー…水の多少によるコンクリートの軟らかさの程度

*30.* コンクリート調合に際してのセメントに対する水の量のことで，コンクリートの強度は水セメント比によって左右されるという考え方。

*31.* 工場で生産されまだ固まらない状態のまま，工事現場に運ばれ，打ち込まれるコンクリートのこと。

*32.* 寒中コンクリート…コンクリート打ち込み後28日の予想日平均気温が4℃以下の場合に施工するコンクリート
暑中コンクリート…コンクリート打ち込み後28日の予想日平均気温が25℃を超える場合に施工するコンクリート

# 5 水理・土質

○水理・土質ともに出題頻度は少ないが，用語の説明や計算問題が出題されるので，各項目ごとに用語や公式・実験式をまとめ，系統だてて覚えるようにしたい。
○水理は基礎である「静水圧」が中心で，他にベルヌーイの定理とその応用，水の流れなどが多い。
○土質では「土の基本的性質」を中心として，各種の土質実験・土質調査に関する問題が多い。

## 重要事項の整理

### 1.静水圧

(a)　1気圧（1atm）＝760[mmHg]＝13.59[g/cm$^3$]×9.8[m/s$^2$]×760[mm]

$$=13.59\times\frac{10^{-3}}{10^{-6}}\times 9.8\times 760\times 10^{-3}$$

$$=101.22\times 10^3\ [\mathrm{kg\cdot m/(s^2\cdot m^2)}]$$

$$=101.22[\mathrm{kN/m^2}]=101.22[\mathrm{kPa}]$$

(b)　静水圧の性質
・水圧は面に対し垂直の方向に作用する。
・静水圧のある1点に対する水圧は，どの方向に対しても等しい。
・水圧は深さに比例する。

(c)　静水圧の大きさ

(1)　水深$H$における水中の強さ$p$

$p=\rho gH$（ゲージ圧）

大気圧の強さを$p_0$とすると，

$p'=p_0+\rho gH$（絶対圧）

ただし，$\rho$：密度　　$g$：重力加速度

(2)　圧力の伝達・測定

(a)　パスカルの原理

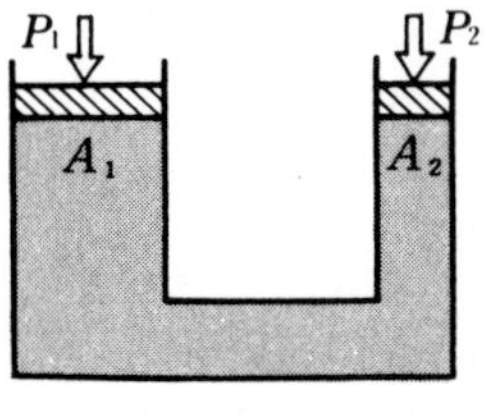


$$\frac{P_1}{A}=\frac{P_2}{A_2}$$

(b)　マノメータ

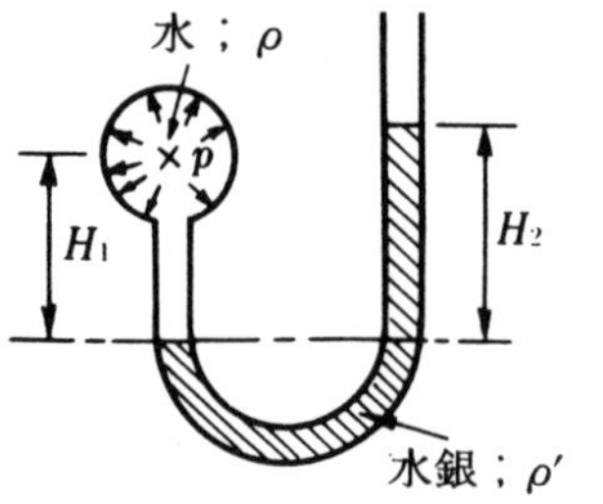


管内水圧$p$は，

$p+\rho gH_1=\rho' gH_2$であるので，

∴　$p=\rho' gH_2-\rho gH_1$

考え方：ある基準面におけるつり合いから$p$を求める。

(3)　鉛直な平面に作用する水圧

全水圧　$P=\rho gH_G A$

作用点　$H_C=H_G+\dfrac{I_G}{A\cdot H_G}$

ここで$I_G$は図心軸に対する断面二次モーメント

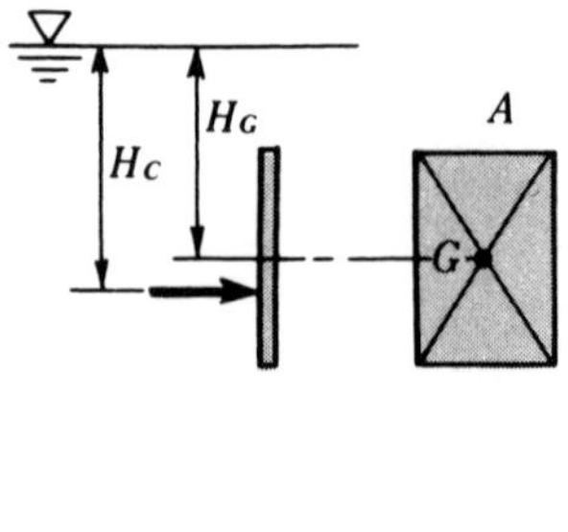

(4) 浮力と浮体

(a) アルキメデスの原理…水中にある物体は，物体の排除した水の重さに等しい力で鉛直方向に押し上げられる。このとき鉛直方向に押し上げる力を浮力という。

(b) 水に物体を入れると，浮かぶもの，沈みも浮かびもしないもの，沈むものとに分けられる。このうち前2者を浮体という。

## 2.水の運動

(1) 連続の式（連続性の定理）

$A_1v_1 = A_2v_2$

$Av = Q =$ 一定

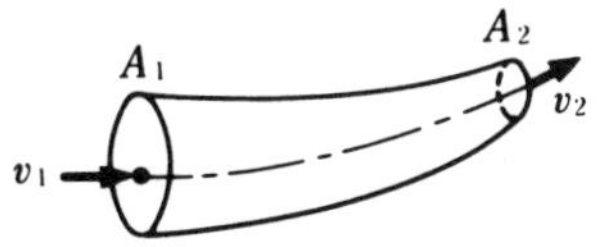


(2) ベルヌーイの定理

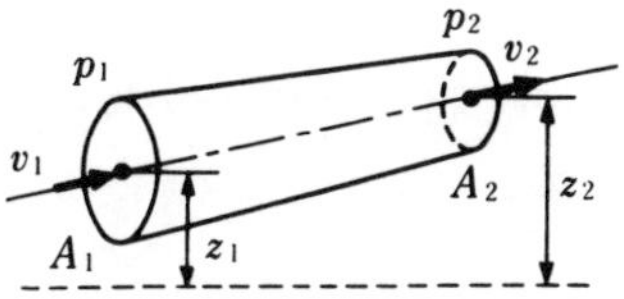


$$\frac{p_1}{\rho g} + \frac{v_1{}^2}{2g} + z_1 = \frac{p_2}{\rho g} + \frac{v_2{}^2}{2g} + z_2 = \text{一定}$$

$\frac{p}{\rho g}$：圧力水頭　$\frac{v^2}{2g}$：速度水頭

$z$：位置水頭

※上記の式は完全流体（理想流体）における式
実際の水では摩擦等によるエネルギーの損失がある。（=「損失水頭」）

(3) ベルヌーイの定理を応用した流量計等…ベンチュリーメータ，ピトー管

## 3.水路の流れ（管水路，開水路）

(a) 水路を流れる水の運動は，連続の式・ベルヌーイの定理などを考えて求める。

(b) 自由水面を持たない流れを管水路といい，自由水面を持つ流れを開水路という。

(c) 水の流れと種類

・定常流と非定常流
・等流と非等流
・層流と乱流
・常流と射流

(1) 水路の断面

管水路

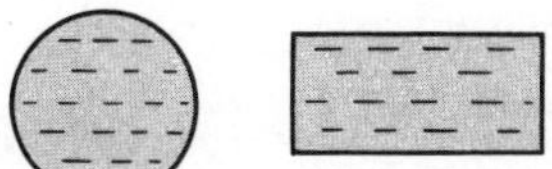

開水路

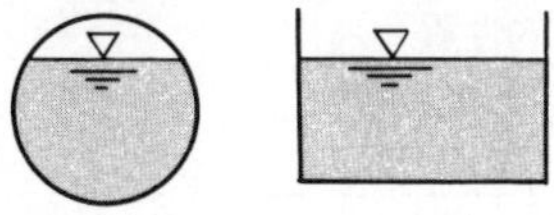

(2) 径深$R$

$R = \frac{A}{S}$　$A$：流積　$S$：潤辺

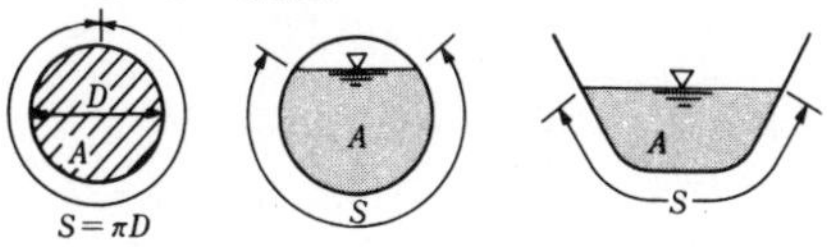


(3) 平均流速公式

① シェジーの公式…下水管の計算に使われている。

シェジーの公式　$v = C\sqrt{RI}$ [m/s]

ただし，$R$：径深[m]，$I$：動水こう配[$h_f/l$]

$C$：流量係数，$f'$：抵抗係数

$C = \sqrt{2g/f'}$

・なお，シェジーの公式の「流量係数」については，「バサンの公式」「ガンギー・クッターの公式」もある。

② マニングの公式…河川や人工水路など，開水路の実験から作られたもの。

最も多く使われている。

マニングの公式　$v = \frac{1}{n}R^{\frac{2}{3}}I^{\frac{1}{2}}$[m/s]

ただし，$n$：粗度係数

③ ヘーゼン・ウィリアムスの公式…上水道の送配水管設計に使われる。

ヘーゼン・ウィリアムスの公式

$v = 0.84935C_HR^{0.63}I^{0.54}$

ただし，$C_H$：壁材による係数

## 4.オリフィス

(1) 小オリフィス

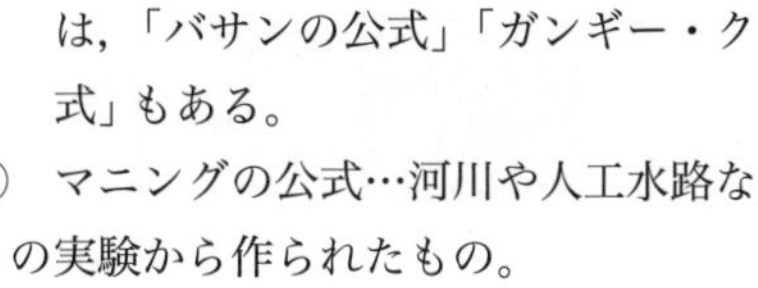

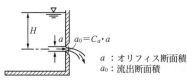


トリチェリの定理より　流速$v = \sqrt{2gH}$

実際の流速　$v_0 = Cv\sqrt{2gH}$

ただし，$Cv$：流速係数

流出断面積　$a_0 = C_a \cdot a$

ただし，$C_a$：収縮係数

よって，流量$Q = a_0v_0 = C_aaC_v\sqrt{2gH} = Ca\sqrt{2gH}$

ただし，$C = C_aC_v$（流量係数）

(2)　大オリフィス

$v=\sqrt{2g(H+H_a)}$　　$H_a=\dfrac{v_a^2}{2g}$：接近流速水頭

## 5. 土の基本的性質

(1)　土粒子の大きさ

| 粘土 | シルト | 砂 | | | れき | | | →石 |
|---|---|---|---|---|---|---|---|---|
| | | 細砂 | 中砂 | 粗砂 | 細れき | 中れき | 粗れき | |

0.005　0.075　0.25　0.85　2.0　4.75　19.0　75.0 [mm]

(2)　土の含水比・密度・間げき比・飽和土・土粒子の密度

(a)　含水比　$w=\dfrac{m_w}{m_s}\times 100$ [%]

(b)　密度　湿潤密度　$\rho_t=\dfrac{m}{V}$ [g/cm$^3$]

(c)　間隙比　$e=\dfrac{V_v}{V_s}$

(d)　飽和度　$S_r=\dfrac{V_w}{V_s}\times 100$[%]$=\dfrac{w\cdot P_s}{epw}$ [%]

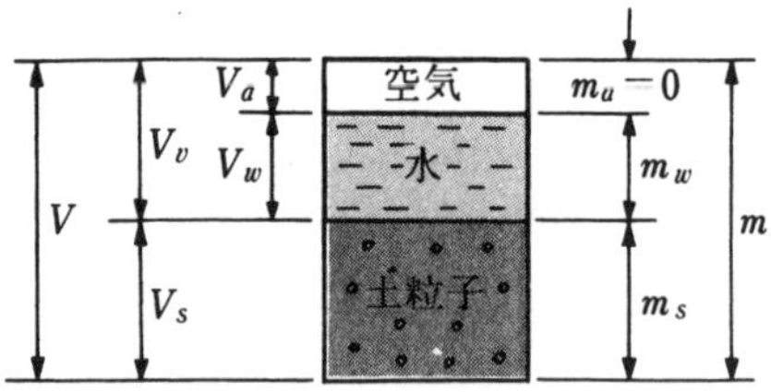


(3)　土の粒度

土粒子の粒径の大きさ別による含有割合。

粒径加積曲線より，有効径$D_{10}$，均等係数$U_C$，曲率係数$U_C'$を求める。

(4)　土のコンシステンシー

含水比の多少による土の性質

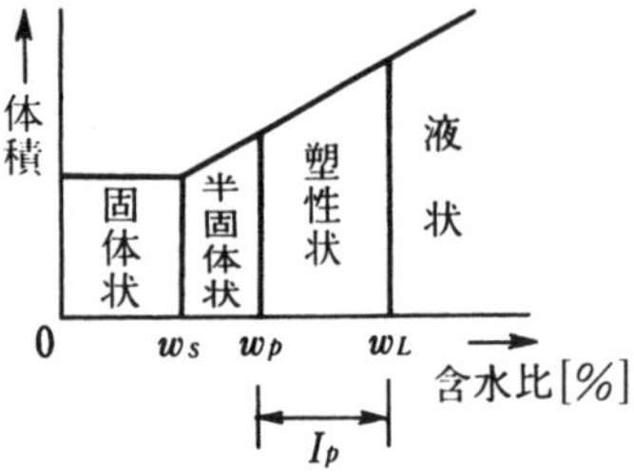


$w_L$：液性限界

$w_p$：塑性限界

$w_S$：収縮限界

$I_p$：塑性指数

(5)　土の分類

土の工学的な性質の推定，土木材料としての適否の判別に利用。土の粒度やコンシステンシーより求める。

日本統一土質分類・三角座標・塑性図など。

## 6.土質調査・試験

(1)　標準貫入試験

現場において，地盤の硬軟やしまり具合を知るための$N$値を求める試験で，ボーリングと併用して行われる。

$N$値とは，標準貫入試験用サンプラーを30cm貫入させるのに要した打撃回数をいう。

(2)　物理的性質を知る試験

含水量試験・土粒子の密度試験，粒度試験，液性限界・塑性限界・収縮限界の各試験，など。

(3)　力学的性質を知る試験

締固め試験，CBR試験，透水試験，圧密試験，一面せん断試験，一軸・三軸の各圧縮試験など。

## 7.土の締固め

突き固め，転圧，振動などにより工学的な性質を改良すること。

(a)　締固め試験……最適含水比と最大乾燥密度を求める。

(b)　CBR試験……締固められた土の強さを知るCBR値を求める。

## 8.土の強さ

斜面の安定計算，基礎となる地盤の強さなどを求めるために土のせん断強さを知る。

(1)　クーロンの式　$S=C+\sigma\cdot\tan\phi$ [kN/m$^2$]

$C$：粘着力

$\sigma$：せん断面上に働く垂直応力

$\phi$：せん断抵抗角（内部摩擦角）

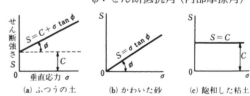


(a) ふつうの土　(b) かわいた砂　(c) 飽和した粘土

(2)　モールの応力円

## 9.土圧

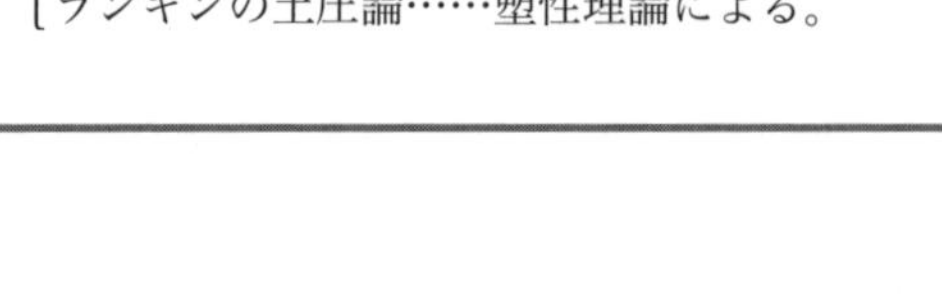


主働土圧　受働土圧

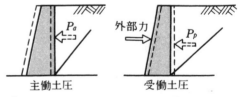

クーロンの土圧論……土くさび論による。

ランキンの土圧論……塑性理論による。

# 力だめし

## さあやってみよう！

**【典型問題1】 図のように高さ6m，幅3mの長方形のせき板が水中に垂直に立っているとき，この板に作用する全水圧と作用点はいくらですか。ただし，水の密度を1000kg/m³とする。**

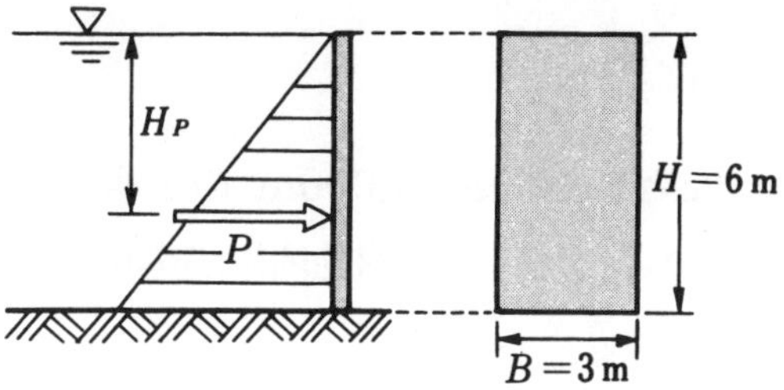


解答　全水圧　$P=\rho g H_G A=1000\times 9.8\times\frac{6}{2}\times 3\times 6=529.2\times 10^3$N

ここで，$H_G$：図心までの水深，　$A$：板の面積

作用点　$H_P=\frac{2}{3}H=\frac{2}{3}\times 6=4$m

**【典型問題2】 次の土質に関する試験について簡単に説明しなさい。**

(1)　含水量試験

(2)　三軸圧縮試験

(3)　CBR試験

(4)　標準貫入試験

解答　(1)土の状態を知るために行う試験で，含水比を求める。土の基本的性質の計算などに用いる。

(2)基礎・斜面・擁壁などの安定計算や設計に必要な粘着力$C$と内部摩擦角（せん断抵抗角）$\phi$を求めるために行う試験で，地中と同じような状態に近い形で試験を行うことができる。

(3)締固められた土の強さを知るために行う試験で，CBR値を求める。これは路盤やたわみ性舗装厚の設計に用いられる。

(4)サウンディングの1つで，現場において直接地盤の性質について調べる試験で，$N$値を求める。これにより地盤の支持力や支持層の位置などを知ることができる。

ここがポイント！

典型問題1
垂直平面に作用する全水圧と作用点を求める基本問題である。全水圧を求める公式は$P=\rho g H_G A$である。

典型問題2
数多くある土質の試験はきちんと体系づけておくことが必要で，試験から求められる値とその利用をきちんと理解しておくことがポイント。

# 実戦就職問題

**【1】 水面より3.2mの深さに中心を有する直径20mmの鋭縁円形孔口より出る流量$Q$を計算しなさい。ただし，流量係数は，$C$＝0.62とする。**

**ヒント!** 小オリフィスとして求める。

**【2】 20mmの降水があったとき，広さ10,000m$^2$の工事用地内の降水量（m$^3$）を求めなさい。ただし，全用地内に均等に降ったものとする。**

**ヒント!** 体積として求める。

**【3】 水面下10mの点での水圧を，ゲージ圧，絶対圧で求めなさい。**

**【4】 右のような水路において，その平均流速を1.5m/secとすれば，その流量$Q$はいくらですか。**

**ヒント!** 流量は断面積と流速より求まる。

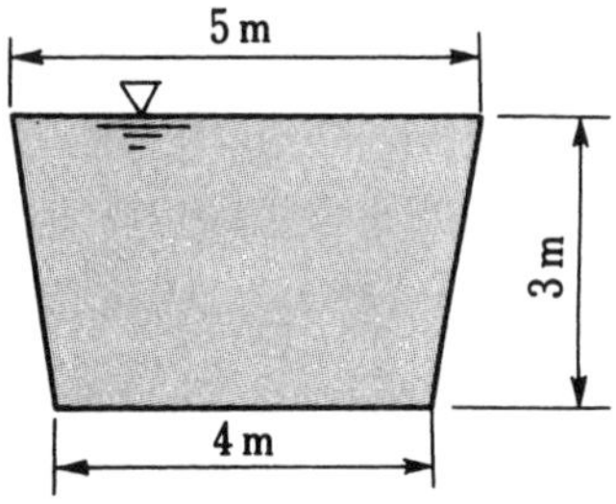


**【5】 図のような幅4mのせき板に作用する全水圧と作用点を求めなさい。ただし，水の密度を1000kg/m$^3$とする。**

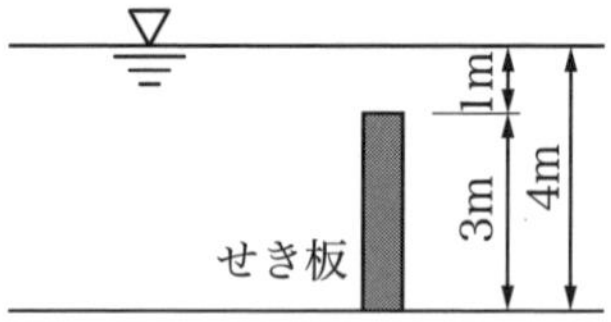


**【6】 水路に幅2mの堰板があり，上流の水深は6m，下流の水深は3mとなっているとき，次の問いに答えなさい。**

(1) 堰板に働く全水圧の大きさ。

(2) その全水圧の作用点。

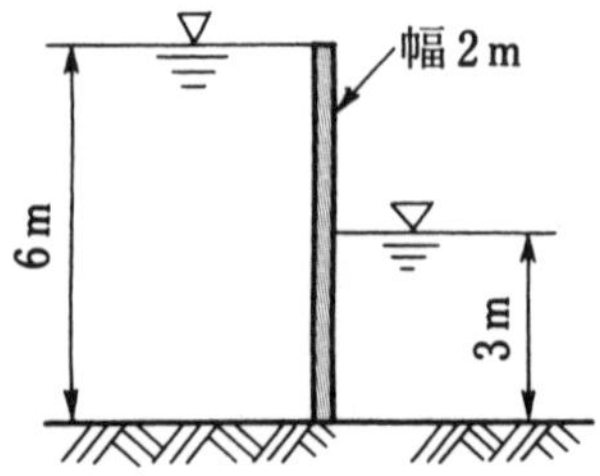

**ヒント!** 上流側および下流側において，それぞれの水圧と作用点を計算してから全水圧とその作用点を求める。

**【7】 図のような流管を $5000\mathrm{cm^3/s}$ の水が流れている。このときの各断面における平均流速を求めなさい。ただし，$\pi=3.14$ とする。**

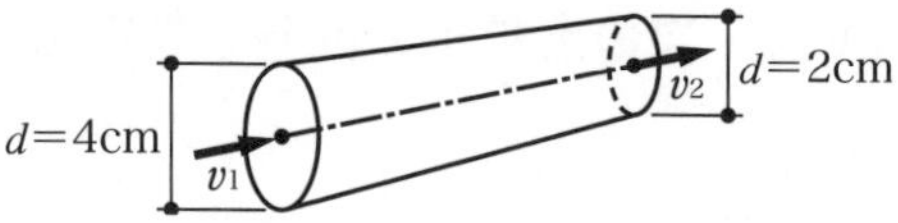


**ヒント!** 連続の式を利用する。

**【8】 右の図に示す断面形の水路について次の問いに答えなさい。**

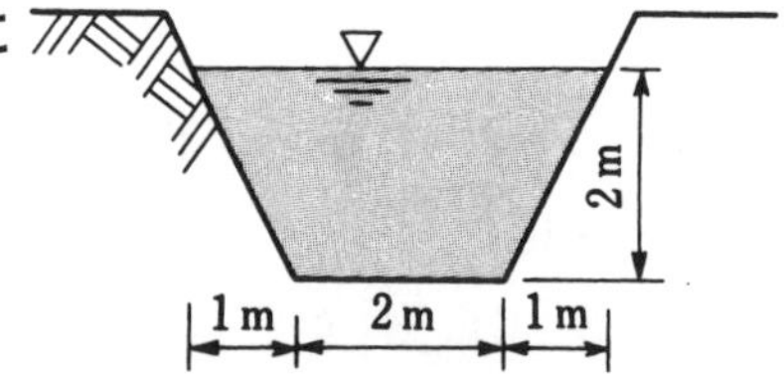


(1) 潤辺 $S$ を求めなさい。

(2) 流積 $A$ を求めなさい。

(3) 径深 $R$ を求めなさい。

(4) 動水勾配 $I=\dfrac{1}{1000}$，流速係数 $C=50$ としたとき，シェジーの公式により流速 $v$ を求めなさい。

(5) 平均流量 $Q$ を求めなさい。

**ヒント!** 潤辺，流積，径深の各式を理解すること。そしてシェジーの公式を利用する。

**【9】 $60\mathrm{cm^3}$ の湿潤土の質量が108g，炉乾燥したときの質量が80gであった。この土試料の含水比 $w$ はいくらか。**

**【10】 左欄の（　　）内に，右欄から最も関係の深いものを選び，その記号を記入しなさい。**

(1) 土木用地質調査（　　）

(2) 土質調査（　　）

(3) 土圧（　　）

(4) 圧密（　　）

(5) 液性限界（　　）

(ア) 標準貫入試験

(イ) $w_L$

(ウ) 地表沈下

(エ) $\dfrac{1}{2}\delta H^2K$

(オ) 弾性波調査

(カ) 磁気探査

ヒント！ 基本的な用語の組合せである。土質調査とは，土の性質について主に原位置で行う調査をいう。

**【11】 次の土粒子の区分を粒径の小さい順にその番号で答えなさい。**

(1) 粘土　(2) 砂　(3) レキ　(4) シルト　(5) コロイド

**【12】 土粒子の大きさについて当てはまる名称と数字を記入しなさい。**

| ① | ② | 砂 | | | れき | | | →石 |
|---|---|---|---|---|---|---|---|---|
| | | ③ | 中砂 | 粗砂 | ④ | 中れき | ⑤ | |

㋐　㋑　0.25　0.85　㋒　4.75　19.0　㋓[mm]

**【13】 次の岩石はいずれに分類されますか。下の語群より適するものを選び，(　　) の中に記号を記入しなさい。**

(1) 安山岩 (　　)　(2) 砂　岩 (　　)
(3) 花こう岩 (　　)　(4) 片麻岩 (　　)
(5) 土　丹 (　　)　(6) 泥　岩 (　　)
(7) 結晶片岩 (　　)　(8) 玄武岩 (　　)
(9) 石灰岩 (　　)　(10) 凝灰岩 (　　)

［語　群］
(ア) 火成岩　(イ) 堆積岩　(ウ) 変成岩

ヒント！ それぞれの岩石の成り立ちをよく考える。

**【14】 次の地盤を，支持力の強い順に並べなさい。**

(1) 砂地盤　(2) 粘土層　(3) 砂まじり粘土層
(4) 岩盤　(5) ヘドロ層

ヒント！ 硬い土層ほど支持力は大きい。

**【15】 次の空欄に適当な語を下記の中より選び，記号を記入しなさい。**

(1) 土を分類する場合，粒度試験を行うが，土を粒度の大きい順に分類すると，[ ① ]，[ ② ]，[ ③ ]，[ ④ ]，[ ⑤ ] となる。
(2) 粒度試験の結果は，粒径加積曲線で図示されるが，これは

横軸の ⑥ に ⑦ をとり，縦軸の ⑧ に各粒径ごとの ⑨ をプロットした曲線である。

(3) 粒径加積曲線において加積通過率 ⑩ %の点の粒径を ⑪ と呼び， ⑫ %の点の粒径とこれとの比を ⑬ $U_C$ という。$U_C$が1に近いほどその土の粒径の ⑭ が大きいことを示している。

(4) 土の強さは一般に ⑮ で表す。これは土がせん断破壊するときのせん断面における ⑯ をいい，$\tau = \sigma \cdot \tan\phi + C$で示される。式中の ⑰ を内部摩擦角， ⑱ を粘着力という。粘土の強度は ⑲ によって生じ，砂の強度は ⑳ によって発揮される。

| | | |
|---|---|---|
| (ア) 粒径 | (イ) 有効径 | (ウ) 粘着力 |
| (エ) 粘土 | (オ) 均等性 | (カ) シルト |
| (キ) $\phi$ | (ク) せん断強さ | (ケ) 均等係数 |
| (コ) レキ | (サ) $C$ | (シ) 対数目盛 |
| (ス) 粗砂 | (セ) 10 | (ソ) 内部摩擦角 |
| (タ) 細砂 | (チ) 加積通過率 | (ツ) 算術目盛 |
| (テ) 60 | (ト) 最大せん断応力 | |

ヒント! 土の基本的性質に関する事項である。土の強さはクーロンの式によって求める。

**【16】 次の各試験より求められるものはどれか。関係のあるものを線で結びなさい。**

| | |
|---|---|
| (1) CBR試験 | (ア) 最適含水比 |
| (2) 三軸圧縮試験 | (イ) 内部摩擦角 |
| (3) 締固め試験 | (ウ) 地盤許容支持力 |
| (4) 標準貫入試験 | (エ) 路床土支持力 |
| (5) 載荷試験 | (オ) 土層の相対的な強さ |

ヒント! 各種試験とそれから求められる事柄を組合わせる問題。載荷試験は地盤の支持力特性を知るために行う。

# 水理・土質　チェックリスト

□　1気圧は何Paか。〈 1 〉

□　90kPaは何気圧か。〈 2 〉

□　静水圧の性質を3つあげよ。〈 3 〉

□　水深8mにおける水圧はいくらか。〈 4 〉

□　ゲージ圧と絶対圧の違いについて説明せよ。〈 5 〉

□　パスカルの原理について説明せよ。〈 6 〉

□　マノメータとは何か。〈 7 〉

□　水面に対して垂直な平面(水槽の側面)に作用する水圧の作用点は，$\frac{2}{3}$hであることを，公式(「重要事項の整理」)を使って確認しなさい。〈 8 〉

□　アルキメデスの原理について説明せよ。〈 9 〉

□　浮力とはどのようなものか。〈 10 〉

□　きっ水はどのようにして求めるのか。〈 11 〉

□　連続の式を記せ。〈 12 〉

□　ベルヌーイの定理について説明せよ。〈 13 〉

□　ベルヌーイの定理に用いる水頭には〈 14 〉，〈 15 〉，〈 16 〉がある。

□　摩擦損失を考えに入れると，ベルヌーイの式はどのようになるか。〈 17 〉

□　管水路，開水路について説明せよ。〈 18 〉

□　平均流速公式をあげよ。〈 19 〉

□　径深について説明せよ。〈 20 〉

□　水の流れの種類をあげよ。〈 21 〉

□　土のコンシステンシーについて説明せよ。〈 22 〉

□　土のコンシステンシー限界には〈 23 〉，〈 24 〉，〈 25 〉がある。

□　土質調査を大別すると〈 26 〉，〈 27 〉に分かれる。

□　標準貫入試験について説明せよ。〈 28 〉

□　N値とは何か。〈 29 〉

□　現場で土質調査を行うにはどのような方法があるか。〈 30 〉

□　クーロンの式を記せ。〈 31 〉

□　モールの応力円とはなにか。〈 32 〉

□　土圧には〈 33 〉と〈 34 〉とがある。

*1.* 101.22[kPa]

*2.* 0.89気圧

*3.*「重要事項の整理」参照

*4.* $1000 \times 9.8 \times 8 = 78400$ [N/m²] ＝78.4 [kN/m²]＝78.4[kPa]

*5.* ゲージ圧…大気圧(大気圧＝0)を基準として表した水面下の圧力。
絶対圧…大気圧と水圧との両方を考えた場合の圧力(大気圧＋ゲージ圧)

*6.* 容器に密閉された液体の部分に圧力を加えると，その圧力変化が容器内のすべてに一様に伝わる。

*7.* 管路などに細い管をつけて，水などの液体を満たし，その液面の高さによって液体の圧力測定に用いられるもの。

*8.* $H_C = H_G + \frac{I_G}{A \cdot H_G} = \frac{1}{2}h + \frac{\frac{bh^3}{12}}{bh \cdot \frac{1}{2}h}$

$= \frac{1}{2}h + \frac{2bh^3}{12bh^2} = \frac{3}{6}h + \frac{h}{6} = \frac{4}{6}h = \frac{2}{3}h$

*9.* 流体中にある物体は，それが排除した物体の体積に等しい流体の重量の浮力を受ける。見掛け上排除した流体重量分だけ軽くなる。

*10.* 液体中の物体がその物体の鉛直下面において受ける圧力差によって生じる上向きの力。

*11.* 浮体の水面上から水中の最も深い部分までの距離

*12.* $A_1v_1 = A_2v_2 =$ 一定

*13.* 完全流体の定常流で，流管中を流れる液体の持つエネルギーの総和はどの場所でも一定となる。

*14.* 位置水頭　*15.* 速度水頭　*16.* 圧力水頭

*17.* $\frac{p_1}{\rho g} + \frac{v_1^2}{2g} + z_1 = \frac{p_2}{\rho g} + \frac{v_2^2}{2g} + z_2 + h_l$
ただし，$h_l$:損失水頭

*18.* 自由水面を持たない流れを管水路，自由水面を持つ流れを開水路という。

*19.* 平均流速＝流量／流積

*20.* 径深＝流積／潤辺

*21.* 時間を基準にして「定常流と非定常流」，流れ方によって「層流と乱流」，開水路の流れの種類として「常流と射流」

*22.* 水の含み具合によって示す土の流動性の程度

*23.* 液性限界　*24.* 塑性限界　*25.* 収縮限界

*26.* 原位置試験　*27.* 土質試験

*28.* サウンディングの1つで土の地耐力など，地盤の相対的強さを推定する試験

*29.* ボーリング孔にロッドの先端に標準貫入試験用サンプラーを取り付けたものを設置し，63.5kgのハンマーを高さ76cm±1cmから自由落下させ，サンプラーが30cm貫入するのに要する打撃回数のこと。

*30.* サウンディング，載荷試験等

*31.* $s = c + \sigma \tan\phi$　ただし，$s$:土のせん断強さ，$c$:粘着力，$\sigma$:せん断面上に働く垂直応力，$\phi$:せん断抵抗角

*32.* 土の内部応力($\sigma$, $\tau$)の関係を表すもの。

*33.* 主働土圧　*34.* 受働土圧

# 一般教科

# 1 数　　学

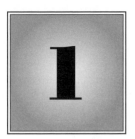

○数学は，数量，図形などに関する基礎的な概念や，原理・法則の理解を深め，数学的な表現や処理の仕方についての能力を高めることを目的としています。

○その内容は，「数と式」，「関数」，「図形」，「確率・統計」からなっています。

○小学校の算数から高校で学習した数学まで，基本となる公式を覚え，電卓などを使わずに計算する習慣を身につけておくことが大切です。

## 重要事項の整理

### 1．式の計算

(1)　乗法公式

$m(a+b)=ma+mb$

$(a\pm b)^2=a^2\pm 2ab+b^2$

$(a+b)(a-b)=a^2-b^2$

$(x+a)(x+b)=x^2+(a+b)x+ab$

$(ax+b)(cx+d)=acx^2+(ad+bc)x+bd$

$(a\pm b)^3=a^3\pm 3a^2b+3ab^2\pm b^3$

$(a\pm b)(a^2\mp ab+b^2)=a^3\pm b^3$

(2)　因数分解

①共通因数をくくり出す。

②乗法公式の逆を用いる。

(3)　指数法則

$a^m\times a^n=a^{m+n}$　$(a^m)^n=a^{mn}$　$a^{-n}=\dfrac{1}{a^n}$

$\left(\dfrac{a}{b}\right)^n=\dfrac{a^n}{b^n}$　$a^m\div a^n=a^{m-n}$　$a^0=1$

(4)　平方根の計算($a>0,\ b>0$)

$\sqrt{a^2b}=a\sqrt{b}$

$\sqrt{a}\times\sqrt{b}=\sqrt{ab}$

$\dfrac{\sqrt{a}}{\sqrt{b}}=\sqrt{\dfrac{a}{b}}$

(5)　分母の有理化($a>0,\ b>0$)

$\dfrac{m}{\sqrt{a}}=\dfrac{m\sqrt{a}}{\sqrt{a}\times\sqrt{a}}=\dfrac{m\sqrt{a}}{a}$

(6)　対数計算の公式($a,\ b,\ M,\ N$は1でない正の実数)

$\log_a MN=\log_a M+\log_a N$

$\log_a\dfrac{M}{N}=\log_a M-\log_a N$

$\log_a M^n=n\log_a M$

$\log_a M=\dfrac{\log_b M}{\log_b a}$(底の変換公式)

$\log_a a=1,\qquad \log_a 1=0$

### 2．方程式と不等式

(1)　2次方程式$ax^2+bx+c=0\ (a\neq 0)$

①解の公式　$x=\dfrac{-b\pm\sqrt{b^2-4ac}}{2a}$

②判別式　$D=b^2-4ac$

$D>0$　⇔　異なる2つの実数解をもつ。

$D=0$　⇔　重解をもつ。

$D<0$　⇔　異なる2つの虚数解をもつ。

③解と係数の関係(2つの解を$\alpha$，$\beta$とする)

$ax^2+bx+c=a(x-\alpha)(x-\beta)$

$\alpha+\beta=-\dfrac{b}{a}$　$\alpha\beta=\dfrac{c}{a}$

(2)　2次不等式

不等号の向きと，判別式$D$の大きさに注意する。

(3)　高次方程式・不等式

因数定理を用いる。

## 3. 関数とグラフ

(1)　直線の方程式と1次関数

①(0, $b$)を通り，傾き$a$の直線　→　$y=ax+b$

②2直線の交点$y=ax+b$と$y=a'x+b'$の交点の座標は，2つの式の連立方程式の解である。

③2直線の位置関係$y=ax+b$と$y=a'x+b'$で

2直線が平行であるとき，$a=a'$　$b\neq b'$

2直線が垂直であるとき，$a\cdot a'=-1$

(2)　2次関数とグラフ

①$y=ax^2$頂点は原点(0, 0)と軸は$y$

②$y=ax^2+bx+c$(一般形)，$y=a(x-p)^2+q$

頂点の座標($p$, $q$)

## 4. 三角関数

(1)　諸公式

$$\tan\theta=\frac{\sin\theta}{\cos\theta},\ \sin^2\theta+\cos^2\theta=1,\ 1+\tan^2\theta=\frac{1}{\cos^2\theta}$$

(2)　三角関数の性質

$\sin(-\theta)=-\sin\theta$

$\cos(-\theta)=\cos\theta$

$\tan(-\theta)=-\tan\theta$

$\sin(90°\pm\theta)=\cos\theta$

$\cos(90°\pm\theta)=\mp\sin\theta$

$\tan(90°\pm\theta)=\mp\cot\theta$

$\sin(180°\pm\theta)=\mp\sin\theta$

$\cos(180°\pm\theta)=-\cos\theta$

$\tan(180°\pm\theta)=\pm\tan\theta$

(3)　特別な角度の三角関数

$$\sin30°=\frac{1}{2},\quad \cos30°=\frac{\sqrt{3}}{2},\quad \tan30°=\frac{1}{\sqrt{3}},$$

$$\sin45°=\cos45°=\frac{1}{\sqrt{2}},\quad \tan45°=1,$$

$$\sin60°=\frac{\sqrt{3}}{2},\quad \cos60°=\frac{1}{2},\quad \tan60°=\sqrt{3}$$

(4)　加法定理

$\sin(\alpha\pm\beta)=\sin\alpha\cos\beta\pm\cos\alpha\sin\beta$

$\cos(\alpha\pm\beta)=\cos\alpha\cos\beta\mp\sin\alpha\sin\beta$

$$\tan(\alpha\pm\beta)=\frac{\tan\alpha\pm\tan\beta}{1\mp\tan\alpha\tan\beta}$$

(複合同順)

## 5. 図　形

(1)　直線でできた図形の性質

①平行線と角

$l /\!/ m$ならば

㋐同位角は等しい　$\angle a=\angle b$，

㋑錯角は等しい　$\angle c=\angle d$,

㋒同側内角の和は180°　$\angle e+\angle f=180°$

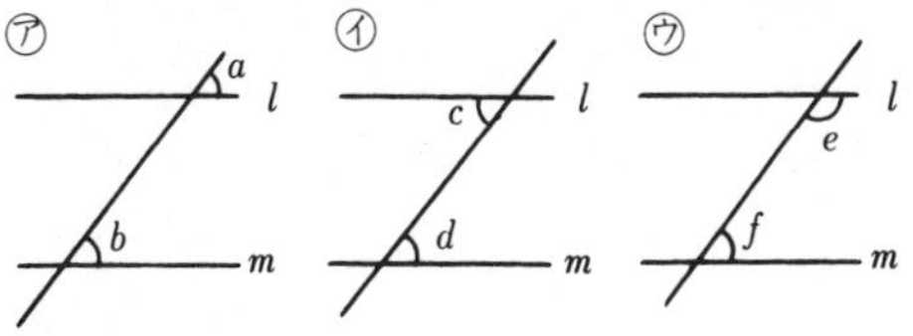


②三角形の内角

内角の和は180°となる。

③$n$角形の内角・外角の和

内角の和　$180°\times(n-2)$

外角の和　360°

④$n$角形の対角線

1つの頂点からひける対角線の数　$(n-3)$本

⑤平行線と線分の比

中点連結定理

(2)　円に関する性質

①円周角と中心角

○等しい長さの弧に対する円周角は等しい。

○同じ弧に対する中心角は円周角の2倍である。

○直径に対する円周角は90°である。

②円と接線

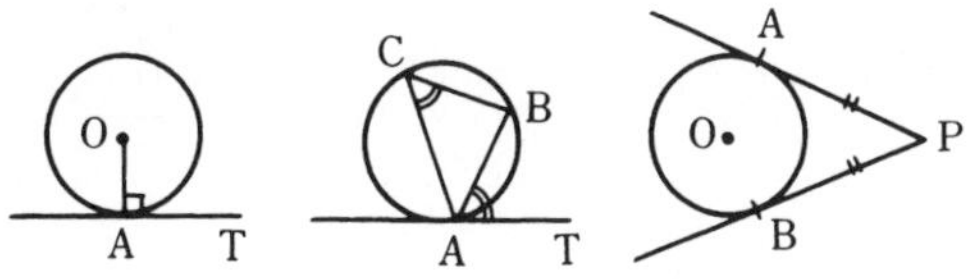


OA⊥AT　　∠BAT＝∠BCA　　AP＝BP

(3)　面積・体積の公式

①面積の公式

三角形　$S=\frac{1}{2}ah$　　平行四辺形　$S=ah$

台形　$S=\frac{1}{2}(a+b)h$　　円　$S=\pi r^2$

球　$S=4\pi r^2$

②体積の公式

柱　$V=Sh$　　すい　$V=\frac{1}{3}Sh$

球　$V=\frac{4}{3}\pi r^3$

③三平方の定理

$a^2+b^2=c^2$

## 6. 順列と組合せ，確率・統計

(1)　場合の数(和の法則・積の法則)

(2) ①順列 ${}_nP_r=\dfrac{n!}{(n-r)!}$ ②組合せ ${}_nC_r=\dfrac{n!}{r!(n-r)!}$

(3) 確率 $P(A)=\dfrac{a}{n}$

$a$：$A$の起こる場合の数

$n$：起こり得るすべての場合の数

(4) 統計 ①平均値 ②標準偏差

# 力だめし

## さあやってみよう！

**ここがポイント！**

典型問題1

1次方程式は移項することで左辺に$x$を含む項，右辺に含まない項をもっていき解く。

2次方程式は因数分解を用いる解き方と，解の公式を用いる解き方とがある。

**【典型問題1】 次の方程式を解きなさい。**

(1) $4x-7=2x+29$

(2) $x^2+3x=0$

(3) $x^2-4x+18=4$

**解答** (1)両辺を移項して，$2x=36$ $\therefore x=18$

(2)左辺を因数分解して，$x(x+3)=0$ $\therefore x=0,\ -3$

(3)右辺を左辺に移項して，$x^2-4x+14=0$

解の公式を用いて，

$$x=\frac{-(-4)\pm\sqrt{(-4)^2-4\times1\times14}}{2\times1}=\frac{4\pm\sqrt{16-56}}{2}=\frac{4\pm\sqrt{40}\,i}{2}=2\pm\sqrt{10}\,i$$

典型問題2

2つの関数の交点の座標は，連立方程式をつくり，それを解いて求める。

座標間の距離は三平方の定理を用いる。

**【典型問題2】 図のように2次関数$y=x^2$と1次関数$y=x+6$のグラフが2点A，Bで交わっているとき，次の値を求めなさい。**

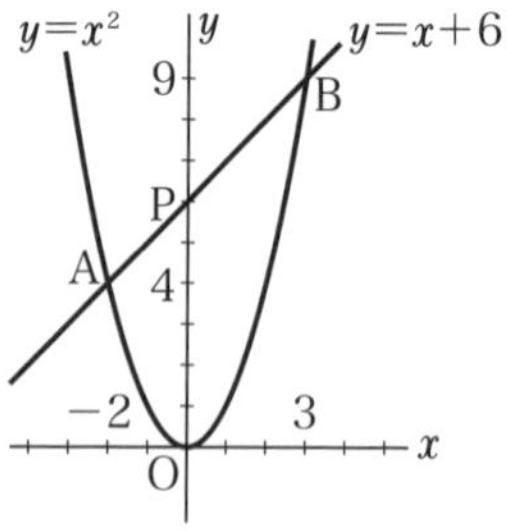


(1) A，Bの座標

(2) 線分ABの長さ

(3) △OAPと△OBPの面積比

**解答** (1)$y=x^2$…①と$y=x+6$…②について，連立方程式を解く。

①を②に代入して，$x^2=x+6$ $x^2-x-6=0$

因数分解して $(x+2)(x-3)=0$ $\therefore x=-2,\ 3$

$x=-2$のとき$y=4$， $x=3$のとき$y=9$

$\therefore$A$(-2,\ 4)$ B$(3,\ 9)$

(2)ABは三平方の定理より，AB$=\sqrt{\{3-(-2)\}^2+(9-4)^2}=\sqrt{25+25}=\sqrt{50}=5\sqrt{2}$

(3)△OAPと△OBPは底辺をOPとすると，底辺は共通だから，面積比は高さの比と等しくなる。△OAPの高さは2，△OBPの高さは3 $\therefore$△OAP：△OBP＝2：3

**【典型問題3】 次の図形に示される斜線部分の面積を求めなさい。(円周率は$\pi$とする)**

⑴　一辺が10の正方形ABCDで，A，Cを中心として半径10の円をかいたとき。

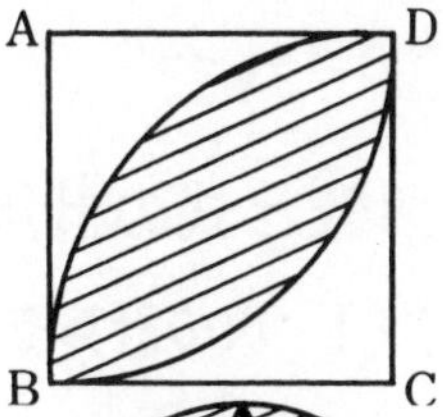


⑵　半径が3の円に内接する正三角形をかいたとき。

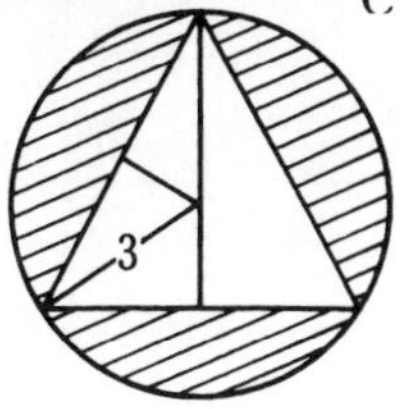


**解　答**　⑴扇形ABDと扇形CBDの面積をたしたものから正方形の面積をひいたものが斜線部分の面積となる。

$\pi\times10^2\times\frac{1}{4}\times2-10\times10=50\pi-100$

⑵AO＝BO＝CO＝3(半径)

$OM=\frac{1}{2}AO=\frac{3}{2}$　$\therefore AM=AO+OM=3+\frac{3}{2}=\frac{9}{2}$

$AB=BC=CA=\frac{2}{\sqrt{3}}AM=\frac{2}{\sqrt{3}}\times\frac{9}{2}=\frac{9\times\sqrt{3}}{3}=3\sqrt{3}$

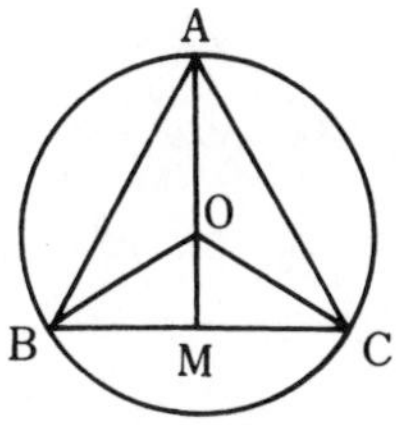


正三角形の面積は，$3\sqrt{3}\times\frac{9}{2}\times\frac{1}{2}=\frac{27\sqrt{3}}{4}$

よって斜線部分の面積は，$\pi\times3^2-\frac{27\sqrt{3}}{4}=9\pi-\frac{27\sqrt{3}}{4}$

**【典型問題4】 8%の食塩水120gに水を加え，3%の食塩水にするには，何gの水を加えればよいですか。**

**解　答**　加える水の量を$x$gとすると，$3=\frac{120\times0.08}{120+x}\times100$

$3\times(120+x)=120\times0.08\times100$

$3\times120+3x=120\times0.08\times100$

$3\times120+3x=960$　$360+3x=960$　$3x=600$　$\therefore x=\frac{600}{3}=200$

答　200g

**ここがポイント!**

典型問題3

円の面積は$S=\pi r^2$。1辺の長さが$a$である正三角形について，高さ$h=\frac{\sqrt{3}}{2}a$

典型問題4

$\text{食塩水の濃度}=\frac{\text{食塩の量}}{\text{食塩水の量}}\times100(\%)$

# 実戦就職問題

## ■数と式の計算

**【1】 次の計算をしなさい。**

(1) $(-2)^3 \div (-4) \times 2 - (-4)$

(2) $\dfrac{1}{3} + \dfrac{1}{5} + 0.4$

(3) $\dfrac{1}{12} + \dfrac{4}{7} \times \dfrac{35}{6} - 0.25$

(4) $\dfrac{\dfrac{1}{5}}{\dfrac{1}{2} + \dfrac{1}{3}}$

(5) $\sqrt{81} - 2\sqrt{8}$

(6) $2\sqrt{3} \times 3\sqrt{2} + 3\sqrt{6}$

(7) $\left(3\sqrt{5} - 2\sqrt{3}\right)^2$

(8) $\dfrac{1}{\sqrt{3}+1} + \dfrac{1}{\sqrt{3}-1}$

(9) $\left(-\dfrac{1}{2}x^2y\right)^3 \div \left(-\dfrac{1}{4}x^2y\right)^2 \times 3xy^2$

(10) $\dfrac{x+2}{x^2-x} + \dfrac{2x+1}{x^2-3x+2} - \dfrac{x-3}{x^2-2x}$

ヒント！
(1) $(-2)^3 = (-2) \times (-2) \times (-2)$　(2) 0.4を分数に直して通分する。
(7) $(a-b)^2 = a^2 - 2ab + b^2$　(8) 通分する。
(10) まず，それぞれの分母を因数分解する。

**【2】 □の中に適当な数字を入れて，次の計算を完成しなさい。**

```
      □1□
  ×   3□2
  -------
      □3□
    3□2□
  □2□5
  -------
  1□8□30
```

**ヒント!** 1種類の数字しか入らない□から埋めていく。

**【3】 2進数の1101は10進数ではいくつですか。**

**【4】 次の式を簡単にしなさい。**

(1) $\sqrt{11+6\sqrt{2}}=$

(2) $\dfrac{i-1}{2-3i}=$

(3) $\dfrac{t-1}{t-\dfrac{2}{t+1}}=$

(4) $(6x^3y^2-4xy^3)\div 2xy^2=$

(5) $\dfrac{c+a}{(a-b)(b-c)}+\dfrac{a+b}{(b-c)(c-a)}+\dfrac{b+c}{(c-a)(a-b)}=$

**ヒント!** (1) $\sqrt{a+2\sqrt{ab}+b}=\sqrt{a}+\sqrt{b}$　(2) $i^2=-1$，分母と共役な複素数を分母と分子に掛ける。　(3) $t+1$を分母と分子に掛ける。

**【5】 $x:y=3:4$のとき $\dfrac{x^2-y^2}{x^2+y^2}$ の値を求めなさい。**

**ヒント!** $\dfrac{x}{3}=\dfrac{y}{4}=k$とおくと，$x=3k$，$y=4k$

## ■因数分解

**【6】 次の式を因数分解しなさい。**

(1) $ax^2-x^2-a+1$

(2) $a(x-y)+b(y-x)$

(3) $a^2-6ab+9b^2$

(4) $4x^2-1$

(5) $2x^2+5x-3$

(6) $3x^2+7xy-20y^2$

(7) $a^2+3ab+2b^2+ac+bc$

(8) $x^3+5x^2-2x-24$

(9) $8x^3+27y^3$

(10) $2x^2-5xy-3y^2+x+11y-6$

ヒント! (8) 因数定理を用いて1つの解を見つけ因数分解する。$(x-2)$ が因数である。 (9) $a^3+b^3=(a+b)(a^2-ab+b^2)$

## ■方 程 式

**【7】 次の方程式を解きなさい。**

(1) $\begin{cases} 2x+3y=11 \\ 6x+3y=27 \end{cases}$

(2) $\begin{cases} x+y+z=2 \\ x-y+z=7 \\ x+y-z=10 \end{cases}$

(3) $\begin{cases} x+y=3 \\ x^2+y^2=17 \end{cases}$

(4) $\begin{cases} \dfrac{5}{x}+\dfrac{3}{y}=2 \\ \dfrac{15}{x}+\dfrac{6}{y}=3 \end{cases}$

(5) $x-5=\sqrt{x-5}$

ヒント! (1) 2つの直線の交点。 (3) 円と直線の交点。 (4) $\frac{1}{x}=X$, $\frac{1}{y}=Y$ とおく。 (5) $x-5\geqq 0$ かつ $(x-5)^2=x-5$ と同値。

**【8】 2次方程式 $3x^2-5x+1=0$ の解を $\alpha$, $\beta$ とするとき，次の式の値を求めなさい。**

(1) $\alpha+\beta$

(2) $\alpha\beta$

(3) $\alpha^2+\beta^2$

(4) $\alpha^3+\beta^3$

ヒント! 2次方程式 $ax^2+bx+c=0$ の解を $\alpha$, $\beta$ とすると，$\alpha+\beta=-\frac{b}{a}$, $\alpha\beta=\frac{c}{a}$ となる。

**【9】 A地点からB地点を往復した。行きは5km/h, 帰りは3km/h の速さで歩き, 4時間かかった。AB間の距離を求めなさい。**

ヒント! 距離＝時間×速さ

**【10】** ある仕事をAが30日で，Bが20日で，Cが15日で仕上げるという。そのとき，AとBがそれぞれ8日間仕事をしたとすれば，Cが何日仕事をすれば仕上がりますか。

**【11】** 子ども達に柿を分配するのに，1人に5個ずつ配ると10個あまり，7個ずつ配ると最後の1人には2個足りなくなる。子どもの人数と柿の個数を求めなさい。

**【12】** 前日の売上げ個数がA部品とB部品あわせて820個であった。今日は前日より合計で72個の売上げ増で，内訳はA部品が8%，B部品が10%の増加であったという。今日のA部品とB部品の売上げ個数を求めなさい。

ヒント！ 前日のA部品，B部品の売上げ個数をそれぞれ$x$個，$y$個として解く。

**【13】** 縦40m，横50mの土地がある。一区画の面積が$252m^2$ですべて等しいものとする。右図のように土地の中に幅の等しい道路をつけた場合，道路の幅を求めなさい。

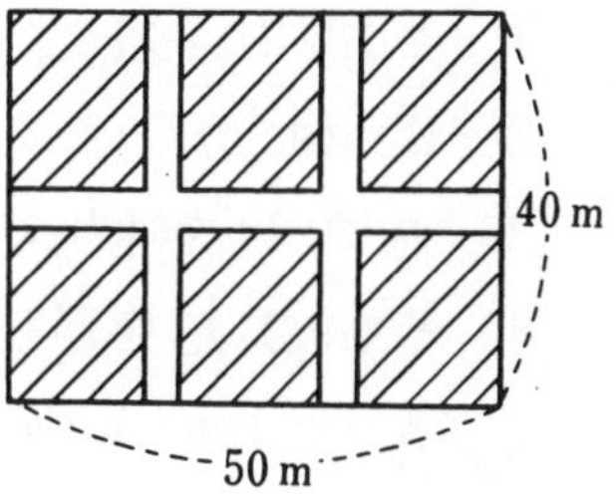


ヒント！ 道路の幅を$x$mとして方程式をたてる。

**【14】** 長辺と短辺の差が5cmの長方形の四隅を3cm × 3cmずつ切り離し，ふたのない箱を作ったら容量は$72cm^3$だった。長方形の長辺と短辺の長さを求めなさい。

ヒント！ 図をかいてみる。

## ■不 等 式

**【15】** 次の不等式を解きなさい。

(1)　$-3x+2<5$

(2)　$x>3+\dfrac{x}{2}$

(3)　$|2x+5|<7$

(4)　$2x^2+4x-1>0$

(5)　$-4x^2-4x+3\leqq 0$

(6)　$x+2\geqq\dfrac{6}{x+1}$

(7)　$\sqrt{x+1}<3-x$

(8)　$\begin{cases} 2x-3>x-1 \cdots ① \\ x+5>4x-4 \cdots ② \end{cases}$

(9)　$\begin{cases} x^2-7x+10<0 \cdots ① \\ x^2-3x-4>0 \quad \cdots ② \end{cases}$

(10)　$(x+2)(x-1)(x-4)>0$

ヒント!　(8)(9)連立不等式は，2式でそれぞれ求められた答えの共通範囲。

## ■関数とグラフ

**【16】　次の条件を満たす直線の方程式を求めなさい。**

(1)　点$(2, 0)$を通り，傾き3の直線

(2)　2点$(4, 5)$，$(1, 7)$を通る直線

(3)　点$(2, 1)$を通り，$3y=x-4$に平行な直線

(4)　点$(-2, 1)$を通り，$2x-y-5=0$に垂直な直線

ヒント!　(3) 2直線$l : y=mx+n$，$l' : y=m'x+n'$において，$l /\!/ l' \Leftrightarrow m=m'$
(4) $mm'\neq 0$のとき，2直線$l : y=mx+n$，$l' : y=m'x+n'$において，
$l\perp l' \Leftrightarrow mm'=-1$

**【17】　右図を見て，次の各問いに答えなさい。**

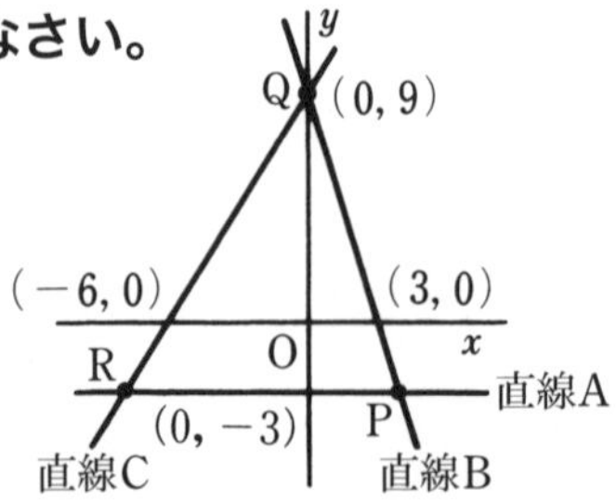


(1)　直線Aの方程式

(2)　直線Bの方程式

(3)　直線Cの方程式

(4)　直線Aと直線Bの交点の座標

(5)　直線Aと直線Cの交点の座標

(6)　三直線によってつくられる三角形の面積

**【18】　$y=2x^2+5x-3$について次の各問いに答えなさい。**

(1)　$x$軸と交わる点の座標

(2)　$y=x+3$との交点の座標

**【19】 $y=2x^2-4x-1$ について次の各問いに答えなさい。**

(1) 頂点の座標

(2) 原点に対して対称な方程式

(3) $x$軸の正の方向に4, $y$軸の負の方向に3だけ平行移動した方程式

ヒント! $y=a(x-p)^2+q$ の形に変形して考える。頂点の座標は $(p,\ q)$ となる。

**【20】 次の条件を満たす2次関数をおのおの求めなさい。**

(1) 頂点が $(-1,\ -2)$ で，点 $(-2,\ 1)$ を通る

(2) 3点 $(0,\ 1)$，$(1,\ 0)$，$(-1,\ 6)$ を通る

ヒント! (1) $y=a(x-p)^2+q$ の頂点の座標は $(p,\ q)$ である。

**【21】 次の曲線と$x$軸とで囲まれた部分の面積を求めなさい。**

(1) $y=2+x-x^2$

(2) $y=2(x-2)(x-1)$

(3) $y=x^3-2x^2-x+2$

ヒント! 図示してみる。そして，積分を用いて求める。

**【22】 $y=ax^2+bx+2a^2$ で $x=1$ のとき最大値1である。次の各問いに答えなさい。**

(1) $a,\ b$ の値を求めなさい。

(2) $2 \leqq x \leqq 4$ で最小値，最大値を求めなさい。

**【23】 $y=2x^3+3x^2-12x+1$ の極大値および極小値を求めなさい。**

ヒント! 微分して増減を調べる。

**【24】 次の条件を満たす円の方程式を求めなさい。**

(1) 原点を中心とする半径1の円

(2) 点 $(4,\ -3)$ を中心とし，原点を通る円

(3) 点 $(-3,\ 2)$ を中心とする半径 $\sqrt{3}$ の円

(4) 2点 $(3,\ 4)$，$(5,\ -2)$ を結ぶ線分を直径とする円

ヒント! 中心$(x_1,\ y_1)$，半径$r$の円の方程式は$(x-x_1)^2+(y-y_1)^2=r^2$

**【25】 次の各図の斜線部の領域は，それぞれどのような不等式で表されるか求めなさい。**

(1)

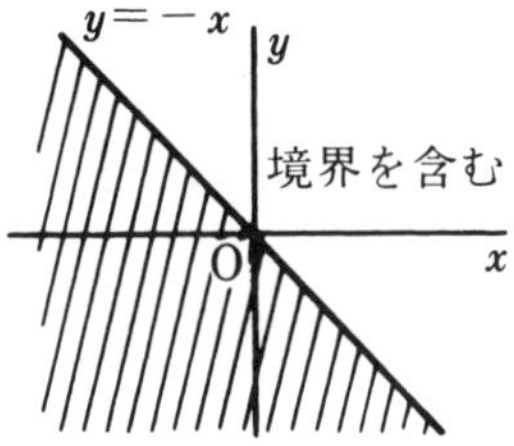


(2)

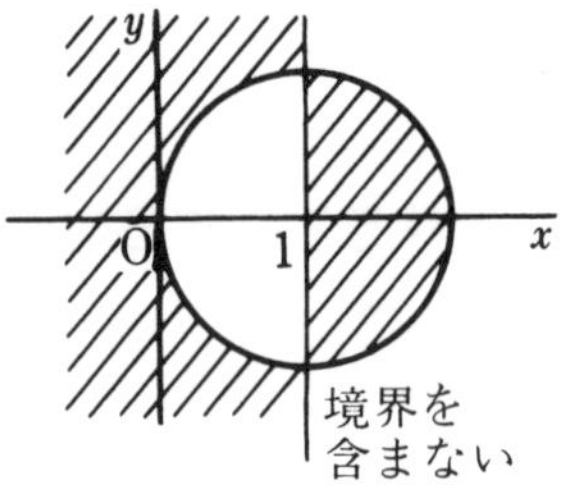


ヒント! (1) $y=f(x)$ のグラフより，$y>f(x)$ は上側の領域を，$y<f(x)$ は下側の領域を示す。　(2) $(x-a)^2+(y-b)^2<r^2$ は円の内部を示す。

**【26】 次のグラフを表す式を求めなさい。**

(1)

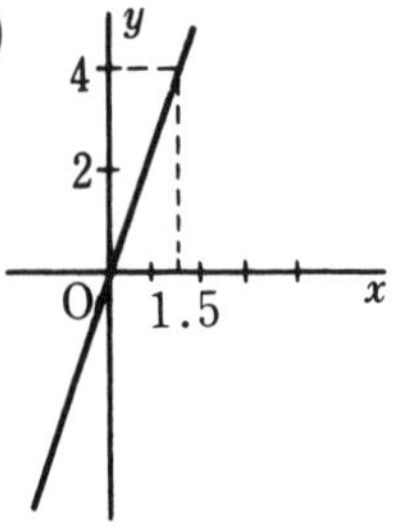


(2)

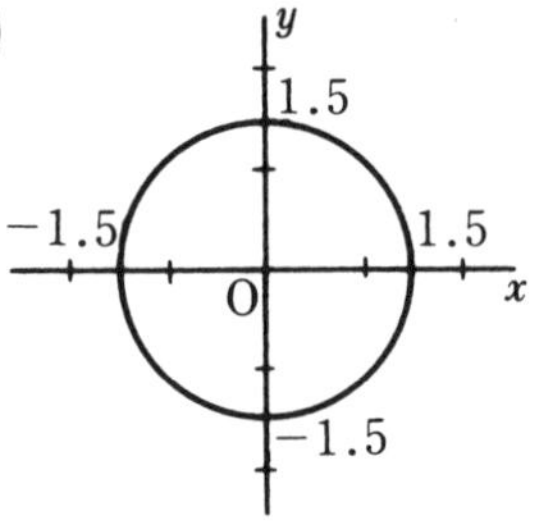


(3)

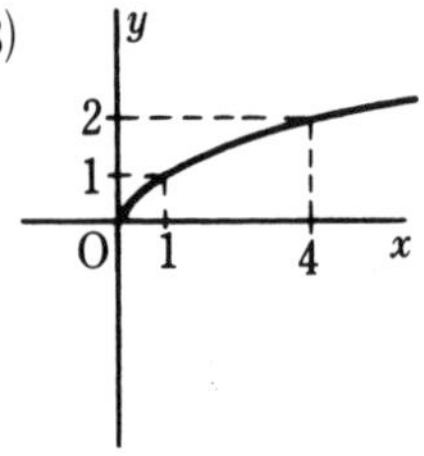


(4)

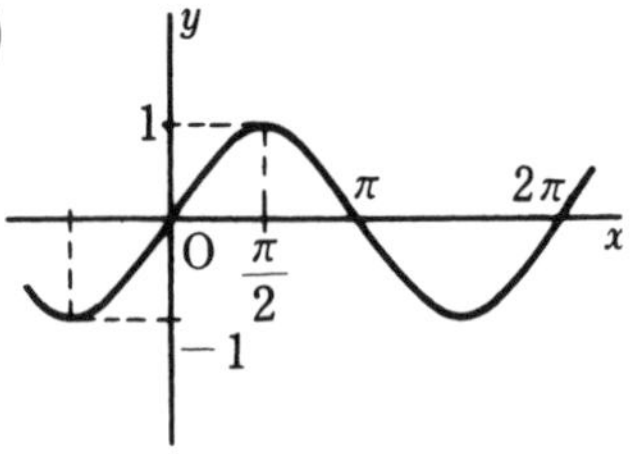


ヒント! (3)無理関数のグラフ。　(4)三角関数のグラフ。

## ■三角関数

**【27】 次の値を求めなさい。**

(1) $\tan 45^\circ$　(2) $\cos 135^\circ$　(3) $\sin 660^\circ$

(4) $\tan(-300^\circ)$　(5) $\sin 45^\circ \cos 60^\circ + \cos 45^\circ \sin 60^\circ$

ヒント! 30°60°90°の直角三角形と45°45°90°の直角三角形の三角比は暗記しておくこと。

**【28】 $0 \leqq \theta \leqq 90°$のとき，$\sin\theta = \dfrac{3}{5}$すると，$\cos\theta$を求めなさい。**

ヒント! $\sin^2\theta + \cos^2\theta = 1$の公式を用いる。$\theta$の大きさに注意する。

**【29】 $\tan\theta = \dfrac{1}{2}$のとき，$\sin\theta \times \cos\theta$を求めなさい。**

**【30】 $\sin\theta + \cos\theta = \sqrt{2}$のとき，$\sin\theta \times \cos\theta$を求めなさい。**

**【31】 次の式の値を求めなさい**

(1) $\cos 75° \sin 15°$　　(2) $\cos 75° - \cos 15°$

ヒント! (1)積和公式 $\cos\alpha \sin\beta = \dfrac{1}{2}\{\sin(\alpha+\beta) - \sin(\alpha-\beta)\}$

(2) 和積公式 $\cos A - \cos B = -2\sin\dfrac{A+B}{2}\sin\dfrac{A-B}{2}$

**【32】 次の各グラフの式を求めなさい。**

(1)

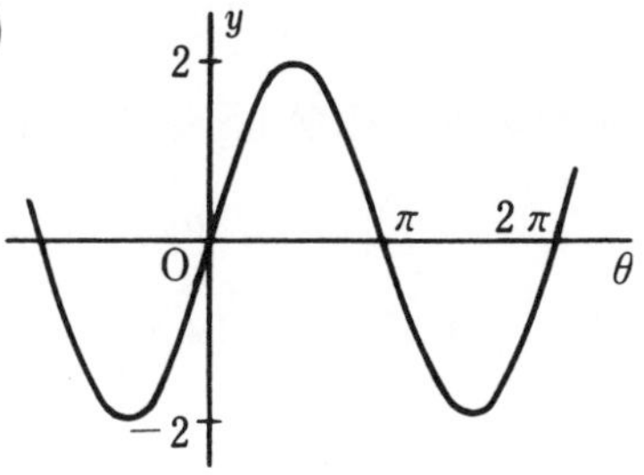


(2)

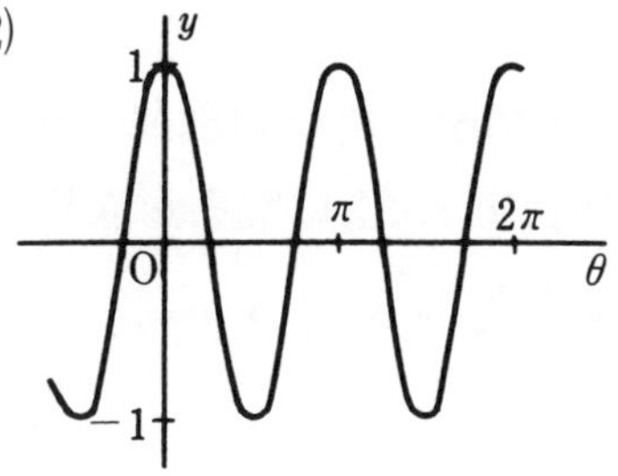


**【33】 次の三角関数の値を求めなさい。**

(1) $\sin\dfrac{\pi}{6}$　　(2) $\cos\dfrac{2}{3}\pi$　　(3) $\tan\dfrac{5}{4}\pi$

ヒント! 180°は$\pi$ラジアン。

**【34】 次の三角関数の値を求めなさい。**

(1) $\cos 75°$　　(2) $\sin 15°$　　(3) $\tan 105°$

ヒント! 加法定理を用いる。

## ■数　列

**【35】 次の数列の（　　）に適する数を求めなさい。**

(1) 3, 5, 8, 12, (　　), 23, ・・・・

(2) 2, $-1$, $\frac{1}{2}$, (　　), $\frac{1}{8}$, $-\frac{1}{16}$, ・・・・

(3) 1, 4, (　　), 16, 25, ・・・・

(4) $-10$, $-2$, 6, 14, (　　), 30, ・・・・

(5) $\sqrt{2}$, 2, $2\sqrt{2}$, (　　), $4\sqrt{2}$, ・・・・

ヒント! (1)差が，2，3，4，…… (2)公比が$-\frac{1}{2}$ (3)$n^2$ (4)公差が8 (5)公比が$\sqrt{2}$

**【36】 第4項が1，第17項が40である等差数列の第30項を求めなさい。**

ヒント! 初項が$a$，公差が$d$の等差数列の一般項$a_n=a+(n-1)d$

**【37】初項が3，公比が2のとき，等比数列の和が1533だった。何項目で1533になるか求めなさい。**

ヒント! 初項が$a$，公比が$r$の等比数列の初項から第$n$項までの和は $S_n=\frac{a(r^n-1)}{r-1}$

**【38】 次の和を求めなさい。**

(1) $\sum_{k=1}^{n}(5-6k)$　　(2) $\sum_{k=1}^{n}(3k^2-2k+5)$

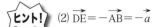

ヒント! (1) $\sum_{k=1}^{n}k=\frac{n(n+1)}{2}$　(2) $\sum_{k=1}^{n}k^2=\frac{n(n+1)(2n+1)}{6}$

## ■ベクトル

**【39】 図において，$\overrightarrow{AB}=\vec{a}$，$\overrightarrow{BC}=\vec{b}$とするとき，次の各問いに答えなさい。**

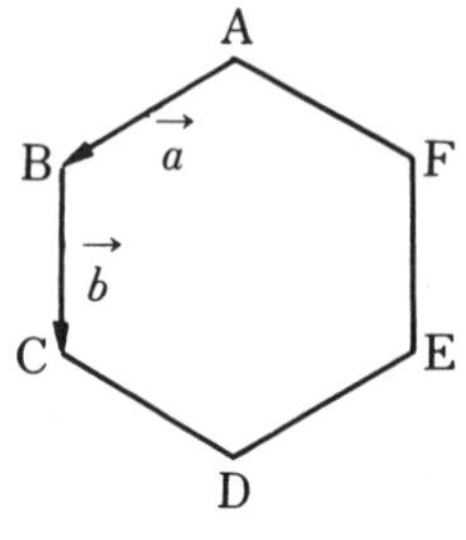


(1) $\overrightarrow{CD}$を$\vec{a}$，$\vec{b}$を用いて表しなさい。

(2) $\overrightarrow{CE}$を$\vec{a}$，$\vec{b}$を用いて表しなさい。

ヒント! (2) $\overrightarrow{DE}=-\overrightarrow{AB}=-\vec{a}$

**【40】** $\overrightarrow{OA}=(2,\ -3)$，$\overrightarrow{OB}=(-2,1)$，$\overrightarrow{OC}=(6,17)$ **であるとき，$\overrightarrow{OC}$を$\overrightarrow{OA}$，$\overrightarrow{OB}$で表しなさい。**

ヒント! $\vec{c}=k\vec{a}+l\vec{b}$

**【41】 2つのベクトル $\vec{a}=(1,\sqrt{3})$，$\vec{b}=(\sqrt{3}+1,\sqrt{3}-1)$ があるとき，次の各問いに答えなさい。**

(1) $\vec{a}$と$\vec{b}$の内積を求めなさい。

(2) $\vec{a}$と$\vec{b}$のなす角$\theta$を求めなさい。

ヒント! $\vec{a}$と$\vec{b}$の内積は，$\vec{a}\cdot\vec{b}=|\vec{a}||\vec{b}|\cos\theta$

## ■対数・行列・極限値

**【42】 次の各式の値を求めなさい。**

(1) $\log_3\dfrac{1}{81}$

(2) $\log_2\dfrac{1}{2}+\log_2 8+\log_3 9$

(3) $\log_3(4-\sqrt{7})+\log_3(4+\sqrt{7})$

ヒント! (3) $\log_a m+\log_a n=\log_a mn$

**【43】 $\log_{10}2=0.3010$，$\log_{10}3=0.4771$ とするとき，次の値を求めなさい。**

(1) $\log_2 1$

(2) $\log_{10}6$

(3) $\log_{10}8^2$

(4) $\log_{10}0.2$

ヒント! (1) $\log_n 1=0$　(2) $\log_a m+\log_a n=\log_a mn$　(3) $\log_a m^n=n\log_a m$
(4) $\log_a\dfrac{m}{n}=\log_a m-\log_a n$　$\log_a a=1$

**【44】 $A=\begin{pmatrix}1 & 2\\ 3 & 4\end{pmatrix}$のとき逆行列$A^{-1}$を求めなさい。**

ヒント! $A=\begin{pmatrix}a & b\\ c & d\end{pmatrix}$の逆行列$A^{-1}=\dfrac{1}{ad-bc}\begin{pmatrix}d & -b\\ -c & a\end{pmatrix}$

**【45】 次の極限値を求めなさい。**

(1) $\lim_{x \to -1}(2x-1)^2(x^2-x+1)$

(2) $\lim_{x \to 1}\dfrac{x^3-1}{x-1}$

(3) $\lim_{x \to \infty}(\sqrt{x^2-4}-x)$

**【46】 次の等式が成り立つように定数$a$，$b$の値を定めなさい。**

$$\lim_{x \to 2}\frac{2x^2+ax+b}{x^2-x-2}=\frac{5}{3}$$

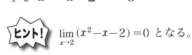

ヒント! $\lim_{x \to 2}(x^2-x-2)=0$ となる。

## ■図　形

**【47】 次に示す図形の斜線部の面積を求めなさい。ただし，円周率は$\pi$とする。**

(1)

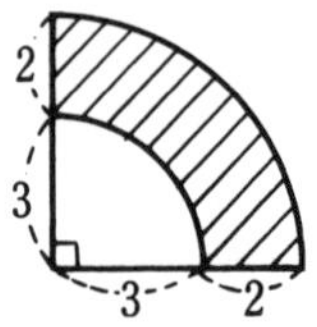


(2)

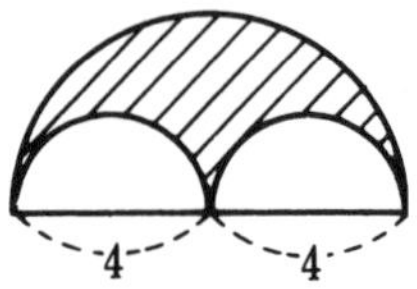


(3)

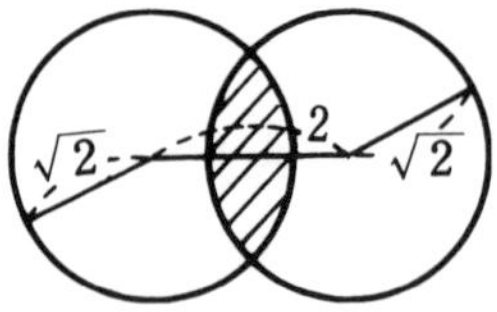


(4)

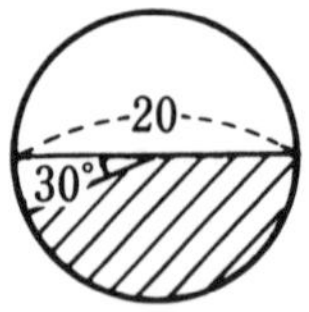


ヒント! 扇形の面積は，半径×半径×円周率×$\dfrac{\text{中心角}}{360°}$

**【48】 右図の展開図の辺ABは，組み立てた場合，どの辺につくことになりますか。**

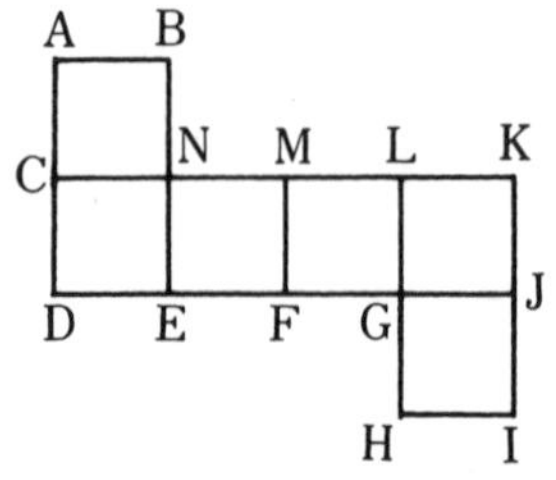

**【49】 右図に示す円すいの体積を求めなさい。ただし，円周率は$\pi$とする。**

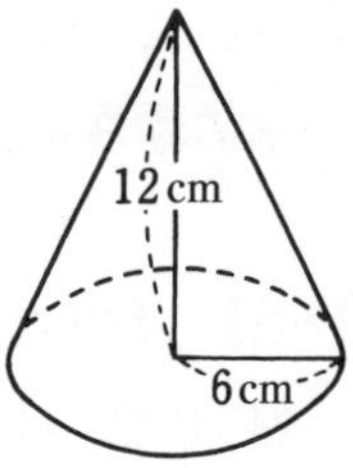


ヒント! 円すいの体積は，底面積×高さ×$\frac{1}{3}$

**【50】 右図において，DAとDCの長さを求めなさい。**

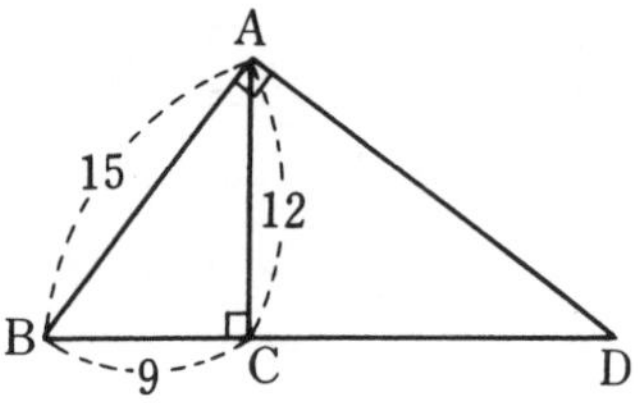


ヒント! 相似な三角形を見つけ，対応する辺の比を求める。

**【51】 右図の円すいの展開図において，∠AOBの大きさを求めなさい。**

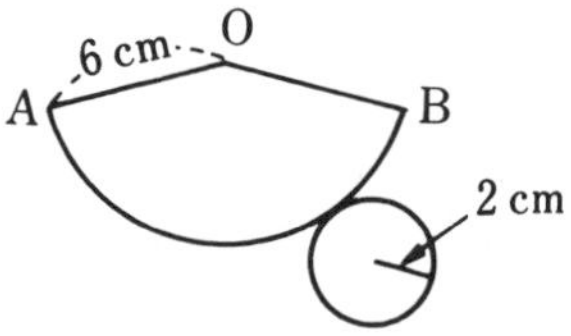


ヒント! 円すいの底面の周の長さはABに等しい。すなわち$\overset{\frown}{AB}=4\pi$。また，弧の長さと中心角は比例するから，∠AOBが求まる。

**【52】 右図のように，正方形ABCDにおいて，CDの中点をMとし，AD，BMを延長して，その交点をEとする。CとEを結ぶとき，次の問い答えなさい。**

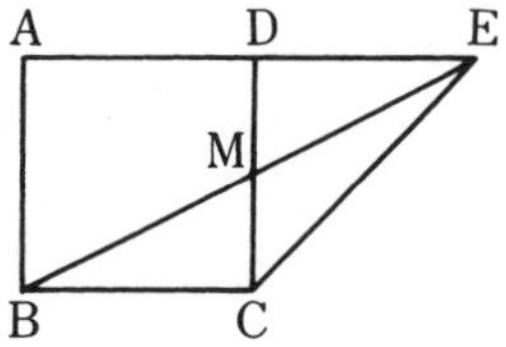


⑴　四角形ABMDの面積は△CEMの面積の何倍ですか。

⑵　AB＝$a$cmであるとき，△BCEの面積を$a$で表しなさい。

ヒント! ⑴相似な図形の性質を利用する。AD＝DEである。
⑵△CEM，△MED，△BCMの面積は等しく□ABCDの$\frac{1}{4}$で$\frac{a^2}{4}$

## ■確率・統計

**【53】 男５人，女３人の計８人の中から３人の委員を選ぶとき，次の各確率を求めなさい。**

⑴　男ばかり３人が選ばれる確率

⑵　男１人，女２人が選ばれる確率

ヒント! 組合せの考えによる。

**【54】 2つのサイコロを同時に投げたとき，同じ目の出る確率を求めなさい。**

**【55】 4問でできたテストがある。1問目10点，2問目10点，3問目10点，4問目20点であるとき次の問いに答えなさい。**

| 点数 | 0 | 10 | 20 | 30 | 40 | 50 |
|---|---|---|---|---|---|---|
| 人数 | 3 | 5 | 9 | 6 | 3 | 9 |

(1) このクラスの平均は何点ですか。

(2) 4問目ができた人は少なくとも何人いますか。

ヒント! 4問目のみ20点であることに注意する。

**【56】 A，B，C，D，4人の平均身長は171cmで，AはDより8cm高く，BはAとDの平均身長より5cm高く，CはDより7cm高い。このとき，4人のうちで一番背の高い人は誰ですか。また，一番低い人の身長を求めなさい。**

ヒント! A，B，C，Dの身長をそれぞれ$A$cm，$B$cm，$C$cm，$D$cmとすると，$A=D+8$，$B=\frac{A+D}{2}+5$よりBはDより9cm高い。一番高いのはB，一番低いのはDである。

# 数　学　チェックリスト

□ $(x+2y)^2$を展開すると〈 *1* 〉である。

□ $25x^2-9y^2$を因数分解すると，〈 *2* 〉である。

□ $(-2)^4=$〈 *3* 〉となり，$-2^4=$〈 *4* 〉となる。

□ $\dfrac{\sqrt{2}}{\sqrt{3}-2}$の分母を有理化すると，〈 *5* 〉となる。

□ 12と15の最小公倍数は〈 *6* 〉であり，また最大公約数は〈 *7* 〉である。

□ $\log_a 1=$〈 *8* 〉である。

□ 時速180kmは秒速〈 *9* 〉mである。

□ 2次方程式$ax^2+bx+c=0$の解の公式は，〈 *10* 〉である。

□ $3x+6=9$が成り立つとき，$x$の値は〈 *11* 〉である。

□ $x^2+3x+2=0$を解くと$x$の値は2つあり，〈 *12* 〉と〈 *13* 〉である。

□ 2次方程式が重解をもつときは，判別式の$D$の値が〈 *14* 〉となるときである。

□ $-x^2+3x-2>0$を解くと，〈 *15* 〉である。

□ $\begin{cases} 2x+1 \geqq 5 \\ x+2<6 \end{cases}$ を解くと，〈 *16* 〉である。

□ 1次関数$y=ax+b$のグラフは，$a>0$のとき〈 *17* 〉上がりの直線となる。

□ 傾きが2である直線に垂直な直線の傾きは〈 *18* 〉である。

□ $y=x^2-2x+3$のグラフは$y=x^2$のグラフを$x$軸方向に〈 *19* 〉，$y$軸方向に〈 *20* 〉だけ平行移動したものである。

□ $\tan\theta=\dfrac{〈\ 21\ 〉}{\cos\theta}$である。

□ sin45°の値は〈 *22* 〉であり，tan60°の値は〈 *23* 〉である。

□ 90°は〈 *24* 〉ラジアンである。

□ 中心 (1, 2)，半径$\sqrt{3}$の円の方程式は，〈 *25* 〉である。

□ 底辺が5cm，高さが4cmの三角形の面積は〈 *26* 〉$cm^2$である。

□ 半径3cmの球の表面積は〈 *27* 〉$cm^2$である。

□ 相似な図形において，長さが2倍であれば面積は〈 *28* 〉，また体積は〈 *29* 〉倍になる。

□ 2つのサイコロを同時に振って出た目の和が10になる確率は〈 *30* 〉である。

□ A, B, Cの3人の点数がそれぞれ84，63，72点のとき，3人の平均点は〈 *31* 〉点である。

□ 速さは距離÷〈 *32* 〉で求められる。

□ 600円の品物に5％の消費税がかけられているとき，支払う金額は〈 *33* 〉円である。

□ 3％の食塩水200gには〈 *34* 〉gの食塩が含まれている。

□ 五角形の内角の和は〈 *35* 〉°であり，また対角線の総数は〈 *36* 〉本になる。

*1.* $x^2+4xy+4y^2$
*2.* $(5x+3y)(5x-3y)$
*3.* 16
*4.* −16
*5.* $-\sqrt{6}-2\sqrt{2}$
*6.* 60
*7.* 3
*8.* 0
*9.* 50
*10.* $x=\dfrac{-b\pm\sqrt{b^2-4ac}}{2a}$
*11.* 1
*12.* −2
*13.* −1
*14.* 0
*15.* $1<x<2$
*16.* $2\leqq x<4$
*17.* 右
*18.* $-\dfrac{1}{2}$
*19.* +1
*20.* +2
*21.* $\sin\theta$
*22.* $\dfrac{1}{\sqrt{2}}$
*23.* $\sqrt{3}$
*24.* $\dfrac{\pi}{2}$
*25.* $(x-1)^2+(y-2)^2=3$
*26.* 10
*27.* $36\pi$
*28.* 4
*29.* 8
*30.* $\dfrac{1}{12}$
*31.* 73
*32.* 時間
*33.* 630
*34.* 6
*35.* 540
*36.* 5

# 2 理　科

○第1に物理，次に化学に重点をおき，基本的内容の理解と実際に問題を解く力の養成を目的としています。そのため，「重要事項の整理」・「力だめし」の例題は，各分野とも基本的な事項を中心にまとめてあります。
○生物は，とくによく出題される人体に関する内容を扱いました。なお，電気関係のところはここでは詳しく取り上げていないので，専門教科のページでよく勉強することが大切です。

## 重要事項の整理

### 1.物理

(1)　速度・加速度

①等速運動；$s=vt$

②平均の速さ；$v=\dfrac{s_2-s_1}{t_2-t_1}=\dfrac{\Delta s}{\Delta t}$

③瞬間の速さ；$v=\lim_{\Delta t\to 0}\dfrac{\Delta s}{\Delta t}$

④速度；速さと向きをもつベクトルで合成や分解ができる。$\vec{v}=\vec{v_x}+\vec{v_y}$

⑤加速度；$a=\dfrac{v_2-v_1}{t_2-t_1}=\dfrac{\Delta v}{\Delta t}$

⑥等加速度運動；$v=v_0+at$　$s=v_0t+\dfrac{1}{2}at^2$

$v^2-v_0{}^2=2as$

(2)　運動…力は変形や速度変化の原因

①運動の第1法則…慣性の法則
運動の第2法則…運動の法則
運動の第3法則…作用・反作用の法則

②自由落下；加速度$g$の等加速度運動；

$v=gt$　　$s=\dfrac{1}{2}gt^2$　$g=9.8[\mathrm{m/s^2}]$

③真上に投げ上げ；$v=v_0-gt$　$s=v_0t-\dfrac{1}{2}gt^2$

④水平方向投げ出し；水平方向には速度$v_0$の等速度，鉛直方向には加速度$g$の等加速度運動をする。

⑤最大静止摩擦力…$F=\mu N$，動摩擦力…$F'=\mu'N$

(3)　仕事，エネルギー，熱

①仕事；$W=Fs$，仕事率；$P=\dfrac{W}{t}$

②運動エネルギー；$U_K=\dfrac{1}{2}mv^2$

③重力による位置エネルギー；$U_p=mgh$

④弾性力によるエネルギー；$U_p=\dfrac{1}{2}kx^2$

⑤力学的エネルギー保存の法則；
$U=U_p+U_k=$一定

⑥熱量：$Q=mc(t-t_0)$ [cal]

⑦熱の仕事当量；$W=JQ$　$J=4.2$[J/cal]

⑧エネルギー保存の法則

### 2.化学

(1)　物質の分類

①物質
- 純物質
  - 単体……1種類の元素からなる物質（水素，酸素など）
  - 化合物…2種以上の元素が化学結合している物質（水，二酸化炭素など）
- 混合物…2種以上の純物質が混っているもの。（物理的方法で分離することができる。食塩水など）

②同素体……同じ元素の単体で性質の異なるもの（ダイヤモンドと黒鉛など）。

⑵　原子の構造

①原子
- 原子核
  - 陽子……正の電荷をもつ
  - 中性子…電荷をもたない
- 電子……負の電荷

②原子番号＝陽子の数＝電子の数

③質量数＝陽子の数＋中性子の数

④同位体……原子番号は同じで質量数が異なる原子（同じ元素に属し，質量が異なる）。

⑤イオン
- 陽イオン……電子を失って正に帯電
- 陰イオン……電子を得て負に帯電

⑶　物質量（モル）

①原子量；$^{12}C$を12としたときの各元素の原子の相対質量。

②分子量，式量；構成原子の原子量の総和。

③アボガドロ定数；$6.0 \times 10^{23}$

④物質量（モル数）；原子・分子・イオンなどの量を[mol]を単位として個数で表した量。

⑤1[mol]の気体の体積；標準状態（0℃，1気圧）では気体の種類によらず22.4[$l$]

⑷　溶液の濃度

①質量パーセント濃度[%]＝$\dfrac{\text{溶質の質量}}{\text{溶液（溶媒＋溶質）の質量}} \times 100$

②モル濃度[mol/$l$]＝$\dfrac{\text{溶質の物質量[mol]}}{\text{溶液の体積}[l]}$

⑸　化学反応式のつくり方

①反応物（左辺）→生成物（右辺）

②係数は両辺の各原子の数が等しくなるようにつける。量的関係は次のようになる。

| | $N_2$ | ＋ | $3H_2$ | → | $2NH_3$ |
|---|---|---|---|---|---|
| 分子数 | 1[個] | | 3[個] | | 2[個] |
| 物質量 | 1[mol] | | 3[mol] | | 2[mol] |
| 質量 | 28[g] | | 3×2[g] | | 2×17[g] |
| 体積比 | 1 | ： | 3 | ： | 2 |
| （0℃，1気圧で | 22.4[$l$] | | 67.2[$l$] | | 44.8[$l$]） |

## 3.生物

⑴　細胞の構造

細胞
- 原形質
  - 核
  - 細胞質
    - ミトコンドリア
    - 葉緑体，細胞膜など
- 後形質；細胞壁，貯蔵物質，老廃物

⑵　遺伝（メンデルの遺伝の法則）

①優性の法則；対立形質をもつ両親の間にできた雑種第一代（$F_1$）には，対立形質のうち優性な方だけが現れる。

②分離の法則；生殖細胞をつくるとき，対立遺伝子が分離して別々の配偶子に入るため，雑種第二代（$F_2$）では優性形質のほかに劣性形質も現れて，その比が3：1となる。

③独立の法則；2対の対立遺伝子による遺伝で，各対立遺伝子が互いに独立して遺伝すること。そのため，$F_2$の表現型の比は，両方優性：一方が優性：他方が優性：両方劣性が9：3：3：1となる。

⑶　ヒトの体のしくみと働き

①消化と吸収；食物は消化分解され吸収される。

②血液の成分と働き；赤血球，白血球，血小板，血しょう

③血液循環；心臓の構造，動脈と静脈

④吸収と排出；肺の働き，腎臓の働き

⑤感覚器と神経系；中枢神経の働き

## 4.地学

⑴　地球の構造……地表より，地殻，マントル，外核，内核。

⑵　岩石……①火成岩；マグマが冷えて固まったもの。

②堆積岩；堆石物が固まったもので，地層をつくる。化石を含むこともある。

③変成岩；岩石が熱や圧力で変えられたもの。

⑶　地球の運動……自転と公転を行うが，自転の軸（地軸）は公転面に対し，66.6°の傾きをもつ。

⑷　太陽系……9個の惑星とその衛星，すい星よりなる。

⑸　銀河系……直径10万光年の約1000億個の恒星の集まり。

# 力だめし

## さあやってみよう！

**ここがポイント!**

典型問題1
運動方程式$F=ma$。この場合の$F$は重力の斜面方向の成分と摩擦力の和（向きは逆）。

$\sin 30^\circ = \frac{1}{2}$

$\cos 30^\circ = \frac{\sqrt{3}}{2}$

典型問題2
燃焼は$O_2$との反応である。化学反応式をつくるときは，係数を正確につける。

**【典型問題１】 水平面と30°傾いた斜面を物体がすべり下りるときの加速度を求めなさい。ただし，重力加速度の大きさを$g$，斜面と物体との間の動摩擦係数を$\mu'$とする。**

**解答** 物体の質量を$m$，斜面方向下向きの加速度を$a$とすると，次の運動方程式が成り立つ。

$ma = mg\sin 30^\circ - \mu' N$…①

斜面に垂直な方向の力はつりあっているから，

$N = mg\cos 30^\circ$…②

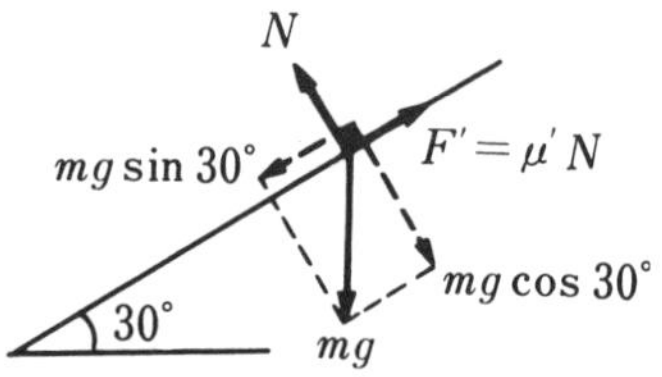


$\sin 30^\circ = \frac{1}{2}$　$\cos 30^\circ = \frac{\sqrt{3}}{2}$

②より$N = \frac{\sqrt{3}}{2}mg$，これを①に代入すると$\boldsymbol{a = \frac{1-\sqrt{3}\mu'}{2}g}$

**【典型問題２】 メタン$CH_4$を完全燃焼させると，二酸化炭素と水を生じる。原子量はH＝1.0，C＝12，0＝16とし，次の問いに答えなさい。**

(1) この反応を化学反応式で表しなさい。

(2) メタン4.0gを完全燃焼させるのに必要な酸素は何gですか。また，そのとき生じる二酸化炭素は標準状態で何$l$ですか。

**解答**

| | | | | | | | |
|---|---|---|---|---|---|---|---|
| (1) 化学反応式 | $CH_4$ | ＋ | $2O_2$ | → | $CO_2$ | ＋ | $2H_2O$ |
| (2) 量的関係は（物質量） | 1[mol] | | 2[mol] | | 1[mol] | | 2[mol] |
| （質量） | 16[g] | | 2×32[g] | | 44[g] | | |
| （標準状態の体積） | | | | | 22.4[$l$] | | |
| （問題では） | 4[g] | | $x$[g] | | $y$[$l$] | | |

$CH_4$ 16[g]と$O_2$ 2×32[g]が反応する。

$CH_4$ 4[g]と反応する$O_2$を$x$[g]とすると，

$\frac{4}{16} = \frac{x}{2\times 32}$ よって$x = $**16[g]**。

同様に，$CH_4$ 16[g]が反応すると$CO_2$ 22.4[$l$]が生じる。

$CH_4$ 4[g]が反応して生じる$CO_2$を$y$[$l$]とすると，

$\frac{4}{16} = \frac{y}{22.4}$ よって$y = $**5.6[$l$]**。

# 実戦就職問題

## ■物　　理

**【1】 30[m/s]の速さで真上に投げ上げたとき，物体が最高点に達するまでの時間とその高さを求めなさい。**

ヒント！ 最高点では，速さ$v$が0になる。

**【2】 地上から2000[m]の上空をヘリコプターが108[km/h]で水平に飛んでいる。そこからある物体mを静かに落とした。次の問いに答えなさい。ただし，重力加速度$g = 9.8[m/s^2]$とする。**

(1) 落した瞬間の物体mの速度の水平成分と垂直成分はそれぞれ何[m/s]ですか。

(2) 物体mの速度の水平成分は，その後時間とともにどのように変化しますか。

(3) 物体mの速度の垂直成分は，その後時間とともにどのように変化しますか。

(4) 物体mが地上に到着するのは何秒後ですか。

ヒント！ 水平成分はヘリコプターと同じ。垂直成分は自由落下と同じ。単位をなおす。 (4)$s = \frac{1}{2}gt^2$

**【3】 次の各図で，力がつり合い各物体は静止している。また，摩擦や滑車と糸の質量は無いものとする。A，B，Cの質量はそれぞれ何kgですか。**

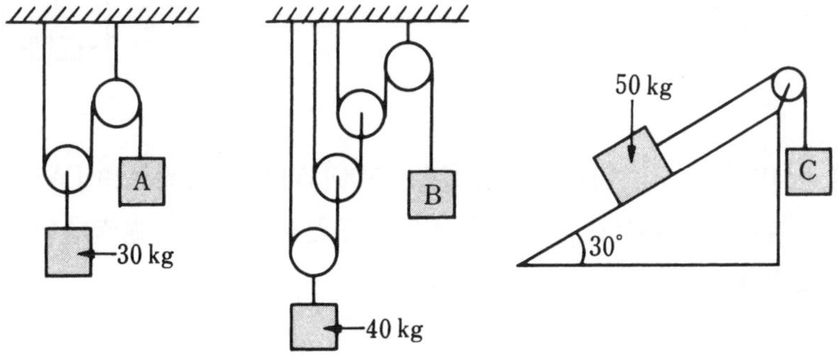


ヒント！ 動滑車1個につき，力は半分になる。

**【4】 右図のように，動滑車と定滑車に糸をかけ，糸の一端を天井に固定した。動滑車と，糸の他の端に質量の等しいおもりAとBをそれぞれつり下げたときのAおよびBの加速度を求めなさい。ただし，糸の伸び，糸と滑車の質量は無視できるものとし，重力加速度は$g$とする。**

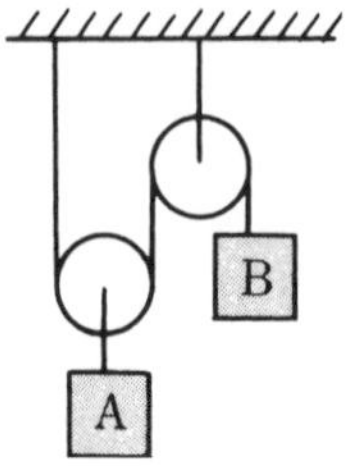


ヒント！ Bの加速度はAの加速度の２倍。

**【5】 下の図で，質量$m$の物体がAから斜面を静かにすべり始め，Bから平面を通過し，Cから斜面を登りDに達する。この間，エネルギーの損失はないものとする。高さをそれぞれ$h_1$, $h_2$とすると，Bを通過するときの速さとDに達したときの速さを求めなさい。**

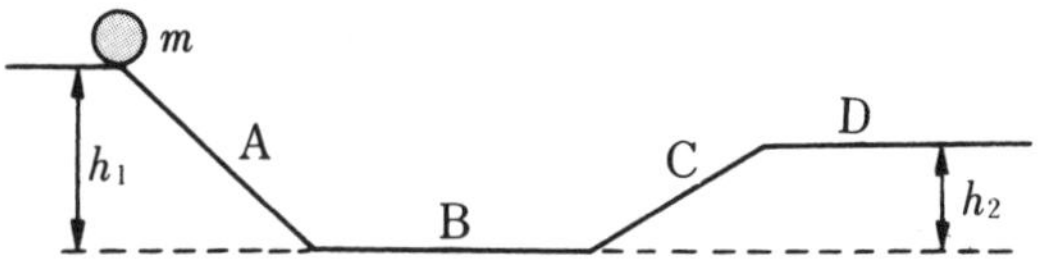


ヒント！ 力学的エネルギー保存の法則。$U = U_p + U_k =$ 一定

**【6】 次の各都市に供給されている交流電流の周波数のうち，まちがっているものはどれですか。**

(ア) 函館市…50[Hz]　(イ) 新潟市…50[Hz]　(ウ) 静岡市…50[Hz]
(エ) 山口市…60[Hz]　(オ) 福岡市…60[Hz]　(カ) 長野市…60[Hz]

**【7】 右の回路の各抵抗の大きさは，すべて$r[\Omega]$とすると，合成抵抗$R$はいくらですか。**

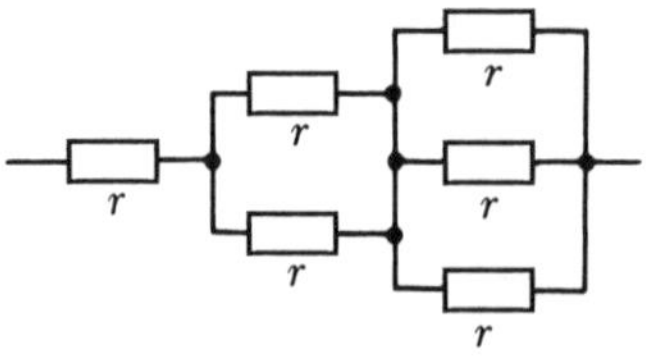


**【8】 100[V], 40[W]の電球４個と，500[W]の洗濯機と90[W]のテレビを同時に並列に接続して使用するとき，流れる電流はいくらになりますか。**

ヒント！ 並列回路のとき，流れる電流は各器具の電流の和。また，電力$P$，電圧$V$，電流$I = \frac{P}{V}$

**【9】 次の文章の（　　　）の中に適当な語句，または数値を入れて正しい文章にしなさい。**

⑴ 物体がその場所を保とうとする性質は，弾性，慣性，粘性のうち（　　　）である。

⑵ 地上より50[m]の高さにある質量15[kg]の物体の位置エネルギーは（　　　）[J]である。

⑶ 自由落下する物体の始めの5秒間の落下距離は（　　　）[m]である。

⑷ 純水1[$m^3$]はおよそ（　　　）[kg]で，大気圧が1気圧のとき水は（　　　）[℃]で沸騰し，（　　　）[℃]で凍る。

⑸ 水150[g]の温度を15[℃]から100[℃]にするには，（　　　）[kJ]の（　　　）が必要である。

⑹ プリズムに白色光を当てるとこれから出て来る光は数種の色光に分かれる。このときできる光の帯を（　　　）という。

⑺ 赤色から紫色までの目に見える部分の光を可視光線というが，赤色より波長の長い光を（　　　），紫色より波長の短い光を（　　　）という。

⑻ 観測者と音源が互いに近づいていくときは音が（　　　）く聞こえ，遠ざかっていくときは音が（　　　）く聞こえる。

⑼ 1[$\mu$m]は（　　　）[cm]，1オングストロームは（　　　）[m]である。

⑽ kWは（　　　）の単位であり，kW･hは（　　　）の単位である。また，1[kW･h]は（　　　）[J]である。

**ヒント!** ⑴運動の第1法則　⑵$U_p = mgh$　⑶$s = \frac{1}{2}gt^2$　⑸$Q = m(t - t_0) \times 4.2$[J]　⑻ドップラー効果による。　⑼$\mu$は$10^{-6}$倍を表す。オングストロームは原子の半径などを表すとき用いる単位。　⑽1[W] = 1[J/s]

**【10】 次の各法則の名前を下群より選び，記号で答えなさい。**

⑴ 圧力一定のとき，一定量の気体の体積は，温度が1℃上昇するごとに0℃のときの体積の$\frac{1}{273}$ずつ増加する。（　　　）

⑵ 温度一定のとき，一定量の気体の体積は圧力に反比例する。（　　　）

⑶ 導線の2点間に電圧を加えたとき，流れる電流は電圧に比例し，抵抗に反比例する。（　　　）

(4) ばねのような弾性体に力を加え変形させるとき，力の大きさがある範囲内であれば，変形の大きさは，加えた力の大きさに比例する。　　　（　　）

(5) 閉じこめられた流体の一部に圧力を加えると，その圧力は流体のあらゆる部分に等しい大きさで伝わる。　　　（　　）

(6) 流体中の物体がその流体から受ける浮力の大きさは，その流体が排除している流体の重さに等しい。　　　（　　）

(ア)アルキメデスの法則　　(イ)オームの法則
(ウ)シャルルの法則　　(エ)パスカルの法則
(オ)フックの法則　　(カ)ボイルの法則

## ■化　学

**【11】 次の元素の元素記号を（　　）の中に書きなさい。**

(1) 鉄（　　）　(2) 銅（　　）
(3) アルミニウム（　　）　(4) 鉛（　　）
(5) スズ（　　）　(6) マグネシウム（　　）
(7) 金（　　）　(8) ウラン（　　）
(9) ケイ素（　　）

**【12】 次の化学式で表される物質の名称を（　　）に書きなさい。**

(1) $NaCl$（　　）　(2) $NH_3$（　　）
(3) $C_6H_{12}O_6$（　　）　(4) $H_2SO_4$（　　）
(5) $C_2H_5OH$（　　）

**【13】 次の文中の（　　）に適する語句，数値を入れなさい。**

(1) 原子の中心には正の電気をもった（　　）があり，これは，正の電気をもった陽子と電気をもたない（　　）からできている。また，そのまわりを負の電気をもった（　　）が運動している。

(2) 中性の原子が（　　）を失えば，（　　）に帯電した原子，すなわち（　　）になり，（　　）を得れば（　　）になる。

(3) 大理石に塩酸をかけると，発生する気体は（　　）である。

(4) （　　）とは水素イオン指数のことで，その値が（　　）より小さい水溶液は（　　）性，大きいときは（　　）性で，（　　）に等しいときに（　　）性という。

(5) 水を電気分解すると，(　　) 極に水素，(　　) 極に酸素が発生し，その体積比は (　　：　　) である。

(6) 一定量の気体の体積は(　　)に反比例し,(　　)に比例する。

(7) $Cl^-$を含む水溶液に (　　) の水溶液を加えると白色沈殿を生ずる。

ヒント! (3)大理石の主成分は炭酸カルシウム$CaCO_3$である。 (4)水素イオン指数は酸性，塩基性の程度を表すもので，アルファベットの小文字と大文字で示す。 (6)ボイル・シャルルの法則。 (7)$Cl^-$の検出に用いる。AgClの白色沈殿を生じる。

**【14】 塩化ナトリウム (NaCl) 23.4[g]を水に溶かして500[m*l*]にした溶液のモル濃度を求めなさい。ただし，原子量はNa＝23, Cl＝35.5とする。**

**【15】 二酸化炭素 ($CO_2$) 11[g]の物質量は何[mol]ですか。また，標準状態 (0℃, 1atm) での体積は何[*l*]ですか。ただし，原子量はC＝12, O＝16とする。**

ヒント! 標準状態で1[mol]の気体の体積は22.4[*l*]。

**【16】 次の金属のうち水に溶けやすいものはどれですか。○で囲みなさい。**

Al　　Cu　　Mg　　K　　Cr　　Na

ヒント! アルカリ金属，アルカリ土類金属のイオン化傾向が大きいものが水に溶ける。

**【17】 次の文中の (　　　) の中に適する語句を入れなさい。**

(1) 溶媒に溶質を溶かすには限度があり，その限度に達した溶液を (　　　) という。

(2) 化合物から酸素を取り除くことを (　　　) という。

(3) フッ素，塩素，臭素，ヨウ素はともに同族元素であり，一括して (　　　) という。

(4) 過酸化水素を分解して酸素を発生させるとき，二酸化マンガンを加えると，反応が速くなる。このときの二酸化マンガンのような働きをする物質を (　　　) という。

ヒント! ⑵酸化の逆のこと。 ⑷自分自身は変化しない。

**【18】 次の文中の（　　　）の中より正しいものを選び○で囲みなさい。**

⑴ 食塩水は（①酸性，②中性，③アルカリ性）である。

⑵ pHとは（①酸・アルカリ性の程度を表す数値である。②100[g]の水に溶けることができる溶質のグラム数である。③ $^{12}$C を12とした原子の相対質量である。）

⑶ 炭水化物・タンパク質・アルコールなどは，成分元素として炭素を含む化合物で，一般に（①無機物，②有機物）という。

⑷ 周期表のO族の元素は，いずれも化学的にきわめて不活性な気体で，まとめて（①LPガス，②ハロゲン，③希ガス）といい，アルゴン，ネオンや（④リチウム，⑤ヘリウム，⑥カリウム）があげられる。

ヒント! ⑷クリプトン，キセノン，ラドンもこの仲間である。

## ■生　　物

**【19】 次の各文に相当するものを下群より選び，記号で答えなさい。**

⑴ 感覚や記憶・思考の中枢

⑵ 呼吸や心臓の運動の中枢

⑶ 腱（けん）の反射などの中枢

⑷ 運動を調節し，体の平衡を保つ中枢

㋐大脳　　㋑小脳　　㋒延髄　　㋓脊髄

ヒント! 中枢神経の役割。

**【20】 文中の（　　　）に適する語句を入れなさい。**

血液の成分のうち，ヘモグロビンによって酸素を運ぶ働きをするのは（　　　）であり，体内に入りこんだ細菌などを殺す働きをするのは（　　　）である。また，（　　　）は血液が体の外に出たときに凝固させる働きをする。栄養や二酸化炭素，老廃物を運ぶ液体を（　　　）という。

**【21】 次の文中の（　　　）に適する語句を入れなさい。**

ヒトが3大栄養素を口から取り入れたとき，炭水化物（デンプン）は，だ液などの働きによってまず（　　　）に分解され，さらにすい液や腸液によって分解され（　　　）になり，小腸より吸収される。タンパク質は，胃液でペプトンになり，さらにすい液，腸液によって（　　　）に分解される。脂肪は，すい液・腸液の働きにより（　　　）とグリセリンに分解される。

**【22】 次の文の（　　　）の中から適する語句を選び○で囲みなさい。**

⑴ ヒトの体内に入ったバクテリアを捕食するのは，（赤血球，白血球，血小板）である。

⑵ 肝臓でつくられる消化に重要な液を一時蓄えておく器官は（胆のう，膀胱，十二指腸）である。

⑶ 胃は食べた物を消化するために胃液によって中が（酸性，中性，アルカリ性）になっている。

⑷ 血液中から尿をろ過する器官は（すい臓，肝臓，腎臓）である。

ヒント！ ⑶消化管の他の部分は，中性から弱アルカリ性である。

**【23】 オシロイバナの赤色（RR）と白色（rr）を交雑させると，Rとrの優劣関係が不完全なため，雑種第一代$F_1$は中間の桃色となる。次の組合わせで交雑させた場合，生じる表現型の比はどのようになるか答えなさい。**

⑴ 赤×赤　⑵ 桃×桃　⑶ 桃×赤　⑷ 桃×白

ヒント！ 桃色の遺伝子型はRrである。

**【24】 次の文中の（　　　）に適する語句を入れなさい。**

⑴ 生物が酸素を用いてグルコース（ブドウ糖）を分解しエネルギーを得るとき，分解で生じる物質は（　　　）と（　　　）である。

⑵ 心臓から出る血液が通る血管を（　　　）といい，心臓へ戻る血液が通る血管を（　　　）という。

⑶ 3大栄養素とは，炭水化物，脂肪と（　　　）である。

⑷ ウマ，カエル，フナ，トンボ，スズメのうち分類上別の仲間

に属するのは（　　　）である。

(5) 血液の中で酸素を運ぶものは，血しょう，白血球，赤血球のうち（　　　）である。

ヒント！ (1)酸素呼吸，光合成の逆の反応式が書ける。

**【25】 次の文の（　　　）の中から適する語句を選び○で囲みなさい。**

(1) マツやスギは，分類上（コケ類，シダ類，裸子植物，被子植物）に属する。

(2) 細胞の中にあって酢酸カーミンなどでよく染まる球状のものを（核，葉緑体，中心体）といい，この中には，遺伝情報を担っている（BTB，ATA，DNA）を含んでいる。

(3) 植物の成長にとって害になる物質の1つに（カリウム，リン，銅，窒素）があげられる。

(4) 体内に入ったバクテリアを捕食するのは，（白血球，赤血球，血小板）である。

## ■地　学

**【26】 次の文中の（　　　）に適する語句を入れなさい。**

(1) 日食のとき，直線上に並んだ太陽，地球，月のうち，真ん中にあるのは（　　　）である。

(2) 惑星とは（　　　）のまわりを公転する天体をいい，（　　　）とは惑星の周囲をまわる天体をいう。

(3) 世界の時刻の基準とされている天文台は，イギリスの（　　　）天文台である。

(4) 地球が太陽のまわりを回っている運動を地球の（　　　）といい，地軸を中心にして回転する運動を地球の（　　　）という。

(5) 火星，木星，金星のうち，地球より太陽に近い軌道をもつものは（　　　）である。

(6) 太陽のように自分で光を出す星を（　　　）という。

**【27】 次の文中の（　　　）に適する語句または数値を入れなさい。**

(1) 地球は1年で太陽を1周する。そのため，星座をなす星の南中時刻は1日に約（　　　）分ずつ早くなる。

⑵　光の速さは30万[km/s]である。1光年は（　　　）$\times 10^{(\ )}$[km]である。

⑶　潮の満干が最も小さくなるのは，新月，半月，満月のうち，（　　　）のときである。

⑷　台風の目に向かって吹き込む風は，北半球では（　　　）まわりの渦巻きとなる。

⑸　暖かく湿った風が高い山を越えると，乾いた熱風となる。これを（　　　）現象という。

ヒント！　⑴1年間で24時間早くなる。　⑵1光年は光が1年間で進む距離。　⑷北半球では直進しようとする物体は右方向に曲げられる。　⑸大火の原因となることがある。

**【28】　次の文の（　　　）の中より最適なものを選び，記号で答えなさい。**

⑴　マグマが冷えて固まってできた岩石を（①堆積岩，②火成岩，③変成岩）という。

⑵　花こう岩の中にある灰色でガラス質の鉱物は（①黒雲母，②長石，③石英）である。

⑶　日本の冬によく見られる，強い北西の季節風を吹かせる気圧配置を（①南高北低，②西高東低，③北高南低）型という。

# 理　科　チェックリスト

□　速さ–時間線図で，グラフの接線の傾きは〈 1 〉を，面積は〈 2 〉を表す。
□　自由落下において，$t$秒後の速さは〈 3 〉の式で，$t$秒間の落下距離は〈 4 〉の式で求められる。
□　重力加速度$g$は，およそ〈 5 〉[m/s$^2$]である。
□　ニュートンの運動の法則で，第1法則は〈 6 〉といわれ，第3法則は〈 7 〉といわれる。
□　物体に力を加えると加速度を生じ，その大きさは力の大きさに比例し，物体の質量に反比例する。これを式で表すと，〈 8 〉である。
□　運動エネルギーは〈 9 〉で，重力による位置エネルギーは〈 10 〉で表される。
□　水1[g]の温度を1[℃]上昇させる熱量が〈 11 〉[cal]である。
□　比熱$c$，質量$m$gの物質の温度を$t$℃だけ上昇させる熱量$Q$は〈 12 〉[cal]である。
□　1[cal]の熱量に相当する仕事の量は，〈 13 〉[J]である。
□　固体→液体の変化を融解といい，その逆を〈 14 〉という。同様に，液体→気体を気化，その逆を〈 15 〉，固体→気体の変化及びその逆を〈 16 〉という。
□　原子は原子核と〈 17 〉から成り，原子核は，〈 18 〉と〈 19 〉からできている。
□　K殻，L殻，M殻は〈 20 〉。
□　原子番号が同じで質量の異なる元素を〈 21 〉という。
□　元素記号がHeの元素名はヘリウム，Cは〈 22 〉，Siは〈 23 〉，Cuは〈 24 〉，Znは〈 25 〉，Hgは〈 26 〉である。
□　HClは塩酸，$HNO_3$は〈 27 〉，NaOHは〈 28 〉，AgClは〈 29 〉である。
□　次の物質の式量，分子量は，NaClは58.5，$H_2O$は〈 30 〉，$NH_3$は〈 31 〉，$H_2SO_4$は〈 32 〉である。
□　100[g]の水に食塩25[g]を溶かすと，濃度〈 33 〉[%]の食塩水ができる。
□　$H_2O$ 1[mol]は18[g]であるから，90[g]は〈 34 〉[mol]である。
□　$1.8\times10^{24}$個の原子は〈 35 〉[mol]であり，標準状態で112[$l$]の気体は，〈 36 〉[mol]である。
□　細胞の中には，核，ミトコンドリア，葉緑体などがあるが，植物細胞だけに見られるのは〈 37 〉である。
□　血液中の固形成分である血球は，白血球，赤血球，〈 38 〉から成る。
□　タンパク質は消化・分解すると〈 39 〉に，デンプンは〈 40 〉に，脂肪は脂肪酸と〈 41 〉になる。
□　両親の血液型がA型と〈 42 〉型の場合，子どもがO，A，B，ABのいずれにもなる可能性がある。
□　〈 43 〉とは－273[℃]で，これより低い温度はありえないという温度。
□　観測者に近づいてきている音源からの音が高く聞こえる現象を〈 44 〉という。
□　地球が1年間で太陽を1周することを〈 45 〉という。
□　〈 46 〉とは，梅雨期に日本列島に現れる暖気団と寒気団の勢力がつりあって動かない状態の前線。

1. 加速度
2. (進行)距離
3. $v=gt$
4. $s=\frac{1}{2}gt^2$
5. 9.8
6. 慣性の法則
7. 作用反作用の法則
8. $F=ma$
9. $U_K=\frac{1}{2}mv^2$
10. $U_P=mgh$
11. 1
12. $Q=mct$
13. 4.2
14. 凝固
15. 液化
16. 昇華
17. 電子
18. 陽子
19. 中性子
20. 電子の軌道
21. 同位体
22. 炭素
23. けい素
24. 銅
25. 亜鉛
26. 水銀
27. 硝酸
28. 水酸化ナトリウム
29. 塩化銀
30. 18
31. 17
32. 98
33. 20
34. 5
35. 3
36. 5
37. 葉緑体
38. 血小板
39. アミノ酸
40. グルコース(ブドウ糖)
41. グリセリン
42. B
43. 絶対温度
44. ドップラー効果
45. 公転
46. 梅雨前線

# 3 国　語

○国語の勉強の比重の置き方は，ここに出題した問題数の割合に比例していると思ってよいでしょう。ただ，ここに出されている問題は，実際に出題されたものを中心にしているので，確実性を期したい人は，基礎知識の勉強をまず行ってから取り組まれるとより効果的です。

○今後マークシートなどによる出題も多くなると予想されるので，それに対処できるように新傾向の問題も用意しました。マークシートに対しては確実な知識をもって取り組まないと迷いが生ずるので注意する必要があります。とにかく繰り返し勉強してほしいと思います。

## 重要事項の整理

### 1.漢字の読み

漢字の読みの問題が難しいのは，同じ文字でも音が異なるからである。日本語でも地方によって言葉がちがうように，漢字にも地域差・時代差があるということを銘記してもらいたい。

(1)　呉音＝最も早く日本に渡ってきた漢字音。
揚子江下流域の呉地方の音が主流のため，呉音という。

(2)　漢音＝隋・唐時代の首都長安の標準語。
今の読み方の中心。

(3)　唐音＝中国の唐末以降のものである。量は多くない。

各音による読みのちがいの例

| | | | |
|---|---|---|---|
| 呉音 | 行儀ぎょうぎ | 灯明とうみょう | 頭上ずじょう |
| 漢音 | 行動こうどう | 明白めいはく | 頭髪とうはつ |
| 唐音 | 行脚あんぎゃ | 明国みんこく | 饅頭まんじゅう |

(4)　これに対して日本固有の漢字もある。江戸時代の新井白石が書いた『同文通考(どうぶんつうこう)』によると，国字81字があげられている。魚偏が24字もある。国字は音(オン)はなく訓(クン)だけである。

〔例〕
凪(なぎ)　峠(とうげ)　凩(こがらし)　笹(ささ)　躾(しつけ)
躮(せがれ)　椛(もみじ)　辻(つじ)　俤(おもかげ)　畑(はたけ)

などいろいろある。辻という字は江戸時代，合計の意味で使われていた。

(5)　次に読みを難しくしているのは熟字訓といわれるもの，いわゆるあて字である。これはごく限られた場合だけのものであるから覚えてしまう以外に方法はない。一字一字の読み方を覚えても意味がない。理屈ぬきにそう読むのだと思うのである。しかし，ただ覚えるのではなく，単語帳やカードを作ったりすることが必要だ。その際同じような語はまとめて覚えるとよい。たとえば，日時に関する読みとしては，一日(ついたち)・二日(ふつか)・二十日(はつか)・昨日(きのう)，今日(きょう)・明日(あした)というように覚えるのである。

### 2.漢字の書き取り

漢字は表意文字であり，一字一字が異なった意味を表している。したがって読みだけ覚えてもその言葉の意味を理解していないと，正しい漢字の書き取りができないことになってしまう。日ごろ常に辞書で意味を確かめて書く習慣をつけると誤字は減少する。また，ワープロの普及によって発音だけに頼ってしまって，とんでもない誤字を書くケースが多くなっている。機械は万能ではない。君自身の頭で判断することを常に忘れないでおこう。

(1) 同音異字＝音読みは同じであるが，意味や使い方がちがう漢字。これは意味を覚えておくと混乱しない。

〔例〕

・験→ためす（試験は覚えたことをためす）。
・倹→むだをはぶく（倹約・節倹）。
・検→しらべる（検査・検分　もともとは書状の封印からきたという）。
・険→あらくはげしい（危険・険悪，けわしい場所という意味がもと）。

(2) 同訓異字＝訓読みが同じであっても意味のちがう漢字。意味のとりにくい場合は，そのことばの使い方を覚えてしまうことである。

〔例〕

・早いという字は時刻がまえであるという意味で使われている。速いは動きがすみやかであるという意味になる。したがって「朝早い」と「球が速い」という使いわけが可能になる。

(3) このほか，形が似ている漢字（例えば送・迭，縁・緑・録）などは，一字一字覚えるよりは熟語として覚える。送金・更迭と覚えれば，意味や，どういうときに使うかも判断がつく。要するに出題者としては，どのような誤字が書かれるかを予想しているのであり，君はこの落し穴にひっかからないように注意すべきなのである。

**3.四字熟語・ことわざ・慣用句**

四字熟語についても誤りの傾向は同じである。以前どこかの会社で「□肉□食」という四字熟語が出題されたとき，「焼肉定食」と解答した人がいたということが新聞で話題となった。確かに意味が通れば誤りとはいえないかもしれないが，出題者には出題者の意図した解答があるのであり，その意図に沿った答を出さない限り君の採用はありえないのである。次に四字熟語の誤りやすい例をあげる。

〔例〕

・自業（×行）自得
・危機一髪（×発）→007の映画で一発のイメージが強くなったが，ピストルで射つのではない。
・言語道（×同）断
・単（×短）刀直入
・絶体（×対）絶命
・無我夢（×霧）中→五里霧中と混同しないように。
・異口（×句）同音

このほかに数字を使った四字熟語もよく出題される。これらは必ずその熟語が作られた背景があるので，その背景を研究しておくとよい。例えば，「四苦八苦」という言葉は仏教からきたもので，四苦は生・老・病・死，八苦はこれにさらに愛別離苦（あいべつりく）・怨憎会苦（おんぞうえく）・求不得苦（ぐふとくく）・五陰盛苦（ごおんじょうく）を加えたもので，人生の意味を深く問う言葉なのである。このように考えると単に暗記するのでなく，その言葉に現れる意味を研究することは自分自身の血となり肉となるのだと思えば，単なる受験勉強とは全くちがった意味で勉強ができる。

学んだあとの君の成長はきっと会社の人事の人も評価してくれると思う。要は何事においても自分の有益な方向に頭を働かせることが肝要だと思う。君がこの本に出会ってそこまで理解してくれることを願っている。

**4.文学史**

もちろん，単に表面的に理解しただけでは人生経験の豊富な人々は，その君の本質をすぐに見抜いてしまう。ほんとうに自分のものとすることで君に実行してもらいたいことは，愛読書を持つことである。

古典といわれ，長く人々に愛読されてきたものには，人々の心を奪う何かが存在するのである。近代の文学もそうである。しかし，何百万部も売れた本が必ずしも名作かというとそうではない。確かにすっと頭にはいって簡単に読める本もあるが，あとでふりかえってみると何ひとつ頭に残っていないものも多い。要はたった一語でもよいから君の人生の指標となる言葉があるか否かである。たとえば，太宰治の『走れメロス』は中学校の教科書で出てきている。しかし，同じ本でも中学時代と高校時代，そして社会人となった場合にそれぞれ読んでみるとまったく新鮮な角度から読んでいる自分に気がつくであろう。とにかく読書が最良の勉強であることを君にわかってもらいたい。

# 力だめし

## さあやってみよう！

**【典型問題1】　次の漢字の読みを書きなさい。**

(1)　捺印　　(2)　出納　　(3)　為替　　(4)　定款　　(5)　斡旋

解　答　たった5問と思うなかれ。毎年多くの企業で必ず出題される読みである。なぜだろうか。これらは企業で日常使用される言葉なのだ。それが読めない，書けないでは社会人として失格してしまう。(1)会社にはいったら君はこの重要性をいやというほど知らされる。ハンコといえばわかるだろう。印形をおすこと，また，おした印の両方の意味がある。　(2)「シュツノウ」などと読んではいけない。だしいれの意味で，金銭または物品の収入と支出のことだ。古くは蔵人所に属し，雑事・雑具の出納を掌った職を意味した。こういうことも知っていれば君は教養ある人物と評価される。　(3)遠くの地にいる者が貸借の決済のために，お金を送付する労費・不便・危険などを免れるために手形・小切手などによって送金を処理する方法のこと。室町時代には「カワシ」と言っていた。郵便為替・銀行為替・電報為替・内国為替・外国為替の種類がある。また，為替手形・約束手形・小切手を総称してこの言葉が用いられることもある。　(4)会社などの目的・組織・業務執行などの基本規則のこと。君の受験する会社の定款がどんなものか知っておこう。　(5)世話のことといったらわかるかな。就職の斡旋は職業安定所などでもしてくれるが，君は先生の斡旋かな？

答　(1)なついん　(2)すいとう　(3)かわせ　(4)ていかん　(5)あっせん

**ここがポイント！**

典型問題1
企業に入社したらその企業でしか使用されない言葉もある。そういう言葉は事前に研究しておこう。

**【典型問題2】　細かい部分に気をつけて，次のカタカナの部分を漢字になおしなさい。**

(1)　社内旅行のために毎月五千円ずつヨキンする。
(2)　ヒンプの差が激しい国もある。
(3)　センモンカにはハカセ号を持つ人が多い。
(4)　○○庁ゴヨウタシと書くお菓子はおいしい。
(5)　予算の追加をヨウセイする。
(6)　損害をホショウする。

解　答　A社の入社試験で，A社の正式の社名を書かせる書き取りの試験があった。多分この問題ができなかった人は採用されなかっただろう。書き取りの問題はそれほど難問は出題されない。しかし，やさしいからといっておろそかにしてはいけない。誤字・脱字の多い文章はそれだけで君の人格を疑われる。ワープロの多くなった最近であるからこそ，とんでもない漢字を書かないようにしよう。ワープロにだって誤りはある。(1)はへんの縦画ははねないことが多いが，その例外として出した。イ・牛・木これらははねない。扌・犭・子・予などははねるので注意。　(2)はつく・つかないで注意するもの。会はくっついているが，分

典型問題2
書き取りはていねいに，正確に。誤字・脱字に注意。必ず辞書を引いて書く習慣を身につけよう。

ここがポイント!

典型問題3
まず解答群を見るまえに自分で解答しよう。そうして解答群の中で自分が確信を持った答えのある肢を見つけよう。
それが正答と思ってまちがいはない。

3

はくっつかない。はなれているのは公・沿・貧など。 (3)専門家には点と口を書いてはいけないが，博には点がある。試・式・銭・求など点のあるものも覚えよう。 (4)この字は「ゴヨウタツ」と誤読する人が多い。達の幸の部分を幸としない，幸福の幸とはちがう。 (5)月の一画めははらうが，青の五画目ははらわない。晴・清も同様。 (6)ネ（シメス）とネ（コロモ）も注意しよう。漢字は一点一画をていねいに。筆順を正しく。自己流のくずしはやめよう。日ごろから正しく書く習慣を身につけよう。

答 (1)預金 (2)貧富 (3)専門家，博士 (4)御用達 (5)要請 (6)補償

**【典型問題3】 次の空欄内に適当な漢字1字を入れて四字の熟語を完成し，正しい組み合わせの解答を選びなさい。**

(1) 支離□裂　　(2) 無我□中
(3) 五里□中　　(4) □価償却
(5) 栄枯盛□　　(6) 喜怒□楽

(a)分——最——十——定——装——苦
(b)滅——夢——霧——減——衰——哀
(c)滅——霧——十——定——衰——昔
(d)滅——霧——夢——滅——哀——衰
(e)爆——無——無——原——水——愛

**解 答** マークシート問題にも対処できるような問題方式として出題してみた。四字熟語の問題は読み・書きの次に出題が多い。それでいて，誤りが多い。ここに出題したものはもっとも出題の多いものである。(1)と(4)，(2)と(3)，(5)と(6)はそれぞれ似た漢字であるため，正確に覚えることを要求される。ところで出題する側からすれば，(a)～(e)の5つの肢のうち3つはいいかげんな組み合わせである。残りの2つの肢から正解を見つけることだ。(1)はめちゃめちゃになること。マークシートは何が何だかわからない解答とならないよう注意。 (2)は夢見る心地をいう。我を無くして夢の中と覚えよう。 (3)は夢の中ではなく霧の中。広さ五里にもわたる深い霧の中にいること。 (4)会社で決算期によく使用される。減価＝年々減らして償却すること。原価ではない。 (5)盛んになることと衰えること。(6)喜びと怒りと，哀は悲しみ，そして楽しみ。

答 (b)

# 実戦就職問題

## ■漢字の読み

**【1】 次の漢字の読みを書きなさい。**

| | | | |
|---|---|---|---|
| (1) 意図 | (2) 会得 | (3) 為替 | (4) 形相 |
| (5) 容赦 | (6) 哀悼 | (7) 精進 | (8) 風情 |
| (9) 土産 | (10) 時雨 | (11) 建立 | (12) 促進 |
| (13) 捺印 | (14) 発足 | (15) 添付 | (16) 思惑 |
| (17) 体裁 | (18) 所謂 | (19) 斡旋 | (20) 募る |
| (21) 境内 | (22) 匿名 | (23) 絡む | (24) 出納 |
| (25) 請負 | | | |

ヒント! 典型問題1にもいくつかあった！ (9) などは熟字訓＝海女・田舎・芝生・太刀・凸凹・眼鏡などとともに，いわゆるあて字として出てくる。ほかにも日本固有の漢字「凪・凧・峠・躾・辻・俤」など読めるかな？

**【2】 次の故事成語の読みを書き，右からそれぞれの意味を選び記号で答えなさい。**

(1) 呉越同舟　(a) 仲の悪い人同士が，同一の場所・境遇にならびたつこと。
(2) 杞憂　(b) 学問に志すこと。
(3) 蛇足　(c) 将来のことについて，あれこれといらぬ心配をすること。
(4) 志学　(d) 70歳のこと。
(5) 古稀　(e) あっても益のない無用の長物のたとえ。

ヒント! 故事成語の成り立ちを理解しよう。

**【3】 例にならって次の読みを書きなさい。**

〔例〕率先（そっせん）の率→（ひき）いる。
(1) 会釈（　　）の会→（　　）う。
(2) 帰省（　　）の省→（　　）みる。
(3) 教唆（　　）の唆→（　　）かす。
(4) 破綻（　　）の綻→（　　）びる。

(5)　華奢（　　）の奢→（　　）る。

ヒント！　音と訓。これが君の頭を悩ます。こういう覚え方も1つの方法だ。

**【4】　次の文章の下線部の読みを書きなさい。**

江戸の三大祭りには，山王祭・神田祭・芝明神の祭礼があります。神社の境内（　①　）では神主（　②　）によって祝詞（　③　）があげられ，拝殿（　④　）では神楽（　⑤　）が舞われています。まもなく，稚児（　⑥　）行列や山車（　⑦　）が町中を練（　⑧　）り歩き，人々はお神酒（　⑨　）を飲んで景気（　⑩　）よく神輿（　⑪　）をかつぎます。

江戸時代の名残（　⑫　）をとどめた祭りは，長閑（　⑬　）な一日を人々に与えます。各家々の玄関には提灯（　⑭　）がつりさげられ，黄昏（　⑮　）時には蝋燭（　⑯　）の灯も入れられます。足を足袋（　⑰　）でつつみ，下駄（　⑱　）をはいた子どもたちが大人（　⑲　）以上に楽しそうにはしゃぎまわっています。

ヒント！　お祭りを題材に関係のある語を集めてみた。③は「しゅくし」と読むと祝いの言葉となり意味が異なる。　⑤東京に神楽坂という地名がある。⑦壇尻（だんじり）・山鉾（やまぼこ）も覚えておこう。京都の祇園会の山鉾，飛騨祭の山車は有名。　⑨般若湯（はんにゃとう）も酒。　⑭松明・行灯・雪洞・狼火なども読めるかな？⑰，⑱のほか草履・鼻緒も覚えよう。

**【5】　次の熟語について，左のカッコのある漢字と同じ読みをする漢字を使ってある熟語をそれぞれ(ア)～(ウ)から選び，さらに選んだ熟語の読みを書きなさい。**

(1)　偏（重）　(ア)軽重　(イ)厳重　(ウ)重荷
(2)　結（納）　(ア)出納　(イ)納豆　(ウ)納税
(3)　非（業）　(ア)失業　(イ)業苦　(ウ)業績
(4)　（気）配　(ア)気力　(イ)気質　(ウ)呆気
(5)　帰（依）　(ア)依願　(イ)依怙　(ウ)依頼
(6)　久（遠）　(ア)遠忌　(イ)遠望　(ウ)遠雷
(7)　（相）性　(ア)相殺　(イ)世相　(ウ)相客
(8)　勘（定）　(ア)定石　(イ)定款　(ウ)定型
(9)　（発）作　(ア)発起　(イ)発掘　(ウ)発露

**ヒント!** これもけっこう出てきたものがある。全部読めないとお話しにならない例として出題した。これができない人はもう一度勉強の方法を反省しよう！

**【6】 次の漢字は同じ字が含まれていますが，それぞれ読み方が異なります。それに注意して読みを書きなさい。**

⑴ 流布—流暢　⑵ 成就—就中　⑶ 老舗—店舗
⑷ 反応—反古　⑸ 烏有—有為　⑹ 強情—風情
⑺ 永劫—億劫　⑻ 素地—素姓　⑼ 納得—出納
⑽ 割拠—証拠　⑾ 定款—定石　⑿ 吹聴—吹奏
⒀ 静寂—寂寥　⒁ 所以—所謂　⒂ 憎悪—悪態

**ヒント!** ここでは字が同じで読みのちがうものを集めてみた。そのほか⑴流石，⑸有職・含有，⑻素人，⑼納涼・結納，⑽鼓吹，⒁所望，⒂嫌悪・悪寒・悪臭などもおさえておこう。

**【7】 次にあげられているのは有名な俳句です。俳句が五・七・五の十七音で成り立っていることに注意してカッコ内の読みを書きなさい（ただし，現代かなづかいで答えること）。**

⑴ 初（時雨）猿も小蓑をほしげなり
⑵ としとへば片手出す子や（更衣）
⑶ 山蟻のあからさまなり（白牡丹）
⑷ （桐一葉）日当たりながら落ちにけり
⑸ （五月雨）をあつめてはやし最上川
⑹ （啄木鳥）や落葉をいそぐ牧の木々
⑺ とどまればあたりにふゆる（蜻蛉）かな
⑻ （鰯雲）人に告ぐべきことならず
⑼ （糸瓜）咲いて痰のつまりし仏かな
⑽ （紫陽花）に秋冷いたる信濃かな

**ヒント!** 季語の中で注意するものをあげてみると，土筆（つくし）・若布（わかめ）・百日紅（さるすべり）・西瓜（すいか）・山茶花（さざんか）・紅葉（もみじ）など，特に花の名前・鳥の名前・食物などはまとめて覚えておこう。

## ■漢字の書き取り

**【8】 次にあげた漢字はどれも２つの異なる音をもっています。例にならって，それぞれの読み方による漢字２字の言葉をつくりな**

さい。ただし，言葉をつくる場合，字の順序は問わないが，できた言葉の読み方は音読みになるようにして（　）の中に読みを書きなさい。

〔例〕率　能率（のうりつ）引率（いんそつ）

(1)　解　□□(　　)　□□(　　)

(2)　対　□□(　　)　□□(　　)

(3)　易　□□(　　)　□□(　　)

(4)　遺　□□(　　)　□□(　　)

(5)　音　□□(　　)　□□(　　)

ヒント！　この問題はいろいろな答えがある。(1)カイ・ゲ，(2)ツイ・タイ，(3)エキ・イ，(4)イ・ユイ，(5)イン・オン

**【9】　次のカタカナの部分を漢字に直しなさい。**

(1)　首相のシセイ方針演説が行われた。

(2)　問題の意味をハアクしないと今後のことは決定できない。

(3)　次の項目にガイトウする者は前に出なさい。

(4)　この点に関してはシンチョウにシンギする必要がある。

(5)　交通事故による損害をホショウする。

(6)　冷害によって物価がトウキした。

(7)　栄養がケツボウして病気になった。

(8)　カンイ保険に加入する。

(9)　米の輸入問題で日本はたいへんなキョクメンに立たされた。

(10)　物事はオンビンに取りはからうことが大切だ。

ヒント！　特に政治に関係した言葉で新聞などに出てくるものに注意。所信・答申・罷免・諮問・遊説・批准・斡旋などは，読み・書き取りともに対策をたてよう。(2)ハアク＝手でしっかりにぎること。理解すること。(3)亥・劾・核など区別できるかな。(5)保証・保障・補償の使いわけに注意。(6)登記もよく出る。(9)曲面ではない。事件のなりゆき，ありさま。(10)安穏とか穏健，穏匿などまぎらわしいものも勉強しておこう。

**【10】　次の（　）に同じ音の漢字を書き入れ，熟語を完成しなさい。**

(1)　(ア)　交通事故の（　　）因を調査する。

　(イ)　皆さんお（　　）気ですか。

　(ウ)　円高の影響で輸出量が（　　）少した。

　(エ)　森林資（　　）を大切にしよう。

　(オ)　憲法に（　　）論の自由の規定がある。

(カ) 小さいときから（　　）格にしつけられた。
(キ) 今（　　）在という時を大切にしよう。

(2) (ア) 危険を（　　）す。
(イ) 罪を（　　）す。
(ウ) 領土を（　　）す。

(3) (ア) 社会にはいろいろな習（　　）がある。
(イ) 毎月雑誌を（　　）行する。
(ウ) 箱根は有名な（　　）光地です。
(エ) 事件の（　　）係者が警察に呼ばれた。
(オ) 一年間連載された物語もついに（　　）結した。
(カ) この道路を（　　）理しているのは国土交通省です。

(4) (ア)（　　）悪品を出さないようにきちんと検査する。
(イ) 消費税も（　　）税の一種です。
(ウ) 人数が多くて入場を（　　）止された。
(エ) 都会では（　　）外感を感じる人が多い。
(オ) 我が家の（　　）父は九十歳でまだまだ元気です。
(カ)（　　）上の魚を料理する。
(キ) 数学で（　　）数のことを学んだ。

ヒント！ ついでに覚えてほしい，同じ音で似た文字。倹・剣・険・検・験，清・晴・精・請，招・詔・紹，愉・諭・輸，暮・墓・慕・募，議・犠・儀・義，違・偉・緯，講・購・構，適・滴・摘，裁・載・栽，嬢・譲・醸。

**【11】 次の「たつ」という言葉にあてはまる漢字を書き，次にその意味を下から選び，記号で答えなさい。**

(1) 都市の再開発が進められ，高層ビルが<u>たつ</u>
(2) 航空機が太平洋上で消息を<u>たつ</u>
(3) 家庭科の実習で布を<u>たつ</u>
(4) 面接が終わって席を<u>たつ</u>
(5) 逃亡犯人の退路を<u>たつ</u>
(6) 就職試験の時間があっというまに<u>たつ</u>

(a)切りはなす　(b)過ぎていくこと
(c)立ちあがること　(d)なくすること
(e)できること　(f)さえぎること

ヒント！ 漢字の意味を考えたり，その漢字を使った熟語を思い出して書くとよい。

**【12】 次のカタカナの漢字として正しいものを選びなさい。**

(1) 真理をツイキュウする（㋐追及　㋑追求　㋒追究）

(2) 高校のカテイを修める（㋐過程　㋑課程　㋒仮定）

(3) 生命の安全をホショウする（㋐補償　㋑保証　㋒保障）

(4) 総会の決議に対してイギをとなえる（㋐意義　㋑異議　㋒威儀）

(5) 映画をカンショウする（㋐鑑賞　㋑感傷　㋒観賞）

(6) 統計調査のタイショウとしてあなたが選ばれました（㋐対称　㋑対照　㋒対象）

ヒント! まず，解答を見ないで自分なりの答えを出すこと。(1)どこまでも，おいきわめること。　(2)ある期間に修得すべき一定の範囲のことがら。(6)称＝よびな。象＝すがた，かたち。照＝光をあてる。

**【13】 例にならってそれぞれ２字の熟語となることのできる文字を中央の空欄にあてはめなさい。ただし，読みが異なる場合もあります。**

(例)

| | | |
|---|---|---|
| 竣 | | 完 |
| | □ | |
| 語 | | 功 |

→

| | | |
|---|---|---|
| 竣 | | 完 |
| | 成 | |
| 語 | | 功 |

| 番号 | 左上 | 右上 | 左下 | 右下 |
|---|---|---|---|---|
| (1) | 接 | 感 | 診 | 手 |
| (2) | 伝 | 教 | 業 | 戒 |
| (3) | 予 | 訃 | 道 | 酬 |
| (4) | 陰 | 撮 | 像 | 響 |
| (5) | 展 | 希 | 郷 | 外 |
| (6) | 実 | 観 | 地 | 量 |
| (7) | 拒 | 断 | 筆 | 版 |
| (8) | 謙 | 空 | 像 | 構 |
| (9) | 施 | 興 | 進 | 事 |
| (10) | 鑑 | 常 | 別 | 者 |
| (11) | 脱 | 引 | 陣 | 官 |
| (12) | 名 | 翻 | 文 | 詩 |

ヒント! どれかひとつがわかればあとはそれによってあてはめてみればよい。(1)さわること。　(3)天気　(4)カメラ　(6)建物を建てる場合に必要。(7)親子の断□　(11)やめること　(12)日本語を英語に。

**【14】 次の語の反対語を漢字で書きなさい。**

(1) 保　守　　(2) 損　失　　(3) 縮　小　　(4) 野　党

(5) 平　等　　(6) 供　給　　(7) 積極的　　(8) 主観的

ヒント! (1)と(4)は対で覚えよう。　(5)不平等も誤りではないが。　(7)・(8)〜的と的がつく言葉をまとめておこう。

**【15】 次の組み合わせが反対語になるように□に漢字を書きなさい。**

(1) 原告/□告

(2) 優勢/□勢

(3) 否定/□定

(4) 凡人/□人

(5) 感情/□性

(6) 建設/破□

(7) 悲哀/□喜

(8) 暗黒/□明

(9) 具体/□象

(10) 上昇/下□

ヒント! (1)裁判で使われる。 (4)ぼんにんとも読む。 (8)は読みの問題でも出るので注意。 (9)ピカソの絵を思いだそう。

**【16】 次のそれぞれの組の4つの言葉の中から反対語を2つ選び出し，その番号を書きなさい。**

(ア) ①韻文 ②散文 ③条文 ④国文

(イ) ①平和 ②敗戦 ③戦争 ④講和

(ウ) ①実現 ②理想 ③現実 ④理性

(エ) ①権利 ②人権 ③義務 ④義理

(オ) ①外形 ②内在 ③形式 ④内容

(カ) ①酸化 ②液化 ③復元 ④還元

(キ) ①妥協 ②受諾 ③絶交 ④拒絶

(ク) ①転勤 ②左遷 ③栄転 ④任命

(ケ) ①融解 ②凝固 ③凝視 ④誤解

(コ) ①債権 ②社債 ③債券 ④債務

ヒント! (ア)韻文＝韻をふんだ，よいひびきを持つ文章。詩。 (カ)・(ケ)理科の問題？ (コ)法律と経済の言葉を区別しよう。

## ■ことわざ・慣用句

**【17】 次の文中の□に漢字，○にひらがなを1字ずつ入れ，慣用句を使った文を完成させなさい。**

(1) 友人と駅で待ち合わせたが，いくら待っても来ないので，○

○○をきらした。

(2) 人を○○○□○ようないばった態度の上司はきらわれる。

(3) 君の人間性については先生が○○○□を押すよ。

(4) ラグビーの試合にどちらが勝つか□○○○○見守る。

(5) セールスにいって取りつく□もなく追いかえされた。

(6) 友人は前にけんかしたことをまだ□○もっている。

(7) 社長から□○○○○○○○ほど説諭された。

(8) A君の努力には□○□○○。

(9) 入社試験の論文を，□○□○とほめられた。

(10) そんなに○○○□ばかりたたいているときらわれるよ。

ヒント！ (1)足にくることもある。 (2)体の一部。 (3)保証。 (4)息を殺すも使われる。 (6)うらんでいつまでも忘れない。 (7)ガミガミやられるとまずどこに声は届くかな？ (8)感服すること。 (9)たっしゃに文章を書く。 (10)口はわざわいのもと。

**【18】 次の慣用句の意味として適当なものを選びなさい。**

| | |
|---|---|
| (1) 糠に釘 | (ア) こまりはてる。 |
| (2) 枯木（こぼく）死灰 | (イ) みはなす。 |
| (3) 口さがない | (ウ) てごたえやききめのない意味。 |
| (4) さじをなげる | (エ) いいかげんにその場をごまかす。 |
| (5) 歯をくいしばる | (オ) 口うるさい。 |
| (6) 手を焼く | (カ) 活気や情熱のないこと。 |
| (7) 目から鼻へぬける | (キ) 苦しさをこらえる。 |
| (8) 爪に火をともす | (ク) ひどくけちなこと。 |
| (9) 身につまされる | (ケ) すぐれてかしこい。 |
| (10) お茶をにごす | (コ) わが身に比べて思いやられる。 |

ヒント！ どれも一度は目にしているもの。(2)槁木死灰（こうぼくしかい）とも書く。かれ木と，つめたくなった灰から転じた言葉。槁＝藁（わら）

**【19】 次の空欄の中に適当な漢字１字を入れて４字の熟語を完成しなさい。**

| | | |
|---|---|---|
| (1) 有為□変 | (2) 起□転結 | (3) 縦横無□ |
| (4) 支離□裂 | (5) 新陳□謝 | (6) 馬□東風 |
| (7) □田引水 | (8) 温故□新 | (9) □刀直入 |
| (10) □苦八苦 | (11) 千載□遇 | (12) 危機一□ |
| (13) 異□同音 | (14) 用意周□ | (15) 喜怒□楽 |

⒃　無我□中　⒄　適材□所　⒅　四面□歌

⒆　花鳥□月　⒇　一□打尽　㉑　責任転□

㉒　□心伝心　㉓　五里□中　㉔　一石二□

㉕　羊頭□肉　㉖　質実□健　㉗　暗中□索

㉘　呉越同□　㉙　□機応変　㉚　一□一会

**ヒント!**　多くの会社で出題されている。⑴はかないこと。　⑷減ではない。　⑼短ではない。　⒁倒ではない。　⒂誤字注意。　⒇綱ではない。　㉑稼ではない。　㉚最期などの期は，「ご」と読む。

## 【20】　空欄内に適当な漢数字を入れて熟語を完成させなさい。

⑴　□進□退　⑵　□人□色　⑶　□面楚歌

⑷　□方美人　⑸　終始□貫　⑹　□部始終

⑺　□喜□憂　⑻　□知半解　⑼　破顔□笑

⑽　□拝□拝　⑾　□挙両得　⑿　□刻□金

⒀　□寒□温　⒁　□変□化　⒂　□望□里

⒃　□人□首　⒄　□差□別　⒅　□捨□入

⒆　□朝□夕　⒇　□日□秋　㉑　□束□文

**ヒント!**　⑶故事成語も研究せよ。　⑸・⑹読みも注意。　⑻何事もなまかじりしないこと。致ではない。　⑽おがみたおすこと。　⑿すばらしいひととき。　⒀三日寒さが続くと次の四日間はあたたかいという大陸の冬の気候。四字熟語は中国の事を表す場合が多い。　⒃和歌に関係あり。⒅算数でならった。

## ■文 学 史

## 【21】　次の作家と作品，文学における立場の中で正しい組み合わせのものを選びなさい。

⑴　島崎藤村――自然主義――詩集『月に吠える』

⑵　二葉亭四迷――写実主義――『浮雲』

⑶　菊池寛――白樺派――『父帰る』

⑷　小林多喜二――プロレタリア文学――『太陽のない街』

⑸　島木赤彦――ホトトギス派――歌集『柿蔭集』

**ヒント!**　⑴若菜集は？　⑶白樺派＝武者小路実篤・志賀直哉・有島武郎など。⑷「蟹工船」はだれ？　⑸アララギ派。

**【22】 次の作者の作品をそれぞれのⓐ～ⓒから選び，記号で答えなさい。**

(1) 吉田兼好（ⓐ枕草子　ⓑ平家物語　ⓒ徒然草）

(2) 井原西鶴（ⓐ雨月物語　ⓑ好色一代男　ⓒ奥の細道）

(3) ヘミングウェイ（ⓐ武器よさらば　ⓑ赤と黒　ⓒ狭き門）

(4) トルストイ（ⓐ罪と罰　ⓑ大地　ⓒ戦争と平和）

(5) シェイクスピア（ⓐベニスの商人　ⓑ若草物語　ⓒ宝島）

ヒント! (2)好色一代女もある。(3)アメリカの作家，『老人と海』もある。(4)ナポレオンのロシア侵攻を題材とした長編。(5)肉を血を流すことなく切りとれるかな？

**【23】 次の作者の名を漢字になおし，それぞれの作品を(a)～(h)から選んで記号で答えなさい。**

| | |
|---|---|
| (1) 夏目ソウセキ | (a)奥の細道 |
| (2) 石川タクボク | (b)武蔵野 |
| (3) 松尾バショウ | (c)小説神髄 |
| (4) 十返舎イック | (d)邪宗門 |
| (5) 坪内ショウヨウ | (e)こころ |
| (6) 森オウガイ | (f)悲しき玩具 |
| (7) 国木田ドッポ | (g)東海道中膝栗毛 |
| (8) 北原ハクシュウ | (h)阿部一族 |

ヒント! 作家と文学作品（日本・海外）をまとめておこう。

**【24】 次の文章の空欄にあてはまる語群の正しい組み合わせを，(1)～(5)から選びなさい。**

明治時代の文学は口語体で書かれた最初の小説（　　）によって口火が切られ，ついでロマン主義が流行，『舞姫』の（　　），樋口一葉の（　　）などによって詩歌・小説に新風がふきこまれた。明治末期には自然主義文学の（　　）の『破戒』，知性派を代表する（　　）の『坊っちゃん』が書かれ，日本文学に深みと理性を与えた。

(1) 小説神髄――二葉亭四迷――にごりえ――北原白秋――夏目漱石

(2) 浮雲――坪内逍遙――若菜集――島崎藤村――夏目漱石

(3)　小説神髄——森鷗外——たけくらべ——島崎藤村——山本有三
(4)　浮雲——森鷗外——たけくらべ——島崎藤村——夏目漱石
(5)　浮雲——芥川龍之介——たけくらべ——志賀直哉——山本有三

**ヒント!** 二葉亭四迷は言文一致体の文章と優れた心理描写とで新生面を開いた。一葉の作品はこの2つが有名。藤村は『若菜集』『夜明け前』など，ロマン主義的詩風。山本有三は『路傍の石』で有名。

**【25】　次の各文は古典文学の一節である。作品名と作者を答えなさい。**

(1)　月日は百代の過客にして，行きかう年も亦旅人なり。
(2)　ゆく川の流れは絶えずして，しかも，もとの水にあらず。
(3)　かく，ありし時過ぎて，世の中に，いと物はかなく……
(4)　天道もの言はずして，国土に恵み深し。人は実あって，偽り多し。
(5)　東路の道の果てよりも，なお奥つ方に生ひ出でたる人，いかばかりかはあやしかりけむを，いかに思い始める……

**ヒント!** (1)百代(はくたい)＝永遠の。過客(くわかく)＝旅人。　(3)平安中期の日記。　(4)江戸初期の浮世草子(うきよぞうし)。　(5)平安後期の日記。

**【26】　次の作品と作者を線で結びなさい。**

| | |
|---|---|
| (1)　狭き門 | (ア)紀貫之 |
| (2)　みだれ髪 | (イ)カミユ |
| (3)　土佐日記 | (ウ)ジイド |
| (4)　赤と黒 | (エ)与謝野晶子 |
| (5)　異邦人 | (オ)スタンダール |

**【27】　次の俳句の季語と季節を書きなさい。**

(1)　いわし雲天にひろがり萩咲けり
(2)　万緑の中や吾子の歯生えそむる
(3)　朝顔につるべとられてもらひ水
(4)　荒海や佐渡に横たう天の川
(5)　長々と川一すじや雪の原
(6)　菊の香や奈良には古き仏たち

(7) 木の芽ふく十坪の庭を散歩かな

(8) 五月雨や大河を前に家二軒

(9) わが声のふきもどさるる野分かな

(10) 春の月ふけしともなくかがやけり

ヒント! 季語は旧暦（太陰暦）で表され，現在使われている新暦（太陽暦）と約1か月ほどのずれがあるので注意。

**【28】 次の漢字で略された国名を書きなさい。**

(1) 加　(2) 伊　(3) 英　(4) 蘭　(5) 豪

ヒント! このほか，米＝アメリカ，仏＝フランス，印＝インド，独＝ドイツなどまとめておこう。

**【29】 次の数を数えるのに用いる語を書きなさい。**

(1) 一（　）の馬。

(2) 二（　）の鏡。

(3) 三（　）の舟。

(4) 一（　）の薬。

(5) 二（　）のスーツ。

(6) 七（　）の花。

(7) 一（　）のよろい。

(8) 百人一（　）。

(9) 一（　）の屏風。

(10) 一（　）の土地。

ヒント! 数の単位も要注意。

**【30】 次の俳句の最初の句と残りの句を結びつけて俳句を完成しなさい。**

| | |
|---|---|
| (1) ゆさゆさと | (ア)氷踏みけり谷の道 |
| (2) ひやひやと | (イ)雲が来るなり温泉の二階 |
| (3) ずんずんと | (ウ)からみし蔓や枯木立 |
| (4) もこもこと | (エ)月あびてあり夕紅葉 |
| (5) うすうすと | (オ)引く潮うれし潮干狩 |
| (6) ばりばりと | (カ)大枝ゆるる桜かな |
| (7) ほろほろと | (キ)砂ふきあぐる清水かな |

⑻　きりきりと　　　　　　(ク)あしび散るなり水の上

ヒント! いずれも情景を考えるとすぐわかる。

**【31】 次の品詞の中で１つだけ異なるものがあります。その記号を答えなさい。**

⑴　(ア)大きな　(イ)ていねいな　(ウ)きれいな　(エ)静かな
⑵　(ア)この　(イ)あの　(ウ)その　(エ)やっと
⑶　(ア)ずいぶん　(イ)もしもし　(ウ)ちっとも　(エ)なぜ
⑷　(ア)だが　(イ)しかし　(ウ)そして　(エ)やがて
⑸　(ア)広い　(イ)遠い　(ウ)たとい　(エ)長い

ヒント! ⑴「だ」でおきかえる。　⑵こそあど言葉。　⑶副詞と感動詞の区別。⑷接続詞。　⑸形容詞と副詞の区別。

**【32】 次の漢字で表された言葉を，別の言葉におきかえるとすればどれがよいでしょうか。**

⑴　焦　燥　⑵　些　細　⑶　哀　愁　⑷　束　縛
⑸　偏　見　⑹　模　倣　⑺　媒　介　⑻　判　然

(ア)まね　(イ)なかだち　(ウ)はっきり　(エ)うれい
(オ)わずか　(カ)あせり　(キ)しばる　(ク)かたより

ヒント! むずかしい漢字やことわざ・慣用句をやさしい言葉におきかえたり，逆に短い文章を漢字で表現できるようにしておこう。

# 国　語　チェックリスト

**【漢字の読み】**

□ **成就**〈 1 〉なるか君の就職。
□ 金つきた**為替**〈 2 〉送れ。
□ 交通**渋滞**〈 3 〉イライラは事故のもと。
□ 水筒を忘れても**出納**〈 4 〉簿は忘れるな。
□ 肉のない**精進**〈 5 〉料理は健康食。
□ 先生に**会釈**〈 6 〉をする。
□ 面接で**曖昧**〈 7 〉な態度はとるな。
□ 青春は**蹉跌**〈 8 〉の連続くじけるな。
□ 責任を他人に**転嫁**〈 9 〉するようでは上司に認められない。
□ **誤謬**〈 10 〉を恐れるな。**貪欲**〈 11 〉になれ。
□ 先輩の**示唆**〈 12 〉には**謙虚**〈 13 〉に学べ。
□ 経営の**刷新**〈 14 〉には，**明晰**〈 15 〉な頭脳が必要だ。

**【漢字の書き取り】**

□ **センモンカ**〈 16 〉には点と口を出すな。**ハカセ**〈 17 〉にはよい点をあげよ。
□ 後のことを善くするのが**ゼンゴサク**〈 18 〉。もう前のことにはこだわるな。
□ 親切な彼女の**コウイ**〈 19 〉に，私は**コウイ**〈 20 〉を持った。
□ 物を見るのが，**カンサツ**〈 21 〉，力で誘うのが**カンユウ**〈 22 〉。
□ **アットウ**〈 23 〉はイ（ひと）によって倒される。
□ **シュクショウ**〈 24 〉は小さくするのであって，少なくするのではない。
□ **キョウチョウ**〈 25 〉は言い張るのではなく，強い調（しら）べである。
□ **ジョコウ**〈 26 〉とは静かにゆっくりの徐，スピードを出して除（殺す）してはいけない。

**【四字熟語】**

□ 体と命で**絶**〈 27 〉**絶**〈 28 〉。
□ 髪の毛のおかげで**危機一**〈 29 〉助かった。
□ **五里**〈 30 〉**中**，五里さきまで霧の中。
□ **無我**〈 31 〉**中**，我を無くして夢の中。
□ 人が集まれば**群**〈 32 〉**心理**。
□ 口答しないで頭で考えるのが**口頭**〈 33 〉**問**。
□ 〈 34 〉**刀直入**，単刀は短くないと入らない。
□ **意味深**〈 35 〉な言葉は長く考えよ。
□ かたわらに人がいないようにふるまうのが**傍若**〈 36 〉**人**，（武ではない）。
□ 言語で説明する道が断たれるのが〈 37 〉**語**〈 38 〉**断**。
□ 年々減らして〈 39 〉**価償却**，（原ではない）。
□ 心が一つで**一**〈 40 〉**同体**，（身ではない）。
□ 青い空見て〈 41 〉**天白日**。
□ 日に月にたえず進歩が**日**〈 42 〉**月歩**。
□ 名文を書いてもだめだ**大義名**〈 43 〉。
□ 不和ではなく付和だと彼女いう〈 44 〉**和雷同**。
□ へたな絵をほめるのが**自**〈 45 〉**自賛**？
□ 故（ふる）きを温（たず）ねて**温**〈 46 〉**知新**。
□ 四字熟語覚えて生きかえる**起死回**〈 47 〉。

**【作家と作品】**

□ **『吾輩は猫である』**の作者は，〈 48 〉である。
□ 沙翁とよばれるイギリスの劇作家で，**四大悲劇**など多数の戯曲を創作した人は〈 49 〉である。
□ **友情**という小説を書いたのは〈 50 〉である。
□ 『戦争と平和』『復活』はトルストイ。『罪と罰』『白痴』の作者は〈 51 〉である。
□ **鶴**を題材にしたり，日本の昔話をテーマにした作品が多い作者は〈 52 〉である。
□ 原爆をテーマにした作品は多いが，**黒い雨**は〈 53 〉の代表作。

1. じょうじゅ
2. かわせ
3. じゅうたい
4. すいとう
5. しょうじん
6. えしゃく
7. あいまい
8. さてつ
9. てんか
10. ごびゅう
11. どんよく
12. しさ
13. けんきょ
14. さっしん
15. めいせき
16. 専門家
17. 博士
18. 善後策
19. 行為
20. 好意
21. 観察
22. 勧誘
23. 圧倒
24. 縮小
25. 強調
26. 徐行
27. 体　28. 命
29. 髪　30. 霧
31. 夢　32. 集
33. 試　34. 単
35. 長　36. 無
37. 言　38. 道
39. 減　40. 心
41. 青　42. 進
43. 分　44. 付
45. 画　46. 故
47. 生
48. 夏目漱石
49. シェイクスピア
50. 武者小路実篤
51. ドストエフスキー
52. 木下順二
53. 井伏鱒二

# 4 社　会

○「社会（地理歴史・公民）」は社会生活をしていくなかで，“常識”と思われることがらへの理解が求められています。
○問われる内容は，地理・歴史・現代社会・倫理・政治・経済など全般にわたっています。
○したがって，ここでは混乱しないように，「地理的分野」「歴史的分野」「倫理的分野」「政治・経済的分野」に分けて構成してありますから，それにそって勉強して下さい。
○重要事項の整理は，重要項目の表題についてのみ掲げてありますので，各自教科書などを参照して下さい。

## 重要事項の整理

### 1.地理的分野

⑴　地球の構成

①地形　(ア)赤道より北を北半球，南を南半球。全体では陸地：海洋＝3：7だが，陸地は北半球に多い。(イ)大陸－ユーラシア，アフリカ，オーストラリア，南・北アメリカ，南極。(ウ)大洋－太平洋・大西洋・インド洋。

②気候　ケッペンの気候区分。日本の多くは温暖湿潤気候。

⑵　日　本

①自然環境　(ア)環太平洋造山帯に属し，火山が多い—フォッサマグナ。火山帯。　(イ)海に囲まれた島国。　(ウ)四季の変化が明瞭—季節風。西高東低の冬型気圧配置。梅雨。台風。　(エ)山がち—山脈。平野。盆地。河川。湖。

②産業　(ア)農業—狭い耕地での集約型。多い兼業農家。稲作中心。果樹・茶などの特産物。農産物輸入の自由化問題。　(イ)漁業—零細漁家による沿岸・沖合漁業。大資本による遠洋漁業。養殖。漁港。捕鯨問題。200カイリ漁業専管水域。(ウ)工業—工業地帯（地域）とその特色。主要工業都市。　(エ)資源—鉱産資源。森林資源（木材）。電力（火力・水力・原子力）天然ガス。

⑶　世界の諸地域

主要国と首都。

### 2.歴史的分野

⑴　日本史

①先土器文化　岩宿遺跡。

②縄文時代　貝塚。

③弥生時代　稲作の開始。邪馬台国。吉野ケ里遺跡。

④大和時代　(ア)大和朝廷—倭の五王と稲荷山古墳の鉄剣。大陸文化の伝来。 (イ)古墳—前方後円墳。

⑤飛鳥時代　(ア)聖徳太子—推古天皇・蘇我氏・十七条憲法・遣隋使・法隆寺。　(イ)大化の改新—中大兄皇子・中臣鎌足。　(ウ)律令制の形成—白村江の戦，壬申の乱，白鳳文化。　(エ)大宝律令—藤原不比等，班田収授法。

⑥奈良時代　(ア)平城京—和同開珎，遣唐使。　(イ)律令制の動揺—三世一身法・墾田永年私財法，長屋王の変，道鏡。　(ウ)天平文化—『古事記』・『日本書紀』・『万葉集』，鎮護国家仏教（東大寺と国分寺・大仏），正倉院御物。

⑦平安時代　(ア)平安京—桓武天皇，三代格式，弘仁貞観文化・最澄・空海。 (イ)摂関政治—藤原氏，荘園，遣唐使廃止と国風文化・『古今和歌集』・『源

氏物語』など。武士の台頭。 (ウ)院政―白河上皇，保元・平治の乱。 (エ)平氏政権―平清盛。

⑧鎌倉時代 (ア)鎌倉幕府―源頼朝と御家人，守護・地頭。 (イ)執権政治―北条泰時，承久の乱，御成敗式目。 (ウ)元寇―モンゴル族・北条時宗。 (エ)鎌倉新仏教。

⑨室町時代 (ア)南北朝時代―後醍醐天皇と建武の新政，吉野朝廷と室町幕府。 (イ)室町幕府―足利尊氏・義満，守護大名，倭寇と勘合貿易。金閣寺・銀閣寺。 (ウ)戦国時代―応仁の乱，戦国大名・下克上。

⑩織豊時代 (ア)織田信長―鉄砲戦術・畿内平定。 (イ)豊臣秀吉―天下統一，太閤検地・刀狩，朝鮮出兵。 (ウ)桃山文化―南蛮文化・茶道。

⑪江戸時代 (ア)江戸幕府―徳川家康，関ヶ原の戦。 (イ)鎖国。 (ウ)文治政治と元禄文化―綱吉(犬公方)，新井白石，松尾芭蕉・井原西鶴・近松門左衛門。 (エ)3大改革―享保改革～田沼時代～寛政改革～化政時代～天保改革。 (オ)化政文化―浮世絵，蘭学。 (カ)開国―ペリー・日米修好通商条約，幕末の動乱。

⑫明治時代 (ア)明治維新―王政復古，富国強兵・地租改正・殖産興業，文明開化。 (イ)自由民権運動―板垣退助・大隈重信，伊藤博文。 (ウ)立憲君主制の成立―大日本帝国憲法。 (エ)産業革命―日清戦争・日露戦争，韓国併合。

⑬大正時代 (ア)大正デモクラシー (イ)第一次世界大戦―対華21ヵ条要求。 (ウ)政党政治の成立―原敬，護憲運動，普通選挙と治安維持法。 (エ)恐慌―金融恐慌，関東大震災，世界恐慌。

⑭昭和時代 (ア)軍部独走とファシズム―満州事変，国際連盟脱退，二・二六事件。 (イ)第二次世界大戦―日中戦争・太平洋戦争，敗戦。 (ウ)占領と民主化―マッカーサー，農地改革・財閥解体，日本国憲法。 (エ)国際社会への復帰―東西冷戦と朝鮮戦争，サンフランシスコ条約と日米安全保障条約。 (オ)対米協調と高度成長。

(2) 欧米諸国と近現代史

①近代の幕開け (ア)ルネサンス―ダンテ，レオナルド=ダ=ヴィンチ，ミケランジェロ，ガリレオ。 (イ)宗教革命―ルター，カルヴァン，プロテスタント，イエズス会。 (ウ)大航海時代―コロンブス，マゼラン。 (エ)絶対王政―エリザベス1世，ルイ14世。

②市民革命 (ア)イギリス革命―ピューリタン，クロムウェル，名誉革命，権利の章典。 (イ)アメリカ独立―ボストン茶会事件，ワシントン，独立宣言。 (ウ)フランス革命―バスティーユ牢獄襲撃，人権宣言，ジャコバン派と恐怖政治，ナポレオン。

③産業革命 (ア)機械の発明―ジョン=ケイ，ワット，スティーブンソン。 (イ)資本主義の確立―資本家と労働者。

④19世紀のヨーロッパ (ア)ウィーン体制 (イ)1848年の革命運動 (ウ)国民主義と近代国家の成立―アメリカ南北戦争，イタリア統一，ドイツ統一，ヴィクトリア女王下のイギリス。

⑤ヨーロッパ勢力の東進 (ア)イギリスによるインド植民地化。 (イ)東南アジアの植民地化。 (ウ)アヘン戦争と太平天国。

⑥帝国主義 (ア)独占資本の成立。 (イ)労働者抑圧。 (ウ)世界分割―ファショダ事件・南ア戦争，太平洋地域の分割，日清戦争・門戸開放政策・義和団事件・日露戦争。 (エ)アジア諸国の改革―辛亥革命と清朝滅亡・孫文・中華民国，スワデーシー・スワラージ(インド)。

⑦第一次世界大戦 (ア)ヴァルカン問題―三国同盟と三国協商。 (イ)第一次大戦―サライェボ事件。 (ウ)ロシア革命―レーニン・ボルシェヴィキ，ソ連の成立。

⑧戦間期 (ア)ヴェルサイユ条約，国際連盟，ドイツ=ワイマール共和国。 (イ)アジア諸国の独立運動―蒋介石・中国共産党，ガンディー(インド)，ケマル=パシャ(トルコ)。 (ウ)世界恐慌―アメリカウォール街「暗黒の木曜日」，ニューディール政策・フランクリン=ルーズヴェルト。 (エ)ファシズムの台頭―イタリア=ファシスト党・ムッソリーニ，ドイツ=ナチス党・ヒットラー，日本軍部と政党制。

⑨第二次世界大戦

⑩大戦後の世界情勢 (ア)2大陣営の対立―西側・資本主義・アメリカ，東側・社会主義・ソ連，「冷戦」，東西ドイツ・南北朝鮮の分裂。 (イ)A・A諸国の独立―1960年代は「アフリカの時代」。 (ウ)国際紛争―中東戦争，ベトナム戦争など。 (エ)東西対立の解消―ドイツ統一，米ソ軍縮。 (オ)社会主義の崩壊―ソ連邦解体。

### 3.倫理的分野

(1) 古典的思想と3大宗教

①中国　(ア)諸子百家　(イ)儒家―孔子(『論語』)・孟子・荀子・朱子，家族倫理(親孝行)。　(ウ)道家―老子・荘子，無為自然。

②ギリシア　(ア)自然哲学者–タレス・ピタゴラス　(イ)3大哲人―ソクラテス(無知の知・弁証法)，プラトン(イデア論)，アリストテレス(「人間は社会的動物である」)。

③仏教　(ア)開祖―ゴータマ＝シッダルタ(ブッダ，シャカ)。　(イ)大乗仏教と小乗仏教―日本は大乗，東南アジアでは小乗が多い。

④キリスト教　(ア)開祖―イエス＝キリスト。　(イ)ユダヤ教から生まれる―モーゼ，旧約聖書。　(ウ)ヨーロッパ世界への展開―新約聖書，ローマ＝カトリックとギリシア正教。

⑤イスラム教　(ア)開祖―マホメット,『コーラン』。　(イ)スンナ派とシーア派―スンナ派が多勢。イランではシーア派が多い。　(ウ)西アジア・中央アジア・北アフリカに拡大。

(2)　近代の思想

①経験論　(ア)ベーコン。　(イ)自然法思想。

②合理論　(ア)デカルト・方法的懐疑。　(イ)スピノザ，ライプニッツ。

③モラリスト　パスカル。

④啓蒙思想　(ア)自然法思想(社会契約説)―ホッブズ，ロック(革命権)，ルソー(主権在民)。　(イ)モンテスキュー(三権分立)，ヴォルテール。

⑤功利主義　(ア)ベンサム―快楽計算。(イ)ミル―快楽の質。

⑥進化論(ダーウィン)と実証主義(コント)

⑦ドイツ理想主義　(ア)カント―人格の尊重，(イ)ヘーゲル―弁証法。

⑧社会主義　(ア)空想的社会主義―オーエン。　(イ)科学的社会主義―マルクス・エンゲルス，資本家と労働者の対立を理論化―レーニン。

⑨アジアの近代思想　(ア)孫文―三民主義，辛亥革命指導。　(イ)毛沢東―農村に基盤をおく社会主義革命，中華人民共和国成立の指導。　(ウ)ガンディー―非暴力主義，インドの独立を指導。

⑩実存主義　(ア)キルケゴール　(イ)ヤスパース，ハイデッガー　(ウ)サルトル。

**4.政治・経済的分野**

(1)　民主政治の基本

①社会契約説　(ア)ホッブズ　(イ)ロック　(ウ)ルソー。

②基本的人権

③国民主権

④代表制と三権分立　(ア)代表制―代議制・議会制。　(イ)三権分立―モンテスキュー，立法権・行政権・司法権。

(2)　日本国憲法

①三原則　(ア)基本的人権の保障―「公共の福祉に反しない限り」。　(イ)国民主権―象徴天皇，普通選挙制・「国会は国権の最高機関」。　(ウ)平和主義―第9条，自衛権の問題。

②政治組織　三権分立。　(ア)立法＝国会　(イ)行政＝内閣　(ウ)司法＝裁判所。

(3)　資本主義経済

①歴史的変遷　産業革命から現代まで。

②経済循環　(ア)経済主体―企業・家計・政府。　(イ)経済循環―経済主体間を財やサービスが貨幣を仲立ちにめぐること。　(ウ)生産の3要素―労働・土地・資本。

③市場と企業　(ア)市場―財・サービスが交換される場。　(イ)需要と供給―需要(買い手)，供給(売り手),両者のバランスで価格が決定される，自由競争が原則。　(ウ)独占―管理価格・プライス＝リーダー，独占禁止法。　(エ)企業―公企業と私企業，合名会社・有限会社・株式会社，巨大企業(コングロマリット，多国籍企業)。

④国富と国民所得　(ア)国民総生産―GNP　(イ)国民所得―エンゲル係数。

⑤景気変動　(ア)生産超→価格下落→利潤低下→経済不活発＝不景気・不況・恐慌，⇒(イ)生産減少→需要超→価格上昇→利潤増加→経済活発化＝好景気・好況。(ウ)物価の変動―インフレーション，デフレーション。

⑥経済政策　(ア)金融政策　(イ)財政政策。

(4)　国際経済

①貿易　(ア)保護貿易　(イ)自由貿易。

②為替　(ア)為替―国際間取引きの決済。　(イ)国際通貨体制。

③国際経済

# 力だめし

## さあやってみよう！

**ここがポイント！**

典型問題1

○回帰線とは，太陽の垂直射を受ける極限。

○この他，緯線・経線・日付変更線など。

○気候区分は種々あるが，ケッペンの気候区分ではA熱帯，B乾燥，C温帯，f年中多雨，s冬多雨，w夏多雨などとする。

○主要な地理名称は知っておく必要がある。

○最近ニュースなどで報道された国については，首都だけでなく，要注意。

○日本の都市もよく出題される。

典型問題2

○格言はよく出題される。要注意。

○人物が比較的よく出題される。各時代での代表的人物を日本・世界ともまとめておこう。

○時代を変えたできごとは，時代の流れに沿って覚えよう。中学時代の教科書はおおいに参考となる。

**【典型問題1】**（地理的分野）

**A．次の文を読み，最も適当と思われる語を（　）内から選び，その記号で答えなさい。**

(1)　緯度23°27′の線を（㋐ 回帰線　㋑ 赤道　㋒ 子午線）という。

(2)　ケッペンの気候区分ではCで（㋐ 熱帯　㋑ 乾燥　㋒ 温帯）気候を示し，東京のような温帯多雨気候は（㋓ Af　㋔ BW　㋕ Cf）で表す。

(3)　イギリスは北海道よりも北に位置するが（㋐ ラブラドル海流　㋑ メキシコ湾流　㋒ カリフォルニア海流）が北上してくる影響で，全般に北海道よりも暖かい。

(4)　いま，北アフリカでは（㋐ サハラ　㋑ ゴビ　㋒ タクラマカン）砂漠の拡大が大きな問題となっている。

**B．次の国の首都を答えなさい。**

(1)　イギリス　(2)　イタリア　(3)　ロシア　(4)　イラク
(5)　イラン　(6)　インド　(7)　大韓民国　(8)　オーストラリア
(9)　中華人民共和国　(10)　アメリカ合衆国

**解答**　A. (1)—㋐　(2)—㋒，㋕　(3)—㋑　(4)—㋐
B. (1)ロンドン　(2)ローマ　(3)モスクワ　(4)バグダッド　(5)テヘラン
(6)ニューデリー　(7)ソウル　(8)キャンベラ　(9)北京　(10)ワシントン

**【典型問題2】**（歴史的分野）

**A．次の語句・事項と最も関係の深い人名を右から選び，記号で答えなさい。**

| | |
|---|---|
| (1)　「ブルータス，お前もか」 | (ア)孫文 |
| (2)　「それでも地球は動く」 | (イ)シーザー |
| (3)　十七条憲法 | (ウ)ウィルソン |
| (4)　摂関政治 | (エ)藤原道長 |
| (5)　「春はあけぼの」 | (オ)ガリレイ |
| (6)　鎖国 | (カ)東条英機 |

(7)　自由民権運動　　(キ)板垣退助
(8)　三民主義　　(ク)聖徳太子
(9)　大東亜共栄圏　　(ケ)清少納言
(10)　国際連盟　　(コ)徳川家光

**B. 次の事がらは，何という事件をきっかけに，何年に始まりましたか。**

(1)　フランス革命　(2)　アメリカ独立戦争　(3)　日清戦争
(4)　第一次世界大戦　(5)　日本の戦国時代

**解　答**　A. (1)イ　(2)オ　(3)ク　(4)エ　(5)ケ　(6)コ　(7)キ　(8)ア　(9)カ　(10)ウ
B. (1)バスティーユ牢獄襲撃・1789年　(2)ボストン茶会事件・1775年　(3)東学党の乱（甲午農民戦争）・1894年　(4)サライェヴォ事件・1914年　(5)応仁の乱・1467年

**【典型問題3】**（倫理的分野）

**次の言葉や事項と最も関連の深い人物名を答えなさい。**

(1)　「人間は考える葦である」　(2)　「人間は社会的動物である」
(3)　「自然に帰れ」　(4)　アラー神
(5)　「悔い改めよ」
(6)　「天は人の上に人を造らず，人の下に人を造らず」
(7)　『資本論』　(8)　無知の知
(9)　『論語』　(10)　「我思う，故に我あり」

**解　答**　(1)パスカル　(2)アリストテレス　(3)ルソー　(4)マホメット（ムハンマド）　(5)イエス＝キリスト　(6)福沢諭吉　(7)マルクス　(8)ソクラテス　(9)孔子　(10)デカルト

ここがポイント！

典型問題3
○名言とされるものは，その人の思想内容がよく表現されている。
○著書はズバリ，その人の思想を表明しているものだから，確実におさえておこう。

ここがポイント!

典型問題4
○政治・経済分野では，最近話題となった出来事に関連したことがポイント。
○選挙制度は全般的にまとめておこう。

4

**【典型問題4】**（政治・経済的分野）

**A. 次の文章を読み，空欄に適当な数字や語を入れなさい。**

⑴ 参議院は（ ㋐ ）年ごとに議員の（ ㋑ ）が，衆議院は（ ㋒ ）年ごとに改選されるが，衆議院は解散されることがある。

⑵ 所得税は直接税，酒税は（ ㋓ ）税である。

⑶ 天皇は日本国の（ ㋔ ）であり，（ ㋕ ）の助言と承認により（ ㋖ ）だけを行うものと定められている。

○経済的分野では，経済のしくみを理解している必要がある。

**B. 次の文章の空欄に「低下」か「上昇」の語を入れ，文を完成させなさい。**

生産量が需要量より（ ① ）してゆくと，価格が（ ② ）し，このため企業の操業率は（ ③ ）し，失業率が（ ④ ）するため，不景気になる。そうした場合，公定歩合を（ ⑤ ）させると，資金の貸出しが容易になるので，企業の操業がやりやすくなり，景気が回復してゆく。

○なお，労働三法・労働三権は必出。
○略語は最もよく出る。要注意。

**C. 次の各語句と最も関係の深い語を右から選びなさい。**

| | |
|---|---|
| ⑴ IMF | ㋐ 国民総生産 |
| ⑵ ICBM | ㋑ 大陸間弾道弾 |
| ⑶ EU | ㋒ 国際通貨基金 |
| ⑷ GNP | ㋓ ヨーロッパ連合 |
| ⑸ OPEC | ㋔ 石油輸出国機構 |

**解 答** A. ㋐3 ㋑半数 ㋒4 ㋓間接 ㋔象徴 ㋕内閣 ㋖国事行為
B. ①上昇 ②低下 ③低下 ④上昇 ⑤低下
C. ⑴―㋒ ⑵―㋑ ⑶―㋓ ⑷―㋐ ⑸―㋔

# 実戦就職問題

## ■地理的分野

**【1】（　）から適切な解答を選びなさい。**

⑴　三大洋とは，太平洋・大西洋・(㋐インド洋　㋑メキシコ湾　㋒アラビア海) のことをいう。

⑵　陸地と海の比率は, およそ (㋐3:7　㋑4:6　㋒2:8) である。

⑶　陸地は次のどこに多く分布していますか。(㋐赤道付近　㋑北半球　㋒南半球)

ヒント!　⑶北アメリカ大陸，ユーラシア大陸は北半球にある。

**【2】（　）から適切な解答を選びなさい。**

⑴　北米5大湖沿岸の気候帯を記号で表すと，(㋐Cw　㋑Df　㋒Cfa) である。

⑵　東南アジア諸国の多くは(㋐熱帯　㋑温帯　㋒乾燥)気候に属する。

ヒント!　気候区分は,「ケッペンの気候区分」による。

**【3】（　）から適切な解答を選びなさい。**

⑴　三角州の代表的な川は，(㋐アマゾン川　㋑ドナウ川　㋒ナイル川) である。

⑵　日本は火山が多く，(㋐環太平洋火山帯　㋑地中海火山帯) に属している。

⑶　日本では三陸海岸，外国ではスペイン北西岸に代表される海岸を, (㋐フィヨルド海岸　㋑三角江　㋒リアス式海岸) という。

ヒント!　⑶フィヨルドは峡湾といい，ノルウェー，グリーンランド，チリ南部の海岸にみられる。

**【4】（　）内に適切なことばを入れなさい。**

⑴　日最高気温が30℃以上の日を (　①　) といい, これに対して日最高気温が0℃未満の日を (　②　) という。また, ある地点の最低気温が25℃以上の夜を (　③　) という。

(2) 雨・雪・あられなどのように，水または氷の形で空から降ったものの量を（ ④ ）という。

**【5】 次の都道府県名を書きなさい。**

(1) 田沢湖がある。

(2) 日本三景のひとつである「厳島」がある。

(3) 「かかあ天下」と「からっ風」で有名。

ヒント！ (3)県庁所在地は前橋市である。

**【6】 次の各都市はどのような工業で有名ですか。その工業名を答えなさい。**

(1) 佐世保・呉・神戸・横須賀・横浜

(2) 豊田・広島・横浜・日野・狭山

(3) 鹿島・君津・川崎・尼崎・室蘭

(4) 苫小牧・釧路・岩国・富士・春日井

ヒント！ (3)は，新しい立地条件によって変わりつつある。

**【7】 日本の水産業について，次の文章の（ ）に適切なことばまたは数字を入れなさい。**

(1) 日本は遠洋漁業の進展で世界の王座を維持してきたが，70年代の中ごろから（ ① ）カイリ時代を迎えて，沿岸・沖合漁場の再開発を迫られている。

(2) 日本の漁港で水揚げ量が多いのは，北海道の釧路，千葉県の（ ② ），（ ③ ）県の八戸，鳥取県の境港などである。

ヒント！ (1)外国との漁業摩擦も，年々深刻化している。

**【8】 （ ）に国名を入れなさい。**

金やダイヤモンドの産出国で，かつては人種隔離政策（アパルトヘイト）を行っていた国は（ ）である。

**【9】 次の国の首都と通貨単位を書きなさい。**

(1) ロシア (2) 中国 (3) ノルウェー

(4)　イギリス　　(5)　フランス

**【10】 次の問いに答えなさい。**

国連本部があるアメリカ合衆国の都市はどこですか。

**【11】 次の国の首都を右から選び，記号で書きなさい。**

(1)　カナダ　　　　㋐ マドリード
(2)　オランダ　　　㋑ アムステルダム
(3)　アルゼンチン　㋒ ジャカルタ
(4)　ハンガリー　　㋓ ヘルシンキ
(5)　スウェーデン　㋔ オタワ
(6)　タイ　　　　　㋕ ソウル
(7)　韓国　　　　　㋖ ブダペスト
(8)　インドネシア　㋗ ストックホルム
(9)　フィンランド　㋘ ブエノスアイレス
(10)　スペイン　　　㋙ バンコク

**【12】 次の国の首都を書き，語群からその特産物を選びなさい。**

(1)　インド　　(2)　カナダ　　(3)　キューバ
(4)　マレーシア　　(5)　ブラジル

《語群》

㋐ ゴム　　㋑ コーヒー　　㋒ 綿花　　㋓ 砂糖　　㋔ 木材

ヒント!　わが国と関連深い国や主要国の首都，通貨単位，政治制度，産業などはよく覚えておこう。

**【13】 次の問いに答えなさい。**

世界標準時は何という天文台で計られますか。

ヒント!　イギリスにある天文台。

**【14】 次の問いに答えなさい。**

喜望峰は何という大陸にありますか。

ヒント!　この大陸には，エジプト，リビア，エチオピアなどの国々がある。

## ■歴史的分野

**【15】 次の文中の（ ）に適語を入れなさい。**

(1) 日本ではじめて鋳造された貨幣の名は（　　）である。
(2) 日本にはじめて鉄砲を伝えたのは（　　）人である。
(3) 日本ではじめて武家政治を行ったのは（　　）である。
(4) 日本ではじめてひらかれた幕府は（　　）幕府である。

ヒント！ (3)源氏との勢力争いに勝利したのは誰。 (4)この幕府の創始者は源頼朝である。

**【16】（ ）から適切な答えを選びなさい。**

(1) 徳川家光は，（㋐奈良時代　㋑鎌倉時代　㋒江戸時代）の人である。
(2) 『枕草子』の作者は，（㋐紫式部　㋑清少納言　㋒吉田兼好）である。
(3) 『古今和歌集』は，（㋐奈良時代　㋑平安時代　㋒鎌倉時代）に作られた。

ヒント！ (1)家光は三代将軍である。

**【17】 次の(1)～(4)の用語に関係する時代を㋐～㋓から，人物をⓐ～ⓓから，それぞれ選びなさい。**

| | | |
|---|---|---|
| (1) 刀狩 | ㋐江戸時代 | ⓐ日蓮 |
| (2) 安政の大獄 | ㋑室町時代 | ⓑ井伊直弼 |
| (3) 金閣寺 | ㋒安土桃山時代 | ⓒ豊臣秀吉 |
| (4) 立正安国論 | ㋓鎌倉時代 | ⓓ足利義満 |

**【18】 次の問いに答えなさい。**

(1) 法隆寺は何文化の時代に建てられたか。
(2) 江戸時代の17世紀半ばから18世紀初めにかけての文化を何文化というか。
(3) 安土桃山時代に特にキリスト教をとおして輸入された文化を何文化というか。

ヒント！ (2)松尾芭蕉などが活躍した。

**【19】 次の出来事がおこった時代を答えなさい。**

(1) 日清戦争

(2) 関東大震災

(3) 二・二六事件

ヒント! この場合は平成などの元号（時代）で答えることを意味している。

**【20】 次の問いに答えなさい。**

(1) アヘン戦争の結果結ばれた条約を何というか。また，この条約によって香港を植民地化した国はどこか。

(2) 日清戦争の結果結ばれた条約を何というか。

(3) 日露戦争の結果結ばれた条約を何というか。また，この条約はある国の調停によって結ばれたが，それはどこか。

ヒント! (1)中国，(2)山口県，(3)アメリカの一都市で結ばれた。

**【21】 (　) から適切な答えを選びなさい。**

(1) 中国革命同盟会を組織した孫文は民族の独立・民権の伸長・(㋐政権の安定　㋑民生の安定　㋒生産の安定) をめざす三民主義を唱え，革命運動を指導した。

(2) 魯迅は中国の有名な作家であり，(㋐三国志演義　㋑大地　㋒阿Q正伝) などの作品がある。

(3) 中国の正式名称は，(㋐中華民国　㋑台湾　㋒中華人民共和国) である。

ヒント! (3)現在の国家は1949年に成立した。

**【22】 次の問いに答えなさい。**

(1) 中世ヨーロッパの商人・職人の集まりを何というか。

(2) (1)が特に発達した国はどこか。

ヒント! (2)アウグスブルクやフランクフルトなどの都市がある。

**【23】 次のA・Bで関連の無いものはどれですか。**

〔A〕　〔B〕

(1) ウィリアム3世――――権利の章典
(2) 2月革命――――ルイ・フィリップ
(3) フランス革命――――ルイ16世
(4) 7月革命――――ナポレオン3世

**【24】 次の語句で関係あるものを線で結びなさい。**

(1) イギリス　(ア)人権宣言
(2) アメリカ　(イ)大憲章
(3) フランス　(ウ)独立宣言

ヒント! 独立宣言を起草したのはジェファーソンである。

**【25】 (　)より関連するものを選びなさい。**

(1) 『国富論』(㋐ アダム=スミス　㋑ ルソー　㋒ ロック)
(2) 『共産党宣言』(㋐ レーニン　㋑ 毛沢東　㋒ マルクス)
(3) 『若きウェルテルの悩み』(㋐ シラー　㋑ ハイネ　㋒ ゲーテ)
(4) 万有引力の法則(㋐ カント　㋑ パスカル　㋒ ニュートン)

ヒント! (2)エンゲルスとの共著である。

**【26】 第一次世界大戦について次の問いに答えなさい。**

(1) 第一次世界大戦のきっかけは，ある国の皇太子夫妻がサライェヴォでセルビア人の一青年に暗殺されたことにあったが，ある国とはどこか。
(2) これは何年におこったか。
(3) 終戦に際して，パリ講和会議がひらかれたが，この時ドイツと連合国との間に結ばれた条約を何というか。また，これは何年のことか。

ヒント! (1)スイスとならぶ永世中立国である。

## ■倫理的分野

**【27】 次の問いに答えなさい。**

⑴　世界の三大宗教を書きなさい。

⑵　⑴の創始者をそれぞれ書きなさい。

⑶　三大宗教のうち，毎年復活祭の行事があるものは何ですか。

ヒント！ ⑶感謝祭，クリスマスも重要な行事である。

**【28】 次の名言は誰によるものか。語群のなかから選び記号で答えなさい。**

⑴「人間は考える葦である」

⑵「汝の敵を愛せよ」

⑶「我思う，故に我あり」

⑷「地球は青かった」

⑸「和を以て尊しとなす」

⑹「老兵は死なず，ただ消えゆくのみ」

⑺「少年よ，大志を抱け」

⑻「最大多数の最大幸福」

⑼「天は人の上に人を造らず，人の下に人を造らず」

⑽「智に働けば角が立つ，情に棹させば流される」

［語　群］

㋐ 福沢諭吉　㋑ デカルト　㋒ 夏目漱石

㋓ クラーク　㋔ マッカーサー　㋕ パスカル

㋖ ガガーリン　㋗ キリスト　㋘ ベンサム

㋙ 聖徳太子

ヒント！ ⑷ソ連の人で，世界で初めて宇宙飛行をした人。　⑼慶応義塾大学の創設者。　⑽作家で，作品には『我が輩は猫である』，『坊っちゃん』などがある。

**【29】 次の著者の作品を右から選び，記号で答えなさい。**

⑴　モンテスキュー　㈠『資本論』

⑵　ルソー　㈡『法の精神』

⑶　マルクス　㈢『リヴァイアサン』

⑷　ホッブズ　㈣『社会契約論』

**【30】 古代ギリシャは多神教を信奉していたが，次の神々は何の神か。関連するものを線で結びなさい。**

(1) アテネ神　　(ア)芸術と太陽の神
(2) アポロン神　　(イ)知恵の神
(3) ヘルメス神　　(ウ)神々の中の神
(4) ゼウス神　　(エ)通信と商業の神

**【31】 現在インドでは多数派を占めるヒンドゥー教と少数派を占める宗教とが対立しているが，この少数派宗教とは何ですか。**

ヒント！ これは偶像とカースト制度を否定するもので，16世紀にナーナクが創始した。

## ■政治・経済的分野

**【32】 次の各事項は，日本国憲法をまとめたものである。(　　　) に適当な語句を入れなさい。**

主　　権：(　①　) 主権。
天　　皇：日本国および日本国民統合の (　②　)。
軍　　事：戦争の放棄…戦力の不保持と (　③　) の否定。
国民の権利：(　④　) に反しない限り尊重される。
国民の義務：教育・勤労・(　⑤　)。
国　　会：立法権を行使する国権の (　⑥　) 機関。衆議院と (　⑦　) の2院制。
内　　閣：行政権を行使し，(　⑧　) に対して責任を負う。
裁 判 所：司法権を行使し，(　⑨　) をもつ。
改　　正：国会が発議し，(　⑩　) 投票によって決める。

ヒント！ いずれも，国家・国民生活の基本となる事項なので，教科書などで復習しておこう。

**【33】 次の文章の空欄に，最も適する語句を入れなさい。**

(1) 国民の三大義務は，納税・勤労・(　　　)。
(2) 労働基準法の規定は (　　　) の基準である。
(3) 日本国憲法の三大基本原理は，国民主権・基本的人権の尊重・(　　　) である。
(4) 三権分立の三権とは，立法権・(　　　)・司法権である。

(5) 労働三法は，労働基準法・労働関係調整法・(　　　) である。
(6) 三権のうち，内閣がもつのは (　　　) である。
(7) 労働三権とは，団結権・団体行動権・(　　　) である。

ヒント! (2)憲法第27条2項の規定によって定められた，労働基準法第1条2項に定められている。

**【34】 憲法改正手続きについて，正しいものはどれですか。**

(1) 各議院の総議員の4分の3以上の賛成で，国会が，これを発議し，国民に提案してその承認を経，天皇がそれを公布する。
(2) 各議院の総議員の過半数の賛成で，国会が，これを可決し，国民に公布して施行する。
(3) 各議院の総議員の3分の2以上の賛成で，国会が，これを可決し，天皇がそれを公布する。
(4) 各議院の総議員の3分の2以上の賛成で，国会が，これを発議し，国民投票によって過半数の賛成を得，天皇が公布する。
(5) 各議院の総議員の3分の2以上の賛成で，国会が，これを発議し，国民投票によって3分の2以上の賛成を得る。

ヒント! 憲法改正には，議会で3分の2以上，国民投票で過半数と覚えておく。

**【35】 次の文章を読んで (　　　) 内に適当な語句を入れなさい。**

国会が「国権の ( ① ) であって，国の唯一の ( ② )」であると憲法に定められているのは，( ③ ) 者である国民を代表する国会を国政の中心に位置づけるためである。その権限は広くかつ大きく，必要に応じて証人を喚問できる ( ④ ) 権などをもつ。こうした国会の優位のもと，内閣は，国会により ( ⑤ ) された内閣総理大臣に率いられ，連帯して国会に責任を負う。これを ( ⑥ ) 制という。

一方，裁判所には，国会や内閣の行為が憲法に適合するかどうかを判断する ( ⑦ ) 権が認められており，このため，最高裁判所は ( ⑧ ) とよばれる。こうした機能を果たすためには裁判権の ( ⑨ ) が不可欠であり，また最高裁判所の裁判官が適格かどうかを国民が判断する ( ⑩ ) の制度がある。

ヒント! 国会は立法，内閣は行政，裁判所は司法の権をもつ。

**【36】 次の文章を読み，（　　　）に適当な数字を入れなさい。**

国会の本会議は，総議員の（　①　）以上の出席で成立し，年（　②　）回定期的に行われる通常国会と，いずれかの議院の総議員の（　③　）以上の要求があったときなどに召集される臨時国会などがある。通常国会は毎年（　④　）月に召集され，会期は（　⑤　）日である。

ヒント! 衆議院議員総選挙後30日以内に召集される国会を「特別国会」という。

**【37】 次の各文の空欄に適当な語句を入れなさい。**

(1) 同種企業が合同はしないが，生産・価格・販売について条件を協定し，利益を独占するものを（　　　）という。

(2) エンゲル係数とは，生活費中に占める（　　　）の割合をいい，生活水準の指標となるものである。

(3) 円の為替相場が1ドル120円から100円になったことは，円の対外価値が（　　　）ことである。

ヒント! (3)いわゆる円高である。

**【38】 次の各文を読み，最も適当な語を入れなさい。**

(1) 生産の三要素は，資本・土地・（　　　）である。

(2) 企業集中のおもな形態には，カルテル・トラスト・（　　　）の3つがある。

(3) 所得が多くなるにしたがって税率が上がる制度を（　　　）という。

(4) （　　　）銀行は，銀行券を発行し，公定歩合の調整や公開市場操作などの金融政策を行う。

(5) 円高の時には，外国から原材料などを輸入した場合，円に換算すると（　　　）く輸入したことになる。

ヒント! (3)積み重なって増えていくことを「累進」という。

**【39】 左にあげた語について，最も関係の深い語を（　）内から選んで，その記号で答えなさい。**

(1) 第一次産業　（㋐商業　㋑農林水産業　㋒工業）

⑵ ASEAN （㋐石油輸出国機構 ㋑東南アジア諸国連合 ㋒世界保健機関）

⑶ 間接税 （㋐酒税 ㋑法人税 ㋒所得税）

⑷ エンゲル係数 （㋐飲食費 ㋑レジャー費 ㋒住居費 ㋓光熱費）

⑸ UNESCO （㋐大陸間弾道ミサイル ㋑北大西洋条約機構 ㋒国際連合教育科学文化機関 ㋓先進国蔵相会議）

ヒント！ ⑵Association of South-East Asian Nations ⑸United Nations Educational, Scientific and Cultural Organization

**【40】 コンツェルンの説明として正しい文はどれか，記号で答えなさい。**

⑴ 同一産業の複数の企業が，価格や生産量・販路などについて協定を結ぶこと。

⑵ 同一産業・業種で数社の大企業が合併して独立性を捨て，独占体を形成すること。

⑶ 親会社が，株式保有を通じて，各分野の企業を子会社・孫会社（系列会社）として傘下におさめて形成する。

ヒント！ 日本の旧財閥もこの形態である。

**【41】 次にあげた語句に関連して正しい説明文を選び，その記号で答えなさい。**

⑴ プライムレート

㋐外国為替取引における交換比率。

㋑超一流企業に対する最優遇金利。

㋒管理価格を設定する価格先導者。

⑵ 預金準備率

㋐金融を引き締めるためには率を引き上げる。

㋑金融を引き締めるためには率を引き下げる。

㋒金融を緩和するためには率を引き上げる。

⑶ 公定歩合

㋐金融引き締めには，率を引き下げる。

㋑金融引き締めには，率を引き上げる。

㋒金融緩和には，率を引き上げる。

ヒント! ⑶公定歩合とは日本銀行（中央銀行）の貸出し金利のこと。

**【42】 次のことばについて，簡単に説明しなさい。**

⑴ インフレーション

⑵ エンゲル係数

ヒント! ⑴なぜ物価高になるのかを通貨量との関係で説明する。

**【43】 次の略語はそれぞれ何という意味か，正しいものを右から選んでその記号で答えなさい。**

| | | |
|---|---|---|
| ⑴ | IAEA | ㋐ヨーロッパ連合 |
| ⑵ | IMF | ㋑国際原子力機関 |
| ⑶ | OPEC | ㋒世界保健機関 |
| ⑷ | WHO | ㋓国際連合 |
| ⑸ | UN | ㋔国連教育科学文化機関 |
| ⑹ | UNESCO | ㋕国際通貨基金 |
| ⑺ | EU | ㋖大規模集積回路 |
| ⑻ | LSI | ㋗石油輸出国機構 |

# 社　会　チェックリスト

**【地理的分野】**

□　三大洋とは，〈 *1* 〉，〈 *2* 〉，〈 *3* 〉である。
□　アジアを含む大陸を〈 *4* 〉という。
□　ロンドンは，ケッペンの気候区分では〈 *5* 〉と表記される。
□　世界で最も大きい湖は，〈 *6* 〉である。
□　関東地方に含まれる県とその県庁所在地は，〈 *7* 〉，〈 *8* 〉，〈 *9* 〉，〈 *10* 〉，〈 *11* 〉，〈 *12* 〉である。
□　「日本のデトロイト」と呼ばれるのは，日本三大工業地帯のうち，〈 *13* 〉である。
□　ポーランドの首都は，〈 *14* 〉である。
□　アメリカ中部に広がる大草原を〈 *15* 〉と呼ぶ。
□　1997年にイギリスから中国に返還された商業都市は〈 *16* 〉である。

**【歴史的分野】**

□　聖武天皇の御物が納められていることで有名な建物は〈 *17* 〉である。
□　遣唐使の廃止を提案したのは，〈 *18* 〉である。
□　元寇の時の執権は，〈 *19* 〉である。
□　戦国時代，「種子島」といわれていた物は〈 *20* 〉である。
□　『奥の細道』を著した人物は，〈 *21* 〉である。
□　江戸時代末期に結ばれ，明治期を通じて不平等だとして改正に苦慮した日米間の条約を〈 *22* 〉という。
□　『モナリザ』を描いて有名な，ルネサンス時代の人物は，〈 *23* 〉である。
□　19世紀に「眠れる獅子」といわれ恐れられていた国は，当時〈 *24* 〉であった。
□　19世紀はじめ，「世界の工場」といわれていた国は，〈 *25* 〉である。
□　日露戦争を終結させた条約は，〈 *26* 〉である。
□　無抵抗主義を掲げてインドを独立に導いた人物は，〈 *27* 〉である。

**【倫理的分野】**

□　儒学の創立者は，〈 *28* 〉である。
□　「無知の知」を説いたギリシャの哲学者は，〈 *29* 〉である。
□　タイは，大乗仏教か，小乗仏教か。〈 *30* 〉である。
□　イスラム教の経典は〈 *31* 〉である。
□　「知は力なり」と言ったイギリス経験論の祖は〈 *32* 〉である。
□　ベンサムの説く功利主義を端的に示すことばは，〈 *33* 〉である。
□　社会主義を科学的に理論づけたのは〈 *34* 〉である。

**【政治・経済的分野】**

□　基本的人権は〈 *35* 〉，〈 *36* 〉，〈 *37* 〉などがある。
□　労働三権とは，〈 *38* 〉，〈 *39* 〉，〈 *40* 〉である。
□　日本国憲法の三原則は，〈 *41* 〉，〈 *42* 〉，〈 *43* 〉である。
□　資本主義の原則をアダム＝スミスは〈 *44* 〉と言った。
□　通貨量が多いために起きる物価高を〈 *45* 〉という。
□　国際市場において，円の相対的価値が理想とされる水準よりも高い状態を〈 *46* 〉といい，一般に〈 *47* 〉産業が打撃を受ける。
□　東南アジア諸国連合の略称は〈 *48* 〉，欧州連合の略称は，〈 *49* 〉である。
□　先進工業諸国による開発途上国援助のための機構を〈 *50* 〉という。

*1.* 太平洋
*2.* 大西洋
*3.* インド洋
*4.* ユーラシア大陸
*5.* Cfb
*6.* カスピ海
*7.* 埼玉県−さいたま市
*8.* 群馬県−前橋市
*9.* 栃木県−宇都宮市
*10.* 茨城県−水戸市
*11.* 千葉県−千葉市
*12.* 神奈川県−横浜市
*13.* 中京工業地帯
*14.* ワルシャワ
*15.* プレーリー
*16.* 香港
*17.* 正倉院
*18.* 菅原道真
*19.* 北条時宗
*20.* 鉄砲（火縄銃）
*21.* 松尾芭蕉
*22.* 日米修好通商条約
*23.* レオナルド＝ダ＝ビンチ
*24.* 清王朝
*25.* イギリス
*26.* ポーツマス条約
*27.* マハトマ＝ガンジー
*28.* 孔子
*29.* ソクラテス
*30.* 小乗仏教（上座部仏教）
*31.* コーラン
*32.* フランシス＝ベーコン
*33.* 最大多数の最大幸福
*34.* マルクス
*35.* 自由権
*36.* 平等権
*37.* 社会権
*38.* 団結権
*39.* 団体交渉権
*40.* 団体行動権（争議権）
*41.* 国民主権
*42.* 基本的人権の尊重
*43.* 平和主義
*44.* 神の見えざる手
*45.* インフレーション
*46.* 円高
*47.* 輸出
*48.* ASEAN
*49.* EU
*50.* 経済協力開発機構（OECD）

# 5 英　　語

○就職試験の英語に関する問題は，実に多岐にわたっています。中には，依然と昔ながらの高度な文法知識を試すものも見られますが，最近では，科学技術の進展とあいまって，テクノロジーに関する語いの問題や，会話表現力を問う問題も多くなってきています。
○全般的に見ますと，中学校1年から高校2年ぐらいまでの基礎的文法や語いに関する問題が主流を占めています。皆さんの一番の苦手とする文法，とりわけ出題頻度の高い，関係詞，仮定法，話法，受動態，不定詞の基礎はマスターしておきましょう。

## 重要事項の整理

### 1.関係詞の穴うめ問題の攻略法

(1)（　）の前の単語を見る
イ．それが人である。
ロ．それが人以外である。
ハ．only, first, all，最上級がついている。
ニ．名詞らしきものがない。
(2)（　）以降の文において，（　）は
a．主語の働きをしていると考えられる。
b．目的語の働きをしていると考えられる。
c．主語でも目的語でもない。
上の(1)と(2)において，
イとaの組合せ…関係代名詞はwho
イとb　〃　…　〃　whom
イとc　〃　…　〃　whose
ロとa　〃　…　〃　which
ロとb　〃　…　〃　which
ロとc　〃　…　〃　whose
ハの時……文句なしに，関係代名詞はthat
ニの時……　〃　〃　what
(3)（　）の前の単語が
あ…場所を表している…関係副詞はwhere
い…時　〃　…　〃　when
う…方法　〃　…　〃　how
え…理由（reason）〃…　〃　why

### 2.仮定法問題の解き方

(1) **現在**の事実に反する仮定を行うときは，Ifの中の時制は過去にし，次の構文をとる。
**If＋主語＋動詞（過去）＋…，主語＋助動詞の過去＋原形～＋**（もし…であれば，～なのに）
（注）ただし，Ifの中のbe動詞は，主語に関係なくwereとなる。
(2) 過去の事実に反する仮定を行うときは，Ifの中の時制は過去完了（had＋過去分詞）にし，次の構文をとる。
**If＋主語＋had＋動詞の過去分詞＋…，主語＋助動詞の過去＋have＋動詞の過去分詞～**
次の例を参考にするとよい。
If I had a typewriter, I (will type) it myself…①
If you had arrived more earlier, you (will get) a seat…②
①の（　）内はどのような形になるか？ 前の文のIfの中が過去形だから，当然このパターンの次にくるのは助動詞の過去＋原形ということがわかる。したがって，would typeとなる。
②の（　）内はどうか？　前の文のIfの中がhad＋動詞の過去分詞だから，当然このパターンの次にくるのは，助動詞の過去＋have＋動詞の過去分詞となる。

したがってwould have gotten.
なお，I wish，やas ifの次には，動詞の過去形，過去完了形とも，いずれも用いられる。

## 3.話　法

次の点を再確認しておこう。

⑴ “　　”の前の動詞が過去であれば（said，said to～）
→必ず時制の一致をおこす。
つまり，“　　”の中の動詞が**現在**であれば**過去形**とする。“　　”の中の動詞が**過去**であれば**過去完了形**とする。ただし，助動詞があればそれを過去形とする。
(注) 時制の一致をおこさない，真理，歴史上の事実の場合もあるので気をつけよう。

⑵ “　　”の中の人称代名詞は，伝達者の立場から見て適切にかえる。

⑶ 〈ｉ〉“　　”の中が平叙文のとき
said to～→told～にして“　　”をとり，thatでつなげる。
ex） He said to her, “I will go with you.”
→He told her that he would go with her.

〈ii〉“　　”の中が命令文のとき
said to～→told～にして“　　”をとり，to＋動詞の原形でつなげる（Don'tのときは，not toでつなげる）。
ex） She said to me, “Clean out your room.”
→She told me to clean out my room.
ex）The teacher said, “Don't speak in Japanese.”
→The teacher told not to speak in Japanese.

〈iii〉“　　”の中が疑問詞のある疑問文のとき
said to～→asked～にして“　　”をとり，疑問詞を接続の語として使い，語順を主語＋動詞にする。
ex）I said to her, “When did you read the book?”
→I asked her when she had read the book.

〈iv〉“　　”の中が疑問詞のない疑問文のとき
said to～→asked～にして，“　　”をとり，接続の語としてif（whether）を入れ，語順を主語＋動詞にする。
ex） He said to me, “Do you know the truth？”
→He asked me if I knew the truth.

⑷ 特に注意しなければならないものは，時・場所を表す語句も変えるということである。
this→that，here→there，now→then，today→that day，tomorrow→the next day，
yesterday → the day before，last night → the night before，ago→before

## 4.受動態

次の点を確認しておこう。

⑴ 基本パターン
主語＋**動詞**＋目的語＋…（能動態）
→目的語＋be動詞＋**動詞**の過去分詞＋…＋by主語（受け身）（もちろん，目的語，主語が人称代名詞のときは，形もかわるし，新たに主語となったものと元の文の時制にbe動詞をあわせることが必要である。）

⑵ 主語＋助動詞＋**動詞**＋目的語＋…
→目的語＋助動詞＋**be＋動詞**の過去分詞＋…＋by主語

⑶ Who＋動詞＋目的語
→By whom＋be動詞＋目的語＋**動詞**の過去分詞

⑷ 主語＋知覚動詞＋目的語＋**動詞**の原形
→目的語＋be動詞＋知覚動詞＋to＋動詞の原形

ex）① He wrote a letter to her.
→A letter was written to her by him.
② You must do your homework.
→Your homework must be done (by you).
③ Who discovered America？
→By whom was America discovered？
④ We saw him dash out of the store.
→He was seen to dash out of the store (by us).

## 5.不定詞の用法

⑴ to不定詞…名詞用法「こと」，形容詞用法「べき」，副詞的用法「～のために」「～して」「～するとは」と訳すことができる。

⑵ 原形不定詞（toなしの不定詞）…知覚動詞構文や，had betterや，使役動詞（have，make）＋目的詞（人）＋…の次には，原形不定詞がくる。

# 力だめし

## さあやってみよう！

ここがポイント！

典型問題1

(1) (b)のような先行詞が特別の場合と，(d)のように先行詞がない場合に注意。

(2) ⓐIf＋過去＋…，…助動詞の過去＋原形＋…，というパターンと，ⓑIf＋過去完了＋…，…助動詞の過去＋現在完了＋…というパターンの2つがポイント。

(3) S＋V＋O→O＋Vのpp＋…＋by Sが基本パターン。ただし，(b)の例文は，丸覚えしよう。また，(c)のように受け身になるとto不定詞となるものに気をつけよう。(d)はby＋Sとならなく，by以外の前置詞を使うもので要注意。

(4) 不定詞は①名詞，②形容詞，③副詞用法とがある。①は「～すること」，②は「～すべき」，③は「～するために」〈目的〉，「～して」〈結果〉と訳すことができる。

**【典型問題1】**

**(1) 次の文の（　）に適切な関係代名詞を選び，記号で答えなさい。**

(a) I know a boy (　　) father is a doctor.

(b) She is the most beautiful girl (　　) I have ever met.

(c) The house (　　) we live in stands on a hill.

(d) Tell me (　　) you saw in London.

㋐which　㋑whose　㋒what　㋓that　㋔who

**(2) 次の文の（　）の中から適当な語を選び，記号で答えなさい。**

(a) If he were rich, he （㋐could, ㋑can, ㋒will） buy the house.

(b) If she （㋐sees, ㋑saw, ㋒had seen） me, she might have spoken to me.

(c) I wish I （㋐can, ㋑could, ㋒will） fly to you.

(d) You talk （㋐as if, ㋑as, ㋒like） you were a boss.

(e) If it （㋐is, ㋑was, ㋒were） not for your help, I should fail.

**(3) 次の文を受け身の文に書きかえなさい。**

(a) You must do the work at once.

(b) Who invented the radio?

(c) We saw a stranger go into the house.

(d) English interests me very much.

**(4) 次の下線部の不定詞の用法を答えなさい。**

(a) He is not a man <u>to</u> be relied upon.

(b) It is wrong <u>to</u> tell a lie.

(c) She went to town <u>to</u> buy her dress.

**解　答**　(1)(a)―㋑　(b)―㋓　(c)―㋐　(d)―㋒
(2)(a)―㋐　(b)―㋒　(c)―㋑　(d)―㋐　(e)―㋒
(3)(a) The work must be done at once.　〔by youはつけなくてもよい〕
(b) By whom was the radio invented?
(c) A stranger was seen to go into the house.　〔by usはつけなくてもよい〕
(d) I am interested in English very much.　〔by Englishではない〕
(4)(a) 形容詞用法　(b) 名詞用法　(c) 副詞用法

**【典型問題2】**

**(1)　次の語を英語で書きなさい。**

(a)　エンジン　　(b)　コンピュータ
(c)　テクノロジー　　(d)　通信

**(2)　次の語を（　）内の指示に従って書きかえなさい。**

(a)　import（反意語）　　(b)　danger（形容詞）
(c)　true（名詞形）

**(3)　次の英語のことわざの意味を書きなさい。**

(a)　It is no use crying over spilt milk.
(b)　The early bird catches the worm.

**解　答**　(1)(a) engine　(b) computer　(c) technology　(d) communication
(2)(a) export　(b) dangerous　(c) truth
(3)(a) 覆水盆にかえらず　(b) 早起きは三文の得

**ここがポイント!**

典型問題2
(1)～(3)とも，解法のテクニックはない。ふだんから，日本語となった英単語に気をつけ，代表的な英語のことわざについて勉強しておくことが肝要。

# 実戦就職問題

## ■関係代名詞・関係副詞

**【1】 次の（ ）内に適当な関係代名詞を記入しなさい。**

(1) He listens to (　　) people say.

(2) The river (　　) flows through London is the Thames.

(3) She is a singer (　　) I like best.

(4) This is all (　　) I know.

ヒント! (4)先行詞がallの時は…。

**【2】 次の（ ）内に入る適当な関係副詞を下から選び，記号で答えなさい。**

(1) This is the village (　　) I was born.

(2) Please tell me the way (　　) I can run this machine.

(3) Nobody knows the reason (　　) he got angry.

(4) The time will come (　　) we can travel to the moon.

(ア)when　(イ)where　(ウ)how　(エ)why

ヒント! (4)（ ）の先行詞は，The timeである。

**【3】 次の文を和訳しなさい。**

(1) Don't put off till tomorrow what you can do today.

(2) The place where we used to play is no longer a park.

(3) The earth on which we live is round like a ball.

ヒント! (2)used to play―よく遊んだものだ〔過去の習慣〕。no longer…―もはや…でない。

## ■仮 定 法

**【4】 次の文の（ ）内から正しいものを選び，記号で答えなさい。**

(1) He talks as if he (㋐know, ㋑knew, ㋒has known) everything.

⑵　If I were a bit taller, I（㋐will, ㋑would）be loved by her.

⑶　If I（㋐have, ㋑had, ㋒had had）enough money, I could have bought it.

ヒント! ⑶もし私が十分なお金をもっていたなら。

**【5】　次の文の（　）内に適語を入れなさい。**

⑴　I wish I (　　) speak English very well.

⑵　(　　) (　　) your help, I should have failed.

⑶　What (　　) you do, if you were in my place?

ヒント! ⑵もしあなたの援助がなかったなら…。

**【6】　次の文を仮定法を用いて書きかえなさい。**

⑴　As I don't know his address, I can not write to him.

⑵　I am sorry that I can not speak French.

⑶　I didn't go there because it was very cold.

ヒント! ⑵I'm sorry⇄I wish…のパターン。

**【7】　次の文を和訳しなさい。**

⑴　If you would like to see it, I could send it to you.

⑵　If you had not helped me, I could not have succeeded.

⑶　He is, as it were, a walking dictionary.

ヒント! ⑶as it were―いわば。

**【8】　次の文を英訳しなさい。**

⑴　若いうちに英語を勉強しておけばよかった。

⑵　お金があれば，自動車を買うのだが。

⑶　太陽がなければ私たちは生きていけない。

ヒント! ⑴若いうちに―when I was young　⑶～がなければ―If it were not for～

## ■時制の一致と話法

**【9】 次の文の話法をかえなさい。**

(1) Bob said to me, "I will take you to the zoo."

(2) They said to her, "We believe you."

(3) She said to me, "Leave me alone."

(4) Mother said to us, "Please wash the dishes."

(5) Bill said to me, "I bought you a present two days ago."

(6) He said to me, "Are you ready?"

(7) The policeman said to me, "When did you arrive here?"

(8) She told me that her uncle was coming the next day.

(9) He asked me what I thought of it.

(10) She told me that she would see me there.

ヒント! (5)ago（直接話法）→before（間接話法）。 (8)～(10)は，間接話法に書きかえるもの。

## ■受 け 身

**【10】 次の日本文の意味に合うように（　）に適語を入れなさい。**

(1) その山は雪でおおわれていた。

The mountain was covered (　　) snow.

(2) 彼は，この町の皆んなに知られている。

He is known (　　) all the people in this town.

(3) 私たちは，そのニュースに驚いた。

We were surprised (　　) the news.

(4) 彼は，そのプレゼントをもらって喜んだ。

He was pleased (　　) the present.

(5) 彼女は，その結果に満足している。

She is satisfied (　　) the result.

ヒント! すべて，受動態における重要表現である。

**【11】 次の文の態をかえなさい。**

(1) You must keep your teeth clean.

(2) Everybody respects him.

(3) The bus ran over a dog.

(4)　English is spoken in Canada.

(5)　By whom was the glass broken?

(6)　A stranger spoke to me in the street.

(7)　We felt the floor shake.

(8)　People call the boy "Taro."

ヒント! (3)ran overを1つの動詞とみなす。 (6)spoke toを1つの動詞とみなす。(7)知覚動詞構文であるので，shakeはto shakeとなる。 (8)目的語はthe boyである。

**【12】　次の文を和訳しなさい。**

(1)　In spring, the trees are filled with new life, and the earth is warmed by the rays of the sun.

(2)　He is said to be a famous engineer.

ヒント! (1)the rays of the sun—太陽光線。 (2)be said to〜⇄they say〜—〜だといわれている。

**【13】　次の文を英訳しなさい。**

(1)　彼はあなたの説明に満足した。

(2)　あなたはどんな本に興味をお持ちですか。

## ■不 定 詞

**【14】　次の文中の（　）の中から適当な語を選びなさい。**

(1)　It is very kind (㋐for, ㋑of, ㋒about) you to help me.

(2)　My mother told me (㋐not to, ㋑to not, ㋒not) do so.

(3)　You had better (㋐to get, ㋑get, ㋒to getting) up early in the morning.

ヒント! (1)人の性格を表すときは，forは使えない。 (2)〜しないように。(3)had betterの次は原形。

**【15】　次の文を（　）内の指示に従って書きかえなさい。**

(1)　This book is so difficult that I can not read it. (too〜toで)

(2)　This river is too wide to swim across. (so〜thatで)

ヒント! (1)too〜toでは，元の文のthat内の動詞の目的語を削り，(2)so〜thatでは，元の文のto以下の動詞に目的語をつける。

**【16】 次の文を英訳しなさい。**

(1) 彼は1日に30分英語を勉強することにしています。

(2) 君にこの手紙を投かんしてもらいたい。

(3) 本当のことをいうと，彼女は昨日一睡もしていなかった。

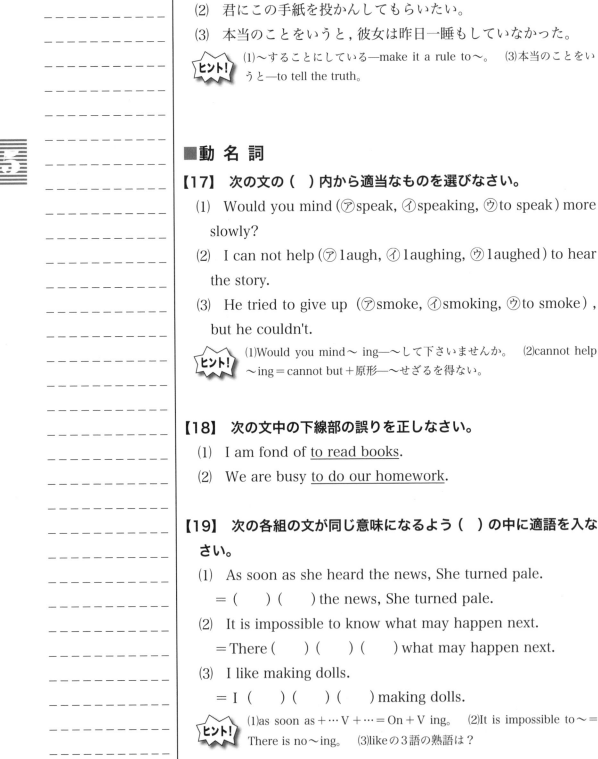

ヒント! (1)～することにしている―make it a rule to～。 (3)本当のことをいうと―to tell the truth。

## ■動名詞

**【17】 次の文の（ ）内から適当なものを選びなさい。**

(1) Would you mind (㋐speak, ㋑speaking, ㋒to speak) more slowly?

(2) I can not help (㋐laugh, ㋑laughing, ㋒laughed) to hear the story.

(3) He tried to give up (㋐smoke, ㋑smoking, ㋒to smoke), but he couldn't.

ヒント! (1)Would you mind～ ing―～して下さいませんか。 (2)cannot help ～ing＝cannot but＋原形―～せざるを得ない。

**【18】 次の文中の下線部の誤りを正しなさい。**

(1) I am fond of <u>to read books</u>.

(2) We are busy <u>to do our homework</u>.

**【19】 次の各組の文が同じ意味になるよう（ ）の中に適語を入なさい。**

(1) As soon as she heard the news, She turned pale.
＝(　　)(　　) the news, She turned pale.

(2) It is impossible to know what may happen next.
＝There (　　)(　　)(　　) what may happen next.

(3) I like making dolls.
＝I (　　)(　　)(　　) making dolls.

ヒント! (1)as soon as＋…V＋…＝On＋V ing。 (2)It is impossible to～＝There is no～ing。 (3)likeの3語の熟語は？

**【20】 次の文を和訳しなさい。**

(1) I am used to getting up early.

(2) As soon as we finished eating, We began to watch TV.

(3) Kyoto is worth visiting.

(4) I remember seeing him once.

ヒント! (1)be used to～ing—～することに慣れている。 (3)worth～ingの意味は？ (4)remember～ing—～したことを覚えている（過去のこと）。

**【21】 次の文を英訳しなさい。**

(1) 私は公園を散歩したいような気がします。

(2) この小説は読む価値があります。

ヒント! (1)～したい気がする—feel like～ingを使う。

## ■分　詞

**【22】 次の各組の文が同じ意味になるよう（　）の中に適語を入れなさい。**

(1) Opening the door, he found a stranger in the room.

＝（　　）（　　）（　　）the door, he found a stranger in the room.

(2) Being ill, I stayed at home.

＝（　　）I（　　）ill, I stayed at home.

(3) Turning to the left, you will find the office.

＝（　　）（　　）turn to the left, you will find the office.

(4) It being rainy, We will give up our game.

＝（　　）it（　　）rainy, We will give up our game.

ヒント! 分詞構文(1)時，(2)原因，(3)条件，(4)原因（主節と従属節の主語が違うので，分詞構文ではItが残っているのに注意。）

**【23】 次の文中の下線部の誤りを正しなさい。**

(1) I <u>had my watch repair</u>.

（私は時計を直してもらった。）

(2) When did you <u>have this suit make</u>?

（いつ，このスーツを作ってもらいましたか。）

(3) She had me carried her baggage.
(彼女は，私に彼女の荷物を運ばせた。)

ヒント! have＋物＋過去分詞，have＋人＋原形動詞。人・物に〜させる（してもらう）。

**【24】 次の文を和訳しなさい。**

(1) I could not make myself understood in English.

(2) I received a letter written in English.

(3) Generally speaking, boys like making a model plane.

(4) Walking a street, I ran across him.

ヒント! (1)make oneself understood—意志疎通ができる。(3)generally speaking—一般的にいえば。

**【25】 次の文を英訳しなさい。**

(1) 私はサイフを盗まれました。

(2) 湖の上でスケートをしている少女は誰ですか。

ヒント! (1)have＋目＋過去分詞を使う。サイフ—purse。

## ■完了時制

**【26】 次の文の下線部の誤りを正しなさい。**

(1) I have gone to America last year.

(2) When have you returned?

(3) It is raining since yesterday morning.

ヒント! (1)過去と明確に示す語と現在完了は一緒に用いない。 (2)When…の中では，現在完了は使わない。

**【27】 次の文を和訳しなさい。**

(1) I have been thinking over what you said about democracy and freedom.

(2) Mary has been playing tennis since this morning.

ヒント! (1)what—関係代名詞，democracy—民主主義，freedom—自由。

**【28】 次の文を英訳しなさい。**

(1) あなたは東京へ行ったことがありますか。

(2) 私は友人を見送りに駅へ行って来たところです。

(3) 私は大阪に10年間住んでいます。

ヒント! (2)〜を見送る―see〜off

## ■助 動 詞

**【29】 次の文の（　）に適当な助動詞を入れなさい。**

(1) He (　　) be a fool to do such a thing.

(2) He works hard so that he (　　) succeed.

(3) The news (　　) not be true.

そのニュースは本当のはずがない。

(4) (　　) I cut some bread for you?

パンを切ってあげましょうか。

(5) (　　) you pass me the salt?

塩をとってくれませんか。

ヒント! (2)so that may…―…するために。

**【30】 次の文を和訳しなさい。**

(1) We can not be too careful about our health.

(2) Would you like to drink?

(3) I used to visit the museum every Sunday.

ヒント! (1)cannot…too〜―いくら…しても〜しすぎることはない。 (3)used to〜＝would〜―よく〜したものだ。

**【31】 次の文を英訳しなさい。**

(1) あなたの辞書をお借りできますか。

(2) 彼女をここに呼んで，あなたを手伝わせましょうか。

ヒント! (1)借りる…この場合はuseを使う。 (2)話者の意志を表すshallを使ってShall Iで始める。

## ■比　較

**【32】 次の文の（ ）の中に適当な語を入れなさい。**

(1) This box is about three (　　) (　　) heavy as that one.

(2) (　　) do you like (　　), baseball or tennis?

(3) Walk (　　) fast (　　) you can.

(4) I prefer summer (　　) winter.

ヒント！ (1)（ ） times as～as…―…の（ ）倍の～（倍数詞構文）。 (3)できるだけ速くの意味にする。 (4)preferのときは，thanは使えない。

**【33】 次の各組の文が同じ内容を表すように（ ）に適語を入れなさい。**

(1) Mt. Fuji is higher than (　　) (　　) mountain in Japan.
＝Mt. Fuji is (　　) (　　) mountain in Japan.

(2) I can skate better than my brother.
＝My brother (　　) skate (　　) (　　) as I.

(3) He is five years older than my brother.
＝He is older than my brother (　　) five years.

ヒント！ (3)比較の差を表す前置詞は？

**【34】 次の文を和訳しなさい。**

(1) The more we have, the more we want.

(2) Nothing is so important as health.

ヒント！ (1)the＋比較級$_1$…the＋比較級$_2$―すればするほど増々～だ。
(2)Nothing is so～as…―…ほど～のものはない。

**【35】 次の文を英訳しなさい。**

(1) 早ければ早いほどよい。

(2) 秋は，読書にもスポーツにも最も良い季節です。

## ■接 続 詞

**【36】 次の文の（ ）の中に適当な語を入れなさい。**

(1) Study hard, (　　) you will fail.

(2) It will not be long (　　) he comes back.

(3)　Start at once, (　　) you will be in time.

(4)　Dark (　　) it was, we found our way back.

(5)　(　　) it rains, I will go on a picnic. (雨が降っても)

ヒント! (1)～しなさい，そうしなければ。　(2)It will not be long (　) は，熟語でまもなく。　(3)～しなさい，そうすれば。　(4)Though it was dark と同じ意味にする。

**【37】 次の文の下線部の誤りを正しなさい。**

(1)　Which do you like better, <u>tea and coffee</u>?

(2)　You must learn <u>not only mathematics and English</u>.

(3)　Make haste, <u>or you will be in time for the train</u>.

ヒント! (2)～のみならず…も。

**【38】 次の文を和訳しなさい。**

(1)　No sooner had I entered the room than I found him.

(2)　The birds sang so sweetly that the children used to stop their games in order to listen to them.

ヒント! (1)as soon as～と同義。　(2)so～that…—とても～なので…，in order to～—～するために。

**【39】 次の文を, so thatを使って英訳しなさい。**

(1)　彼は，その電車に間に合うように速く歩いた。

(2)　彼女は，一生懸命勉強したのでその試験に合格した。

## ■前 置 詞

**【40】 次の文の (　) に適当な前置詞を入れなさい。**

(1)　School begins (　　) eight thirty.

(2)　Write your name (　　) black ink.

(3)　I bought this book (　　) 500 yen.

(4)　She was born (　　) May 5.

(5)　We went to aunt's house (　　) bus.

(6)　His character is different (　　) yours.

(7)　The ground is covered (　　) snow.

(8) She is young (　　) her age.

(9) Thank you (　　) your kind invitation.

(10) Wine is made (　　) grapes.

(11) This desk is made (　　) wood.

(12) London was famous (　　) its fog .

(13) I am going to the station (　　) foot.

(14) He called (　　) his uncle's.

(15) Cut this paper (　　) a knife.

(16) Milk is made (　　) butter.

ヒント! (1)fromは使えない。 (2)黒インキで。 (3)500円でこの本を買った。 (8)年齢のわりには。 (10)原料。 (11)材料。 (13)徒歩で。 (14)〜を訪問する（場所），人を訪問するときはcall on。 (15)道具を使うときの前置詞は。(16)製品。

## ■慣用表現

**【41】 次の英文の（　）に，下の日本文を参考にして，適当な前置詞を入れなさい。**

(1) Illness prevented me (　　) going on the trip.
…が人の〜を妨げる。

(2) Life is compared (　　) a voyage.
〜にたとえられる。

(3) I informed him (　　) the accident.
…に〜を知らせる。

(4) He was tired (　　) studying.
〜にあきる。

(5) Somebody robbed me (　　) my CD player.
〜を盗む。

(6) You remind me (　　) your father.
…に〜を思い出させる。

(7) He lived in England (　) 1910 (　　) 1920.
〜から〜まで。

(8) I just heard (　　) her yesterday.
便りがあった。

(9) This bottle is full (　　) water.

～でいっぱいだ。

(10) He is far (　　) happy.

決して～どころではない。

**【42】 次の下線部の意味を書きなさい。（動詞を中心とした熟語）**

(1) The boy takes after his father.

(2) I can't make out what you said.

(3) I can't put up with the tooth ache.

(4) The baseball game was put off.

(5) We have to look after the dog.

## ■会話表現

**【43】 次の会話文を英語に直しなさい**

(1) 「いらっしゃいませ，何かご用ですか。」（店員）

(2) 「それは，おいくらですか。」（客）

(3) 「初めまして，お会いできてうれしいです。」（初対面のあいさつ）

(4) 「どうもありがとうございました。」「どういたしまして。」（礼と返答のしかた）

(5) 「もしもし，こちらは鈴木です。」（電話での会話）

**【44】 次の口語表現を和訳しなさい。**

(1) Please make yourself at home.

(2) Please help yourself to this cake.

(3) Remember me to your father.

(4) I beg your pardon?

(5) Will you do me a favor?

ヒント！ (4)相手の言ったことが聞きとれなかったときに使う。

## ■ことわざ

**【45】 次のことわざの意味を日本語で書きなさい。**

(1) Rome was not built in a day.

(2) When in Rome, do as the Romans do.
(3) It never rains but it pours.
(4) Out of sight, out of mind.
(5) Strike while the iron is hot.
(6) Birds of a feather flock together.
(7) Time flies like an arrow.
(8) Seeing is believing.
(9) A drowning man will catch at a straw.
(10) A rolling stone gathers no moss.
(11) All work and no play makes Jack a dull boy.
(12) Where there is a will, there is a way.
(13) Two heads are better than one.
(14) There is no accounting for tastes.
(15) Slow and steady wins the race.

## ■掲示用語

**【46】 次の掲示文に合う日本語の意味を右から選び，記号で答えなさい。**

| | |
|---|---|
| (1) Safety Zone | (a) 出口 |
| (2) Keep Left | (b) 予約済み |
| (3) Reserved | (c) 工事中 |
| (4) Hands Off | (d) 安全地帯 |
| (5) Under Construction | (e) 手をふれるべからず |
| (6) Off Limits | (f) ペンキぬりたて |
| (7) Exit | (g) 出入禁止 |
| (8) Wet Paint | (h) 左側通行 |

## ■単語・派生語

**【47】 次の単語を英語で書きなさい。**

| | | |
|---|---|---|
| (1) ラジオ | (2) レストラン | (3) 会社 |
| (4) テレビ | (5) 電話 | (6) 新聞 |
| (7) ソフトウェア | (8) ビジネス | (9) エネルギー |
| (10) スイッチ | (11) 水曜日 | (12) 2月 |

⒀ 機械　　⒁ 技術者　　⒂ データ

**【48】 次の名詞の複数形を書きなさい。**

(1) child　　(2) tooth　　(3) leaf
(4) sheep　　(5) knife

**【49】 次の動詞の過去形・過去分詞形を書きなさい。**

(1) take — (　) — (　)　　(2) begin — (　) — (　)
(3) find — (　) — (　)　　(4) know — (　) — (　)
(5) eat — (　) — (　)　　(6) write — (　) — (　)

**【50】 次の単語の日本語の意味を書きなさい。**

(1) invention　　(2) add　　(3) leisure
(4) word processor　　(5) salary

**【51】 次の日本語に合う英語の略字を書きなさい。**

(1) 国民総生産
(2) 石油輸出国機構
(3) ヨーロッパ連合
(4) 国際労働機関
(5) 日本工業規格

**【52】 次の語を（　）の指示に従って書きかえなさい。**

(1) hot (反対語)　　(2) large (反対語)
(3) rich (反対語)　　(4) strong (反対語)
(5) happy (反対語)　　(6) wet (反対語)
(7) lie (人を表す名詞)　　(8) dark (抽象名詞)
(9) beauty (形容詞形)　　⑽ health (形容詞形)
⑾ sell (名詞形)　　⑿ serve (名詞形)
⒀ die (名詞形)　　⒁ discover (名詞形)
⒂ right (同音異義語)　　⒃ our (同音異義語)
⒄ root (同音異義語)　　⒅ five (序数で書くと)
⒆ two (序数で書くと)　　⒇ nine (序数で書くと)

# 英　語　チェックリスト

□ 関係代名詞に用いられる単語には〈 1 〉,〈 2 〉,〈 3 〉,〈 4 〉,〈 5 〉などがある。関係副詞には〈 6 〉,〈 7 〉〈 8 〉,〈 9 〉などがある。
□ what is worseの意味は,〈 10 〉である。
□ 現在の事実に反する仮定の時制は過去にし，構文パターンは〈 11 〉
□ 過去の事実に反する仮定の時制は過去完了で，構文パターンは〈 12 〉
□ as if～の意味は,〈 13 〉である。
□ If it were not for～の意味は,〈 14 〉である。これを2語でいうと〈 15 〉である。
□ I'm sorry I can't …を仮定法で書き直すと〈 16 〉である。
□ as it were の熟語の意味は〈 17 〉である。
□ She said to him, "I will go with you."を話法の転換ルールに従い書くと，She〈 18 〉him〈 19 〉となる。
□ She said to me, "Don't speak."を話法の転換ルールに従い書くと，She〈 20 〉me〈 21 〉となる。
□ She said to me, "Do you have a pen?"を話法の転換ルールに従い書くと，She〈 22 〉me〈 23 〉となる。
□ 知覚動詞構文を受け身にするときは,動詞の原形に〈 24 〉を忘れずにつける。㈷ I saw him go out of his house. → He was seen to go out of his house.
□ Who discovered America? の受け身形は,〈 25 〉
□ be interested in～に代表される受け身形での熟語表現を6つあげると〈 26 〉,〈 27 〉,〈 28 〉,〈 29 〉,〈 30 〉,〈 31 〉。
□ It's very kind ( ) you to help me. の( )の中に入る語は〈 32 〉である。
□ too～to…をso～thatで書き換えると，たとえば，This bag is too heavy for her to carry. → This bag is〈 33 〉she cannot carry it.
□ 「本当のことを言うと」を英訳すると,〈 34 〉である。
□ Would you mind ( ), cannot help ( ), give up ( ), be used to ( ), worth ( ) の( )に共通する動詞の形は〈 35 〉である。
□ 「気分が悪かったので，寝ていた。」を原因を表す分詞構文を用いて書くと,〈 36 〉I stayed in bed.
□ 「右に曲がると,その店があります。」を条件を表す分詞構文を用いて書くと,〈 37 〉you will find the store.
□ generally speakingの意味は,〈 38 〉である。
□ 現在完了は,〈 39 〉を明確に示す語と一緒に用いない。
□ Three years have passed since I lived here.を他の2通りのいい方で表すと,〈 40 〉,〈 41 〉である。
□ 「見送りをする」に相当する英語は,〈 42 〉である。
□ I study English so that I ( ) speak it の( )に入る助動詞は,〈 43 〉である。
□ 「～のはずがない」に相当する助動詞は,〈 44 〉である。
□ You cannot be too careful.の意味は,〈 45 〉である。
□ Keiko is the fastest student in this class. を比較級を用いて書くと,〈 46 〉となる。
□ The sooner, the better.の意味は,〈 47 〉である。
□ 「命令文＋and」は〈 48 〉と訳し,「命令文＋or」は〈 49 〉と訳す。
□ No sooner had＋主語＋過去分詞～thanは〈 50 〉と訳す。
□ 次の名詞の複数形を書きなさい。(1)「s」をつける。cat→〈 51 〉, desk→〈 52 〉, key→〈 53 〉 (2)「es」bus→〈 54 〉, fox→〈 55 〉 (3)「語尾をかえてes」baby→〈 56 〉, sky→〈 57 〉, knife→〈 58 〉 (4)不規則tooth→〈 59 〉, man→〈 60 〉, child→〈 61 〉 (5)単複同形のもの。sheep→〈 62 〉, carp→〈 63 〉
□ 次の不規則動詞の活用を書きなさい。take→〈 64 〉, begin→〈 65 〉, come→〈 66 〉, go→〈 67 〉, run→〈 68 〉
□ 曜日を英語で書きなさい。
〈 69 〉,〈 70 〉,〈 71 〉,〈 72 〉,〈 73 〉,〈 74 〉,〈 75 〉
□ 1月から12月までを英語で書きなさい。
〈 76 〉,〈 77 〉,〈 78 〉,〈 79 〉,〈 80 〉,〈 81 〉,〈 82 〉,〈 83 〉,〈 84 〉,〈 85 〉,〈 86 〉,〈 87 〉

1. who　2. whose
3. whom　4. which
5. that　6. when
7. where　8. how
9. why
10. さらに悪いことには
11. If＋主語＋動詞の過去形～, 主語＋助動詞の過去形＋動詞の原形～
12. If＋主語＋had＋動詞の過去分詞～, 主語＋助動詞の過去形＋have＋動詞の過去分詞～
13. あたかも～かのように
14. もし～がなかったら
15. But for　16. I wish I could …
17. 言わば, 言ってみれば
18. told　19. that I would go with him.
20. told　21. not to speak.
22. asked　23. if I had a pen
24. to
25. By whom was America discovered?
26. be covered with
27. be known to
28. be surprised at
29. be pleased with
30. be satisfied with
31. be worried about
32. of　33. so heavy that
34. To tell (you) the truth
35. 動名詞(-ing)　36. Being ill,
37. Turning to the right,
38. 一般的にいえば　39. 過去
40. I have lived here for three years.
41. It is three years since I lived here.
42. see of　43. can　44. cannot
45. 注意しても, し過ぎることはない
46. Keiko is faster than any other student in this class.
47. 早ければ早いほどよい。
48. ～しなさい。そうすれば…
49. ～しなさい。さもなければ…
50. ～するや否や　51. cats
52. desks　53. keys
54. buses　55. foxes
56. babies　57. skies
58. knives　59. teeth
60. men　61. children
62. sheep　63. carp
64. took, taken　65. began, begun
66. came, come　67. went, gone
68. ran, run　69. Sunday
70. Monday　71. Tuesday
72. Wednesday　73. Thursday
74. Friday　75. Saturday
76. January　77. February
78. March　79. April
80. May　81. June
82. July　83. August
84. September　85. October
86. November　87. December

工業高校　建築・土木科 就職問題
(こうぎょうこうこう　けんちく・どぼくか しゅうしょくもんだい)

2021年12月20日　初版　第1刷発行

編著者　就職試験情報研究会
発行者　多田敏男
発行所　TAC株式会社　出版事業部
（TAC出版）
〒101-8383　東京都千代田区神田三崎町3-2-18
電話 03(5276)9492（営業）
FAX 03(5276)9674
https://shuppan.tac-school.co.jp

印刷　萩原印刷株式会社
製本　株式会社　常川製本


ISBN 978-4-8132-9988-2
N.D.C. 336

(2021年7月現在)

# 書籍のご購入は

## 1 全国の書店、大学生協、ネット書店で

## 2 TAC各校の書籍コーナーで

資格の学校TACの校舎は全国に展開!
校舎のご確認はホームページにて

資格の学校TAC ホームページ
https://www.tac-school.co.jp

## 3 TAC出版書籍販売サイトで

CYBER BOOK STORE TAC出版書籍販売サイト

TAC 出版 で 検索

24時間ご注文受付中

https://bookstore.tac-school.co.jp/

新刊情報をいち早くチェック!

たっぷり読める立ち読み機能

学習お役立ちの特設ページも充実!

TAC出版書籍販売サイト「サイバーブックストア」では、TAC出版および早稲田経営出版から刊行されている、すべての最新書籍をお取り扱いしています。
また、無料の会員登録をしていただくことで、会員様限定キャンペーンのほか、送料無料サービス、メールマガジン配信サービス、マイページのご利用など、うれしい特典がたくさん受けられます。

### サイバーブックストア会員は、特典がいっぱい!(一部抜粋)

通常、1万円(税込)未満のご注文につきましては、送料・手数料として500円(全国一律・税込)頂戴しておりますが、1冊から無料となります。

専用の「マイページ」は、「購入履歴・配送状況の確認」のほか、「ほしいものリスト」や「マイフォルダ」など、便利な機能が満載です。

メールマガジンでは、キャンペーンやおすすめ書籍、新刊情報のほか、「電子ブック版TACNEWS(ダイジェスト版)」をお届けします。

書籍の発売を、販売開始当日にメールにてお知らせします。これなら買い忘れの心配もありません。

# 書籍の正誤についてのお問合わせ

万一誤りと疑われる箇所がございましたら、以下の方法にてご確認いただきますよう、お願いいたします。

なお、正誤のお問合わせ以外の書籍内容に関する解説・受験指導等は、**一切行っておりません**。
そのようなお問合わせにつきましては、お答えいたしかねますので、あらかじめご了承ください。

## 1 正誤表の確認方法

TAC出版書籍販売サイト「Cyber Book Store」の
トップページ内「正誤表」コーナーにて、正誤表をご確認ください。

CYBER BOOK STORE TAC出版書籍販売サイト

**URL:https://bookstore.tac-school.co.jp/**

## 2 正誤のお問合わせ方法

正誤表がない場合、あるいは該当箇所が掲載されていない場合は、書名、発行年月日、お客様のお名前、ご連絡先を明記の上、下記の方法でお問合わせください。
なお、回答までに1週間前後を要する場合もございます。あらかじめご了承ください。

### 文書にて問合わせる

●郵送先　〒101-8383 東京都千代田区神田三崎町3-2-18
TAC株式会社 出版事業部 正誤問合わせ係

### FAXにて問合わせる

●FAX番号　**03-5276-9674**

### e-mailにて問合わせる

●お問合わせ先アドレス　**syuppan-h@tac-school.co.jp**

※お電話でのお問合わせは、お受けできません。また、土日祝日はお問合わせ対応をおこなっておりません。
※正誤のお問合わせ対応は、該当書籍の改訂版刊行月末日までといたします。

乱丁・落丁による交換は、該当書籍の改訂版刊行月末日までといたします。なお、書籍の在庫状況等により、お受けできない場合もございます。
また、各種本試験の実施の延期、中止を理由とした本書の返品はお受けいたしません。返金もいたしかねますので、あらかじめご了承くださいますようお願い申し上げます。



(2020年10月現在)

# 解答冊子

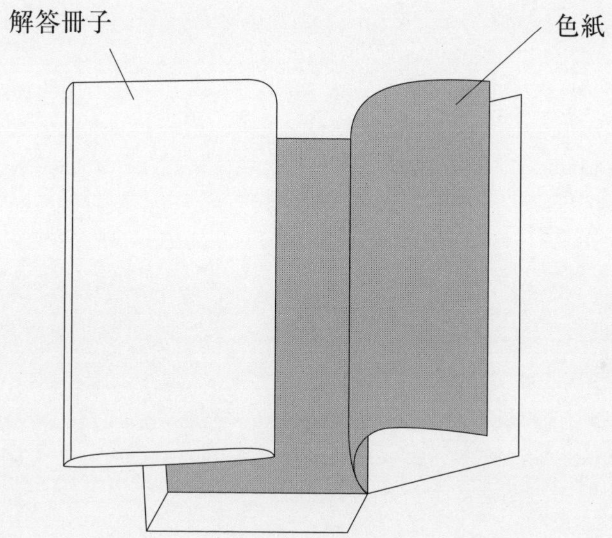


**〈解答冊子ご利用時の注意〉**

以下の「解答冊子」は，この色紙を残したまま ていねいに抜き取り，ご利用ください。

また，抜取りの際の損傷についてのお取替えはご遠慮願います。

工業高校建築・土木科就職問題

# 実戦就職問題解答

# 建　築

## 1　建築計画

### ■建 築 史

**p.45**

【1】 (3)

【2】 (4)　㊟ゴシック様式

【3】 (1)－(イ)　(2)－(ア)　(3)－(ウ)　(4)－(オ)　(5)－(エ)

**p.46**

【4】 (1)－(ウ)　(2)－(オ)　(3)－(イ)　(4)－(エ)　(5)－(ア)

### ■建築計画原論

【5】 (1)－(イ)　(2)－(ア)　(3)－(エ)　(4)－(ウ)　(5)－(オ)

【6】 (1)　㊟照度の単位は［ルクス］。ブリーズソレイユ：日照調整のために建築化された日除け。レジスター：空調・換気用の吹出口。

【7】 (4)　㊟温熱要素－温度，湿度，風速，放射熱

**p.47**

【8】 (1)　㊟室内空気汚染の指標としては，室内空気の汚染に比例する形で二酸化炭素が増加するので，一般に二酸化炭素濃度が用いられる。一酸化炭素は有毒であり，$CO_2$，COの基準値がともに建築基準法施行令第20条に定められている（$CO_2$：1000ppm，CO：10ppm）。なお，機械換気については，「チェックリスト」の解答欄を参照のこと。

【9】 (3)

㊟図を参照のこと。温度が同じであれば，相対湿度が高いほど絶対湿度も高くなる。相対湿度が同じであれば，温度が高いほど絶対湿度も高くなる。絶対湿度が同じであれば，温度が高いほど相対湿度は低くなる。

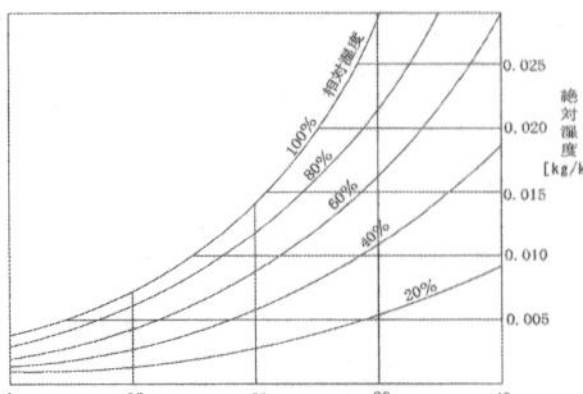


【10】 (4)

㊟放射とは電磁波として放出されたエネルギーが伝搬される熱移動である。太陽熱は放射による伝熱である。

(1)物体は，絶対零度でない限り，放射エネルギーをもっている。　(3)熱伝導率の単位は，W／(m・K)，熱貫流率の単位は，W／($m^2$・K)　(5)建築材料の熱伝導率は次の通り。

| | |
|---|---|
| たたみ：0.15 | 木材：0.1程度 |
| レンガ：0.62 | 銅(純)：386 |
| ガラス：0.78 | コンクリート：1.40 |

**p.48**

【11】 (1)－(2)－(4)－(3)－(5)

【12】 (3)　㊟直達日射を受けない壁面でも天空日射による熱取得がある。

なお，直達日射とは，大気で吸収されることなく直接地表に到達する日射であり，天空日射とは，大気中で散乱された日射のうち，地表に向かって散乱された日射を言う。そして，直達日射量＋天空日射量＝全天日射量

【13】 (4)　㊟可照時間とは日の出から日没までの時間をいう。

**p.49**

【14】 (3)

【15】 (2)　㊟残響時間：発生した音の大きさが60dB減少するまでの時間。

### ■建築計画各論

【16】 (2)

**p.50**

【17】 (3)　㊟就寝分離とは，親と子供，子供間の寝室を分離することである。

【18】 (3)　㊟兼用した場合，生活上不便であるだけでなく，保健・精神衛生上からも好ましくない。

【19】 (4)

**p.51**

【20】 (5)　㊟建設費は，構造・設備費等の面か

ら高くなるが，用地確保，用地費等の兼ね合いで，高層住宅の必要性が増大する。

【21】 (5) ㊟階段設置に関しては，火災時の避難にどの部分からも避難できるようにするなど，考慮すべき点は多い。

【22】 (3) ㊟コアは平面計画・構造計画からも重要である。事務所ビルのコアプランの中で「センターコア」「偏心コア」「分離コア」は2方向避難の計画が難しい。なお，コアにはその他「ダブルコア」，「分散コア」などがある。またレンタブル比については，延べ面積に対する場合(65～75%)と，基準階に対する場合(75～85%)の違いも確認すること。

【23】 (3)

■建築設備

p.52

【24】 ①－b ②－e ③－g ④－h ⑤－f ⑥－i ⑦－d )

㊟冷媒は蒸発(気化)しやすい物質で，蒸発器で周囲から熱を奪うことによって気化する。その際周囲は熱を奪われることにより冷却される。次に各工程での冷媒の状態を図示する。なお，吸収式冷凍サイクルは真空にした蒸発器内で冷媒(水)を蒸発させることにより冷却する方法である。

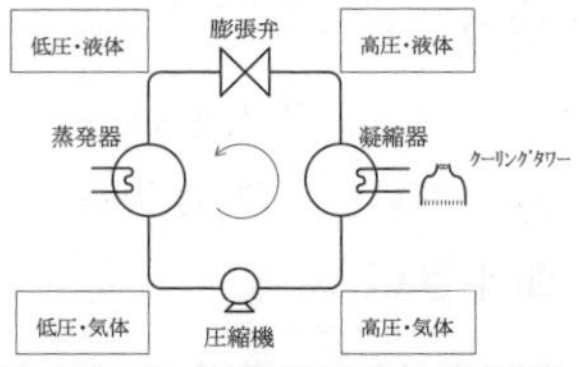


【25】 (5) ㊟通気管は，外気に開いていて排水管内の圧力を一定に保つ。また，トラップを二重に設けると，トラップとトラップの間の圧力がかかり，排水機能に支障をきたしたり，トラップが切れたり，逆流する場合もある。

p.53

【26】 (2) ㊟サイレンサーとは消音器のこと。

【27】 (1)－(カ) (2)－(ア) (3)－(エ) (4)－(イ) (5)－(ウ) ㊟通気管は排水管内に設置されるので排水設備とも考えられるが，排水管内の圧力を一定に保つとともに，排水管内の換気を促すものであるので，換気設備と考えられる。

【28】 (1)－(エ) (2)－(コ) (3)－(カ) (4)－(ア) (5)－(ク) (6)－(ウ) (7)－(ケ) (8)－(イ) (9)－(キ) (10)－(オ) ㊟ペリメーターゾーンに対して，外気の影響を受けない内部区域を「インテリアゾーン」という。

## 2 建築法規

■総 則

p.59

【1】 ①敷地 ②構造 ③設備 ④用途 ⑤最低 ⑥基準 ⑦生命 ⑧健康 ⑨財産 ⑩福祉

【2】 (4)

【3】 (4) ㊟貯蔵槽は建築物ではない。(1)に関しては「プラットホームの上家」は建築物ではない。

【4】 (5) ㊟居室－継続的に使用する室をいう。

p.60

【5】 ① 1/20 ② 1/8 ③ 2.1 ④ 3 ⑤ 45 ⑥ 300 ⑦ 18 ⑧ 26 ⑨ 23 ⑩15

■一般構造

【6】 (3) ㊟令第20条の読み方に注意すること。法令では，「有効面積」を求める際に「採光補正係数」が必要なこと。そして次に「採光補正係数」の求め方が，「採光関係比率」の意味を述べながら記してある。つまり，問題では，「採光関係比率」→「採光補正係数」→「有効面積」の順に計算をしていくこと。

$$採光関係比率=\frac{(1.4-0.5)}{\left(0.8+\dfrac{2}{2}\right)}=0.5$$

採光補正係数＝採光関係比率×6－1.4＝0.5×6－1.4＝1.6

よって，採光に有効な窓面積＝2×2×1.6＝6.4 $m^2$

p.61

【7】 (1) $\frac{1}{7}$ (2) $\frac{1}{5}$ (3) $\frac{1}{10}$ (4) $\frac{1}{10}$ (5) $\frac{1}{7}$

㊟(2)(5)については，国土交通大臣が定める基準に

従って，照明設備を設置するなどの措置が講ぜられている場合は，$\frac{1}{10}$の範囲まで緩和される。

**■構造強度規定**

【8】 ① 1.5　② 9　③ 3　④ 9　⑤ 150

【9】 (1)4　(2)$\frac{1}{15}$　(3)0.8　(4)12（軽量コンクリートの場合 9 N/mm²以上）　(5)3，4

**p.62**

【10】 (2) ㊟(2)令第79条：捨てコンクリートを除いて 6 cm以上。

【11】 (4) ㊟法令集の見方に注意すること。法第 6 条は，全体としては「建築物の建築等に関する申請及び確認」に関するものである。

**■防火・避難**

【12】 (4) ㊟高等学校の生徒用階段のけあげ＝18cm以下，踏面＝26cm以上。

**p.63**

【13】 (4) ㊟法第62条第 1 項より耐火建築物としなくてはならない。

【14】 (2)

**■道路・用途地域等**

【15】 (3) ㊟法第42条第1項第4号（特定行政庁が指定したものが道路）

**p.64**

【16】 (5) ㊟なお，別表第2について，各項の「できる」「できない」に注意すること。

【17】 (1)

**■面積制限・建築物の高さ**

【18】 (3) ㊟商業地域　$20\times20\times0.8=320$
第二種住居地域　$20\times10\times0.6=120$
$\therefore\ 320+120=440\text{m}^2$

**p.65**

【19】 (2) ㊟$8\text{m}\times\frac{6}{10}=\frac{48}{10}$　$500\times\frac{48}{10}=2400\text{m}^2$

【20】 (3) ㊟都市計画区域では道路の定義から 4 m（公道）以上なければならない。なお，令第2条第1項第1号も参照すること。

**p.66**

【21】 (1) ㊟法第56条第 2 項より，前面道路の反対側からの水平距離は$(x+15+x)$となる。
よって，法第56条より　$(15+2x)\times1.5=30$
$\therefore x=2.5\text{m}$

**■そ の 他**

【22】 (3)　士法第21条　㊟(1)士法第23条第1項により，建築士に限らない。 (2)士法第19条より，できる。 (4)士法第20条第 2 項　文書で報告すること。 (5)士法第24条の5より，交付するものは「設計又は工事監理の種類及びその内容」「設計又は工事監理の実施の期間及び方法」「報酬の額及び支払いの時期」「契約の解除に関する事項」「国土交通省令で定める事項」となっている。

## 3　建築構造

**■木 構 造**

**p.71**

【1】 (4) ㊟木の辺材（樹皮の内側）が成長点であり，心材にはゴム質・樹脂等が沈積し，辺材に比べて耐朽性を持つ。

【2】 ①30　②15　③大きい　④小さい　⑤大きい　⑥小さい　⑦大きい　⑧小さい　⑨大きい　⑩小さい

**p.72**

【3】 (2)　和小屋のはりには曲げモーメントが生じ，洋小屋のはりには軸方向力（引張力・圧縮力）が生じる。

**■鉄筋コンクリート構造**

【4】 (4) ㊟コンクリートは弱アルカリ性である。そのことにより鉄筋の酸化を防ぐことができる。(1)については，注意として，曲げ強度の引張側の強度は引張強度と同じである。(2)については，このとおりであり，断面の大きな構造体には水和熱発生の少ないコンクリートを用いる。例えばダム

などでは，「中庸熱ポルトランドセメント」を用いる。(3)に関しては，ＡＥ剤の使用によって，連行空気量が増え，ワーカビリティーは向上し，凍結融解に対する抵抗性も大きくなるが，強度は若干低下する。

**【5】** (3)　㊟なお，(4)については，「JASS 5」「鉄筋コンクリート構造計算基準・同解説」も参照すること。コンクリートの調合設計において，品質基準強度は，「設計基準強度＋３」と「耐久設計基準強度＋３」のうちの大きいほうの値とする。

**p.73**

**【6】** (1)ー㋒　(2)ー㋑　(3)ー㋒

**【7】** (5)　㊟フックについては令第73条を参照のこと。鉄筋とコンクリートの線膨張率はほぼ同じである。そのことによって付着強度が保障される。

**p.74**

**【8】** (1)　㊟柱・腰壁・垂れ壁が一体となると，せん断力が大きく働き，ぜい性破壊が起こる。
なお，これを防ぐために，柱と腰壁の間にスリットを入れて，柱と腰壁を切り離したりする。

**【9】** (2)　㊟太く短い柱は，柱と腰壁を一体化した場合の柱と同じ状態で，脆性破壊を起こしやすい。それを防ぐためには，柱のせん断耐力を増すために，帯筋(フープ)を増す必要がある。(1)短辺方向に配置した鉄筋のことを「主筋」という。
(4)スパイラル筋とは「らせん状の帯筋」のこと。
(5)は，建築基準法施行令第77条を参照のこと。

### ■鋼 構 造

**p.75**

**【10】** a－比例限度　b－弾性限度　c－上降伏点　d－下降伏点　e－最大荷重　f－破断点

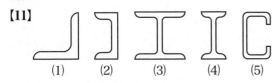

**【11】**

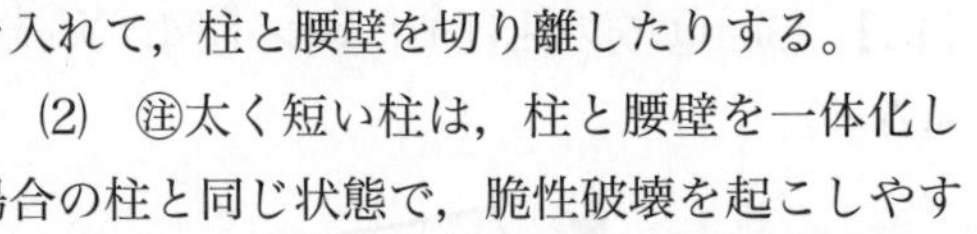

(1)　(2)　(3)　(4)　(5)

**【12】** (2)　㊟鋼は炭素量が増すほど，一般に強度が増すが溶接性が低下する。炭素量については，含有量約0.8％までは引張強さは増加する。

**【13】** (4)　㊟骨組が鋼の構造を耐火構造とするためには，鋼材表面を耐火被覆する必要がある。

**【14】** (2)　㊟隅肉溶接のサイズは，薄い方の母材の厚さ以下とする。(日本建築学会「鋼構造設計基準」参照)

### ■その他の構造および材料

**p.76**

**【15】** (1)ー(オ)　(2)ー(イ)　(3)ー(エ)　(4)ー(ア)　(5)ー(ウ)

**【16】** (1)ー×　(2)ー×　(3)ー○　(4)ー○　(5)ー×　(6)ー×　(7)ー○
㊟セメントは粉末度が高いものほど強度は大きいが，風化しやすい。大理石は石灰岩の一種であり，酸性が弱いので，外装材として利用すると，光沢がなくなり，寿命が短い。木材が最も腐朽しやすいのは，空気に接している水面付近。

**p.77**

**【17】** ①３　②９　③1.5　④９　⑤９　⑥12　⑦４　⑧６　⑨1/15　⑩３　㊟(1)令第45条，(2)令第74条，(3)(4)令第77条，(5)令第79条

**【18】** (1)–×　(2)–○　(3)–○　(4)–×　(5)–○　(6)–○　㊟基礎の構造方法に関しては建築基準法施行令第38条。独立基礎は載荷条件・地盤条件により沈下量が異なることがあり，べた基礎等に比べて不同沈下を起こしやすい。

## 4　建築構造設計

**p.83**

**【1】** (1)固定　(2)積載　(3)積雪　(4)風圧　(5)地震　㊟(1)～(3)は順不同，(4)(5)は順不同。

**【2】** (1)$mm^4$　(2)N･mm　(3)mm　(4)$mm^3$　(5)$N/mm^2$　(6)$N/mm^2$　(7)－　(8)$mm^2$　(9)$N/mm^2$　(10)N

### ■単純ばり

**【3】** $H_A=0$　㊟水平方向の荷重＝0，よって$\Sigma X=0+H_A=0$　$\therefore H_A=0$

**【4】** C点における　$M_{C左}=100\times25=2500$[N･cm]
$M_{C右}=150\times10=1500$[N･cm]

よって，$M_{C左}>M_{C右}$　∴A側に傾く。

$M_{C左}=M_{C右}$より，$2500=(150+X)\times 10$　より，$X=100$　∴100N

## p.84

【5】 $\Sigma X=0$,　$\Sigma Y=R_A-50+R_B=0$,　$\Sigma M_A=50\times 3-R_B\times 5=0$

よって，$R_A=20$N,　$R_B=30$N

$\Sigma M_{max}=R_A\times 3=60$N･m,

AC間の$Q=R_A=20$N,　CB間の$Q=R_B=30$N

$\therefore Q_{max}=30$N

【6】 (5)　㊟$\Sigma Y=V_A-10-10+V_B=0$　…①（$\Sigma X=0$　は省略）

$\Sigma M_A=-60+10\times 4+10\times 4-V_B\times 6=0$　よって，$V_B=\dfrac{20}{6}=\dfrac{10}{3}$　…②

②を①へ代入　$V_A=20-\dfrac{10}{3}=\dfrac{50}{3}$

## p.85

【7】 (1)　㊟集中荷重による$M_{C1}=\dfrac{Pl}{4}$，等分布荷重による$M_{C2}=\dfrac{wl^2}{8}$

$\therefore\ \ M_C=\dfrac{Pl}{4}+\dfrac{wl^2}{8}$

【8】 $M_C=4.5$kN･m

㊟反力　$\Sigma Y=V_A-2\times 3+V_B=0$

$\Sigma M_A=(2\times 3)\times 1.5-V_B\times 6=0$　　$\therefore V_A=4.5$N, $V_B=1.5$N

曲げモーメント（AC間）　$V_A\cdot x-2x\cdot\dfrac{x}{2}-M_X=0$,

$x=3$を代入して，$M_C=4.5$kN･m

【9】 (1)　$Q_{BC}=-2$N,　(2)　$M_C=-4$kN･m

㊟6kNをAB両端に分解　：　$6\times 2=P_B\times 6$　よって，$P_B=2$kN

BC間　：　$-P_B-Q_{BC}=0$　より，　$Q_{BC}=-2$N,

$-P_B\cdot x-M_X=0$　　$M_X=-P_B\cdot x$,　　$x=2$を代入して　$M_C=-4$kN･m

【10】 (4)　㊟この場合は，A点での反力がわかれば，D点での曲げモーメント$=V_A\times 7-2\times 5$で求まる。

基本式　　反力：$V_A-2+V_D+V_E=0$,　$M_{C左}=V_A\times 4-2\times 2=0$, $M_{C右}=-V_D\times 3-V_E\times 6=0$

よって，$V_A=1$kN, $V_D=2$kN, $V_E=-1$kN,

曲げモーメント　：　BD間：$V_A\cdot x-2\,(x-2)-M_X=0$, $x=7$を代入して，$M_D=-3$kN･m

なお，E点から計算すると，$M_X-V_E\cdot x=0$　$x=3$を代入して，$M_D=V_E\times 3=-3$kN･m

## p.86

【11】 曲げモーメント図は，次のようになる。

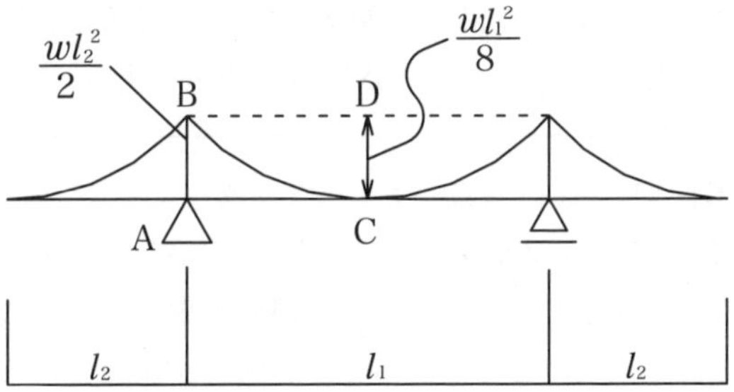


そこで，$\dfrac{wl_1^2}{8}=\dfrac{wl_2^2}{2}$

したがって，$l_1^2=4l_2^2$

よって，$l_1:l_2=2:1$

【12】 (5)　㊟(5)の曲げモーメント図は次のようになる。

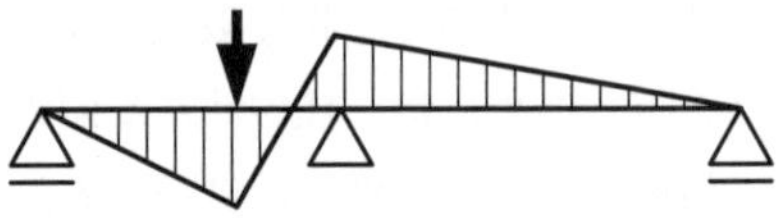

### ■トラス

## p.87

【13】 3P　㊟ $R_A-\dfrac{P}{2}-C\sin 30°=0$

$\dfrac{3}{2}P-\dfrac{1}{2}C=0$, $1.5P-0.5C=0$　　$\therefore C=3P$

【14】 (ア)－0　(イ)－（－）　(ウ)－（－）　(エ)－（＋）　(オ)－（－）

㊟応力およびその方向を図のように仮定する。

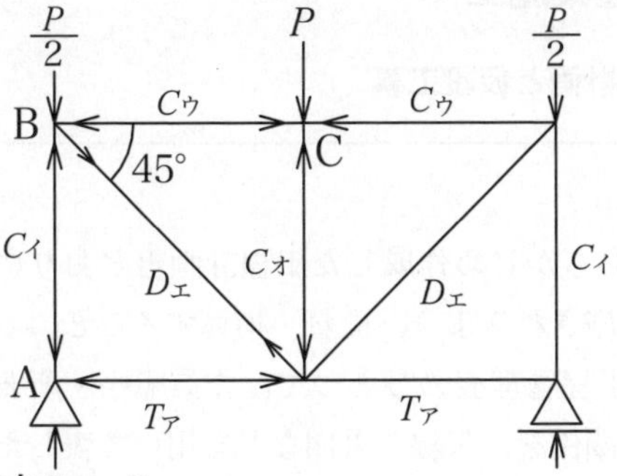


反力$R_A = P$

A……$\Sigma X = T_ア = 0$,　$\Sigma Y = P - C_イ = 0$　　$\therefore C_イ = P$

B……$\Sigma X = D_エ \cos 45° - C_ウ = 0$

$\Sigma Y = C_イ - \frac{P}{2} - D_エ \sin 45° = 0$

$\therefore C_ウ = \frac{P}{2}$,　$D_エ = \frac{\sqrt{2}}{2} P$

C……$\Sigma X$（略），　$\Sigma Y = C_オ - P = 0$　　$\therefore C_オ = P$

よって，　$T_ア$－(0)，　$C_イ$－(－)，　$C_ウ$－(－)，　$D_エ$－(＋)，　$C_オ$－(－)

【15】 (5) ㊟スパン（山形小屋組）15M程度までは，木造で真づか小屋組（キングポスト）である。

## p.88

【16】 1.5P（引張） ㊟トラスを図のような断面に切断し，図のような応力を生じているものと仮定する。

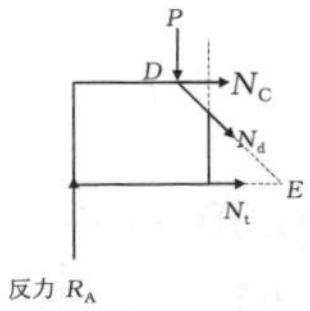


反力$R_A = 1.5P$

D点において，

$\Sigma M_D = R_A \times 1 - N_t \times 1 = 0$

$\therefore N_t = R_A = 1.5P$

なお，E点において，

$\Sigma M_E = R_A \times 21 - P \times 1 + N_C \times 1 = 0$

$\therefore N_C = -\frac{3}{2} P \times 2 + P = -2P$

### ■静定ラーメン

【17】 $\Sigma X = 4 - H_A = 0$，$\Sigma Y = -V_A + V_B = 0$，$\Sigma M_A = 4 \times 3 - V_B \times 4 = 0$

よって，$H_A = 4\text{kN}$，$V_A = 3\text{kN}$，$V_B = 3\text{kN}$ （ただし，方向は問題図のとおり）

【18】 (5) ㊟$\Sigma X = 5 - H_A = 0$,

$\Sigma Y = V_A - 10 + V_B = 0$,

$\Sigma M_A = +5 \times 4 + 10 \times 2 - V_B \times 5 = 0$

よって，$V_B = 8\text{kN}$（上向き），　なお，$V_A = 2\text{kN}$（上向き），$H_A = 5\text{kN}$（左向き）

【19】 (ア)－(4)　　(イ)－(7)　　(ウ)－(3)

### ■応力計算

## p.89

【20】 $I_X = \frac{bh^3}{12} = \frac{15 \times 20^3}{12} - 2 \times \frac{6 \times 10^3}{12} = 9000\text{cm}^4$

$Z_X = \frac{I_X}{y_1} = \frac{9000}{10} = 900\text{cm}^3$

【21】 (5)

㊟ $I_X = I_n + y_0^2 A = \frac{6a \times (2a)^3}{12} + \left(a + \frac{2a}{2}\right)^2 \times (6a \times 2a) = 52a^4$

【22】 1.8 ㊟柱の断面二次モーメントを $I_0$，はりの断面二次モーメントを $I$ とすると

剛度＝$\frac{\text{断面二次モーメント}}{\text{その材の長さ}}$　　であるから

柱の剛度＝$I_0$／3，　$I = 3I_0$ より，はりの剛度＝$I$／5＝$3I_0$／5

よって，剛比＝はりの剛度／柱の剛度＝（$3I_0$／5）／（$I_0$／3）＝1.8

## p.90

【23】 (3)

㊟(1)　$\delta = \alpha \cdot \frac{\left(\frac{P}{2}\right) l^3}{EI} = \left(\frac{1}{2}\right) \delta_0$

(2)　$I_X = \frac{b(\sqrt[3]{2}h)^3}{12} = \frac{2bh^3}{12} = 2I_0$　よって，

$\delta = \alpha \cdot \frac{Pl^3}{E \cdot 2I} = \frac{1}{2} \delta_0$

(3)　$\delta = \alpha \frac{P\left(\frac{1}{2} l\right)^3}{EI} = \frac{1}{8} \delta_0$

→スパンを$\frac{1}{2}$にすると，たわみは$\frac{1}{8}$になる。

(4)　$\delta = \alpha \cdot \frac{Pl^3}{\{(2E) \cdot I\}} = \frac{1}{2} \delta_0$

(5) $I_X=\dfrac{\frac{1}{4}b\cdot(2h)^3}{12}=\dfrac{2bh^3}{12}=2I_0$ よって，

$$\delta=\alpha\cdot\frac{Pl^3}{E(2I_0)}=\frac{1}{2}\delta_0$$

**【24】** 応力度 $\sigma_t=\dfrac{P}{A}=\dfrac{28}{4.0}=7.0\,[\mathrm{kN/cm^2}]=70\mathrm{N/mm^2}$

歪度 $\varepsilon=\dfrac{\Delta\ell}{\ell}=\dfrac{0.05}{150}=\dfrac{1}{3000}$

ヤング係数 $E=\dfrac{\sigma_t}{\varepsilon}=\dfrac{70}{\frac{1}{3000}}=210000=2.1\times10^5\mathrm{N/mm^2}$

**【25】** 22.5N/mm²
㊟(反力) $\Sigma X=V_A-15+V_B=0$, $\Sigma M_{(A)}=15\times2-V_B\times5=0$
よって，$V_A=9$kN, $V_B=6$kN
(曲げモーメント) AB間：$V_A\cdot x-M_X=0$ ($M_A=0$, $M_C=18\mathrm{kN\cdot m}=18\times10^6\mathrm{N\cdot mm}$)
(断面係数) $Z=12\times\dfrac{20^2}{6}=800\mathrm{cm^3}$

よって，$\sigma_{max}=\dfrac{M_{max}}{Z}=\dfrac{18\times10^6}{800\times10^3}=22.5\mathrm{N/mm^2}$

## p.91

**【26】** $M_C=\dfrac{wl^2}{8}=\dfrac{8\times4^2}{8}=16[\mathrm{kN\cdot m}]=16\times10^6\mathrm{N\cdot mm}$

断面係数 $Z=\dfrac{bh^2}{6}=\dfrac{12\times30^2}{6}=1800[\mathrm{cm^3}]=1800\times10^3\mathrm{mm^3}$

$\sigma_{max}=\dfrac{M_C}{Z}=\dfrac{16\times10^6}{1800\times10^3}=8.89<10$

∴安全

**【27】** 3.6m ㊟固定端の曲げモーメント＝$15l$ [kN・cm]
断面係数 $Z=(20\times30^2)/6=3000$ [cm³]
したがって，最大曲げモーメント($\sigma=M/Z$)より，$1.8=(15l)/3000$ よって，$l=(1.8\times3000)/15=360$ [cm]＝3.6 [m]

**【28】** A−2$l$ B−$l$ C−0.7$l$ D−0.5$l$

# 5 建築施工

### ■施工計画と仮設工事

## p.96

**【1】** (4)

**【2】** あらかじめ作成した工程計画書どおりに工事が実施されるよう，監督・指導すること。

**【3】** 工程管理表のひとつで，作業順序・所要日数等の関係を，矢線や丸印などを用いて表したもの。

**【4】** (4) ㊟セメントは，出入口以外に開口部のない所に保管する。アスファルトルーフィング，ロール状の壁紙等はロール状を崩さないように立積みにする。塗料は，引火性が強いので周囲の建物から1.5m以上離れた独立した平屋建倉庫等に保管する。砂は泥土の混入を防ぐために周囲地盤より高いところに保管する。

## p.97

**【5】** A−建地 B−布 C−腕木
①1.85 ②1.5 ③2 ④5 ⑤5.5
⑥400 ⑦75 ⑧45 ⑨9 ⑩8
⑪30 ⑫15

**【6】** (3) スタッフとは箱尺(水準測量で使用する)のこと。

**【7】** (1) ㊟$0.4\times0.3\times1/2+(0.5+0.2)\times0.5\times\dfrac{1}{2}=0.235$ $0.235\times200^2=9{,}400$

## p.98

**【8】** (3) ㊟全測線長＝240m, 閉合誤差＝1.2cm, ACの測線長＝80m

よって，$\dfrac{1.2}{240}=\dfrac{x}{80}$ $\therefore x=0.4$cm

**【9】** (2), (9)

### ■土 工 事

**【10】** (4) ㊟基礎工事までは，山留め→根切り→地業→基礎。法付けオープンカット工法は敷地に余裕のある場合に用いられる。なお，法とは切土の斜面のこと。均しモルタルは構造上の意味はなく，地盤の強化にはならない。砂質土と粘性土の埋め戻しは沈下の原因となってしまう。

## ■主体工事

### p.99

【11】 (3) ㊟かぶり厚さはあばら筋の外側からコンクリート表面までとする。

【12】 (2) ㊟スラブの打継ぎ位置は，スパンの中央部付近とする。（JASS.5.7.3参照のこと）

【13】 (1)－× (2)－○ (3)－× (4)－× (5)－○

㊟(1)連続した壁の打込みは，2m内外の間隔で各位置から均等に打込み，順次締固めて上方に打込んでいく。(3)棒形振動機による締固めは，その先端が先に打込まれたコンクリート層に入るようにほぼ垂直に挿入する。(4)タンピングは凝結が終了する前に行う。

### p.100

【14】 (2) ㊟一群のボルトを締め付けるときは，歪を逃がすために中央部から順次周辺部に向かって行う。

【15】 (4) ㊟羽子板ボルトは，柱とはり等の横架材の緊結に用いられる。合掌とはりの接合はボルトを使用する。

## ■各種工事

### p.101

【16】 (1)－× (2)－○ (3)－○ (4)－○ (5)－×

㊟型枠は他の仮設物に連結してはならない。セメントは富調合にすると強度は大きくなるが，収縮亀裂をしやすくなる。そこで下塗りは富調合，上塗りは貧調合のモルタルを使用する。ガラスを内部仕上の後にすると，内部が雨等の外気の影響を受ける。

【17】 (5)

【18】 (1) ㊟エマルジョン塗料は，顔料可塑剤等を乳化剤により分散させた塗料。

## ■施工機器

### p.102

【19】 (1)－(エ)，(ケ) (2)－(ウ)，(キ)，(シ) (3)－(カ)，(サ) (4)－(イ)，(オ)，(コ)

㊟スプレーガンとは，加圧により塗料を吹き付ける器具，スプリンクラーとは，消火機器である。

## ■用　語

【20】 (1)－(ウ) (2)－(オ) (3)－(エ) (4)－(イ) (5)－(ア) ㊟トルクレンチは高力ボルト締め付け器具，シートパイルは山留めに使用する鋼矢板，フォームタイは型枠締付け用ボルトのことである。

【21】 (1)－(イ) (2)－(ア) (3)－(エ) (4)－(オ) (5)－(ウ) ㊟セパレーターとは型枠の間隔を保つもの，なお，コンクリートのかぶり厚を保つものをスペーサーという。

# 土　木

## 1　土木設計

### p.111

**【1】**　$\sigma = E \times \varepsilon$，　$\sigma = \dfrac{P}{A}$，　$\varepsilon = \dfrac{\Delta l}{l}$

よって，$\dfrac{P}{A} = E \times \dfrac{\Delta l}{l}$　$\Delta l = \dfrac{P \cdot l}{A \cdot E} = \dfrac{10\text{kN} \times 10\text{m}}{10\text{cm}^3 \times 1.0 \times 10^4\ \text{N/mm}^2}$

$\Delta l = \dfrac{10 \times 10^3 \times 10 \times 10^3}{10 \times 10^2 \times 1.0 \times 10^4}\text{mm} = \mathbf{10mm}$

**【2】**

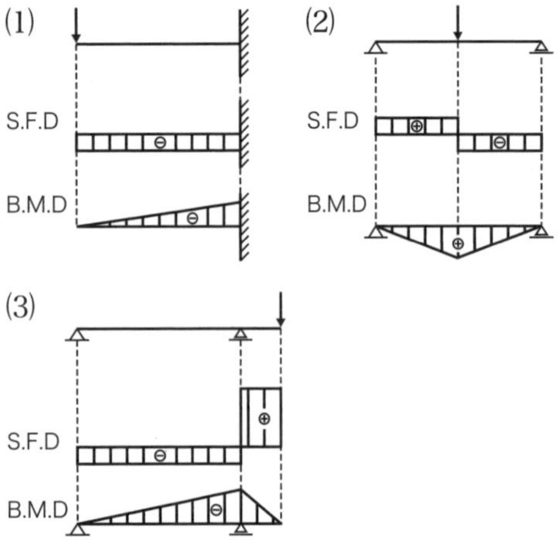


**【3】**　$-6 \times 4 - 6 \times 2 + R_A \times 6 = 0$

$\therefore R_A = \mathbf{6kN}$

CD間のせん断力　$Q_{CD} = R_A - 6 = 6 - 6 = 0$

よって，CD間で曲げモーメントは最大となる。

CD間の曲げモーメント　$M_X = R_A \cdot x - 6(x-2) = 12$

$\therefore$CD間の曲げモーメント$= \mathbf{12kN \cdot m} = M_{MAX}$

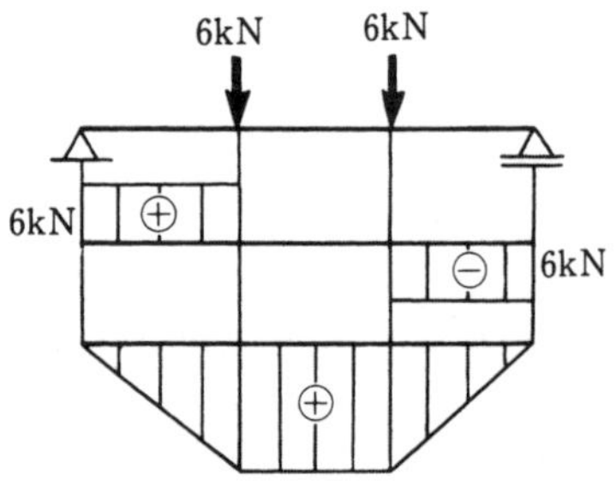


**【4】**　(1)$R_A \times 10 - 1 \times 4 \times 8 = 0$

$\therefore R_A = \mathbf{3.2kN}$

(2)AC間のせん断力　$Q_X = R_A - w \cdot x = 3.2 - 1 \cdot x$

よって，$Q_X = 0$より　$x = \mathbf{3.2m}$

### p.112

**【5】**　(1)　(a) $\dfrac{wl^2}{8}$　　(b) $\pm\dfrac{wl}{2}$

(2)　(a) $\dfrac{Pl}{4}$　　(b) $\pm\dfrac{P}{2}$

(3)　(a) $-\dfrac{wl^2}{2}$　　(b) $-wl$

(4)　(a) $-Pl$　　(b) $-P$

**【6】**　(1) $W = \dfrac{bh^2}{6} = \dfrac{20 \times 30^2}{6} = \mathbf{3000cm^3}$

(2) $\sigma = \dfrac{M_r}{W} \leqq 900$ より $Mr \leqq 900 \times 3000 = 2.7 \times 10^6 \text{N} \cdot \text{cm} = \mathbf{27kN \cdot m}$

(3) $M_{MAX} = \dfrac{wl^2}{8}$ よって，　$w \leqq 27 \times \dfrac{8}{6^2} = \mathbf{6kN/m}$

**【7】**　(1)反力　$R_A - 2 \times 4 - 4 + R_B = 0$，　$R_A \times 8 - 2 \times 4 \times 6 - 4 \times 2 = 0$

$R_A = \mathbf{7kN}$，　$R_B = \mathbf{5kN}$

(2)曲げモーメント　$M_C = R_A \times 4 - (w \times 4) \times \dfrac{4}{2}$

$= 7 \times 4 - (2 \times 4) \times 2 = \mathbf{12\ kN \cdot m}$

㊟(参考) 反力については，$\Sigma M_A = 0$，$\Sigma M_B = 0$で求められるが，構造体のつり合いは「移動しない」「回転しない」ということで，$\Sigma H = 0$，$\Sigma V = 0$，$\Sigma M = 0$　とした。

### p.113

**【8】**　(1)　㊟集中荷重による曲げモーメント$\dfrac{Pl}{4}$と，等分布荷重による曲げモーメント$\dfrac{\omega l^2}{8}$を組み合わせればよい。

**【9】**　① $I_1 = \dfrac{bh^3}{12}$　　② $I_2 = \dfrac{bh^3}{24}$　　③ $d = \dfrac{h}{2} - \dfrac{h}{3} = \dfrac{h}{6}$

④ $I_0 = \dfrac{bh^3}{24} - \left(\dfrac{h}{6}\right)^2 \times \dfrac{bh}{2} = \dfrac{bh^3}{36}$

**【10】**　鉄筋の負担する圧縮力を$P_S$，コンクリートの負担する圧縮力を$P_C$とする。

$P_S+P_C=P$

応力度σは

$$\sigma=\frac{P}{A}\ (P:荷重,\ A:断面積)$$

よって，ひずみ度をεとすると，フックの法則（σ＝E・ε）より

$$\sigma_s=\frac{P_s}{A_s}=E_s\cdot\varepsilon \qquad \sigma_c=\frac{P_c}{A_c}=E_c\cdot\varepsilon$$

従って，$P_S+P_C=A_S\cdot E_S\cdot\varepsilon+A_C\cdot E_C\cdot\varepsilon=P$

$$\varepsilon=\frac{\boldsymbol{P}}{\boldsymbol{A_s\cdot E_s+A_c\cdot E_c}}$$

## p.114

**【11】** 最大曲げモーメント

$$M_{\max}=\frac{Pl}{4}=\frac{6\times4}{4}=6\,\mathrm{kN\cdot m}=6\times10^6\,\mathrm{N\cdot mm}$$

断面係数

$$W=\frac{bh^2}{6}=\frac{9\times20^2}{6}=600\,\mathrm{cm^3}=600\times10^3\,\mathrm{mm^3}$$

よって，最大曲げモーメント

$$\sigma_{\max}=\frac{M_{\max}}{W}=\frac{6\times10^6}{600\times10^3}=10\,\mathrm{N/mm^2}$$

したがって，$\sigma_{\max}=10\mathrm{N/mm^2}<\sigma_a=15\mathrm{N/mm^2}$

∴ 安全である。

# 2 土木計画

## p.120

**【1】** 水路式，ダム式，ダム水路式，揚水式

**【2】** (1)－(ア) (2)－(エ) (3)－(ウ) (4)－(オ) (5)－(イ)

㊟(5)は河川敷ともいう。

**【3】** ①－(オ) ②－(キ) ③－(ケ) ④－(イ)

**【4】** ①kW ②水量 ③落差 ④発電力量 ⑤kWh

## p.121

**【5】** (1)－(ア) (2)－(イ) (3)－(ウ) (4)－(エ) (5)－(オ)

**【6】** (4)

# 3 測　量

## p.128

**【1】** DBtan60°＝(20＋DB)tan30°

$$DB=\frac{20\tan30^\circ}{\tan60^\circ-\tan30^\circ}=10$$

よって，BC＝30m，

したがって，

$$AB=BC\tan30^\circ=30\times\frac{1}{\sqrt{3}}\fallingdotseq17.32$$

∴AB＝**17.32m**

**【2】** $面積S=\pi r^2\times\frac{240^\circ}{360^\circ}=3.14\times100^2\times\frac{2}{3}=20933$

よって，**20,933㎡**

㊟なお，π＝3.1416として計算すると，S＝20944㎡となる。

**【3】** 方位角＝60°＋180°－100°＝140°

方位＝180°－140°＝40°，　よって，**S 40°E**

**【4】** (ア)－②，③，④，⑨　(イ)－⑤，⑨，⑩，⑪，⑬　(ウ)－①，③，⑤，⑨　(エ)－⑭

## p.129

**【5】** (5) ㊟平板測量でアリダードを用いて高低差を求めることができるが，精度は低く，レベルを用いた水準測量のようには容易ではない。

**【6】** (2) ㊟トラバース測量など各種測量作業では，踏査－選点－造標－観測－内業となる。なお，

踏査－作業計画をたてるために現地を視察調査すること。

選点－踏査をもとに，測点を選ぶこと。

造標－測点に標識を立てること。

**【7】** (1) ㊟国土地理院発行の地形図の高さは，東京湾平均海面を基準面としている。なお，その経緯は霊岸島の量水標によって行った験潮記録を解析して定めた東京湾平均海面を0mとした。（国土地理院）

## p.130

**【8】** $E_L=98.66-98.69=-0.03$，$E_D=122.10-122.06=0.04$

$$E=\sqrt{0.03^2+0.04^2}=0.05 \quad 閉合比=\frac{0.05}{318.45}=\frac{1}{6369}$$

**【9】** (4) ㊟等高線は，必ず図面内あるいは図面

外で閉合し，断絶したり終端となることはない。

【10】①10.76＋0.59＝11.35

②11.35－1.30＝10.05

（または, 10.76＋0.59－1.30＝10.05）

③10.40＋1.10＝11.50

④11.50－1.20＝10.30

（または, 10.40＋1.10－1.20＝10.30）

⑤11.22－1.20＝10.02

（または, 10.12＋1.10－1.20＝10.02）

**p.131**

【11】 測線長合計＝200m, よって, $\frac{1.5}{200}=\frac{x}{(45+40+35)}$, $x=\frac{1.5}{200}\times 120=0.9$

∴ **0.9cm**

【12】 主尺とバーニヤがバーニヤの目盛6で一致している。測定値は主尺の36.1からバーニヤの0までの距離を求めればよいから，36.7－(0.1×0.9)×6＝36.16, よって, **36.16cm**となる。

## 4 土木施工

**p.137**

【1】 (4) ㊟引張強度は圧縮強度のおよそ$\frac{1}{10}$である。

【2】 $C=40\times 6=240$kg $\frac{W}{C}=0.5$ $W=0.5C$ $=0.5\times 240=$**120kg**

【3】 (4) ㊟砕石についてはJISの規格に適合したものを使用しなければならない。粒径の均一性および強度などについては川砂利より優れている。

【4】 (1) ㊟コンクリートの強度は，単位水量と単位セメント量によって支配される。一般に，所要の強度や耐久性によって水セメント比を定める。

**p.138**

【5】 (1)－(ケ) (2)－(キ) (3)－(ア) (4)－(コ) (5)－(カ) (6)－(エ) (7)－(ウ) (8)－(イ) (9)－(オ) (10)－(ク)

【6】 (1)

【7】 地山の土量$=\frac{450}{0.9}=$**500m$^3$**

ほぐした土量＝500×1.2＝**600m$^3$**

【8】 (1)$N$値 (2)支持杭 (3)トラス (4)土工定規 (5)建築限界

**p.139**

【9】 (1)－(ウ) (2)－(オ) (3)－(キ) (4)－(イ)

㊟転圧…地表を締固める際に，振動や衝撃を用いずに，静的圧力による機械的締固めること。

伸縮継手…配管の膨張を吸収するために用いられる継手。

ディビダーク工法…コンクリートにプレストレスを導入する工法

【10】 全作業量$Q_t$＝30000[m$^3$],

1時間当たりの作業量$Q$＝30[m$^3$/h]，1日の純作業時間$H$＝6[h/日],

よって, 1日の作業量＝30×6＝180m$^3$/日

工期$T$＝4[月]，日数実働率$M$＝60[％]，よって，実稼働日数＝4×30×0.6＝72日

したがって，所要台数$N=\frac{30000}{(180\times 72)}\fallingdotseq 2.31$

∴3台

【11】 (1)－(ウ) (2)－(カ) (3)－(エ) (4)－(キ) (5)－(ア)

㊟エントレインドエアとは，AE剤によってコンクリート中に含まれる径0.025〜0.3mm程度の微細気泡のこと（連行空気ともいう）。

**p.140**

【12】 (1)－× (2)－× (3)－○ (4)－○ (5)－×

㊟(1)ポアソン比は材料固有の数値である。 (2)打込み易さの程度，材料の分離に対する抵抗の程度。なお，主に水量によるまだ固まらないコンクリートの柔らかさの程度のことは「コンシステンシー」という。 (5)曲線部において，内側レールと外側レールに高低差をつける。この高低差のことをカントという。

【13】 (4) ㊟①→②→⑤→⑥→⑦→⑧→⑨で20日

## 5 水理・土質

**p.146**

【1】 $v=0.62\times\sqrt{2\times9.8\times3.2}=4.91$m/s

よって，$Q=\dfrac{\pi\times0.02^2}{4}\times4.91=0.001542\text{m}^3=$ **1542cm³/s**

【2】 0.02×10,000=**200 m³**

【3】 ゲージ圧$p=\rho gH=1000\times9.8\times10=98\times10^3$ [kg·m/(s²·m²)]$=98\times10^3$ N/m²=**98kPa**

絶対圧$p'=p_0+\rho gH=101.22+98=$**199.22kPa**

【4】 断面積$A=\dfrac{(5+4)}{2}\times3=13.5$　よって，1.5×13.5=**20.25m³/s**

【5】 $P=\rho gH_GA=1000$[kg/m³]×9.8[m/s²]×2.5[m]×12[m²]=294,000[N]=**294kN**

$$H_C=2.5+\frac{\frac{4\times3^3}{12}}{3\times4\times2.5}=\mathbf{2.8m}$$

【6】 (1)上流側の全水圧$P_1$とその作用点は

$$P_1=\rho gH_GA=1000\times9.8\times\frac{6}{2}\times2\times6=352.8\text{kN}$$

$$H_{C1}=6\times\frac{2}{3}=\mathbf{4m}$$

(2)下流側の全水圧$P_2$とその作用点は

$$P_2=\rho gH_GA=1000\times9.8\times\frac{3}{2}\times2\times3=88.2\text{kN}$$

$$H_{C2}=3\times\frac{2}{3}=2\text{m}$$

よって，全水圧$P=352.8-88.2=264.6$kN

作用点は，$P\times H_C=P_1\times H_{G1}-P_2\times(H_{G2}+3)$

$$H_C=\frac{352.8\times4-88.2\times(2+3)}{264.6}=\mathbf{3.67m}\text{(上流側水面より)}$$

★作用点については，

$$H_C=H_G+\frac{I_G}{A\cdot H_G}=\frac{6}{2}+\frac{\frac{2\times6^3}{12}}{2\times6\times\frac{6}{2}}=4\text{であるが}$$

この場合は，上水面からの作用点なので，上のように求められる。

## p.147

【7】 $A_1=\dfrac{\pi d_1^2}{4}=\dfrac{3.14\times4^2}{4}=12.56\text{cm}^2$

$A_2=\pi d_2^2=\dfrac{3.14\times2^2}{4}=3.14\text{cm}^2$

$Q=A_1v_1=A_2v_2$　$5000=12.56\times v_1$

$\therefore v_1=\dfrac{5000}{12.56}=398.1\text{cm/s}$

$5000=3.14\times v_2$

$\therefore v_2=\dfrac{5000}{3.14}=$**1592.4cm/s**

【8】 (1) $S=\sqrt{1^2+2^2}\times2+2≒$**6.47m**

(2) $A=(2+4)\times2/2=$**6m²**

(3) $R=\dfrac{A}{S}=\dfrac{6}{6.47}=$**0.927m**

(4) $v=C\sqrt{RI}=50\times\sqrt{0.927\times\dfrac{1}{1000}}=$**1.52m/s**

(5) $Q=A\cdot v=6\times1.52=$**9.12 m³/s**

【9】 $w=\dfrac{m_w}{m_s}=\dfrac{108-80}{80}\times100=$**35%**

【10】 (1)−(オ)　(2)−(ア)　(3)−(エ)　(4)−(ウ)　(5)−(イ)

## p.148

【11】 (5)−(1)−(4)−(2)−(3)

㊟コロイド：0.001mm以下の特に微細な土粒子をいう。

【12】 ①粘土　②シルト　③細砂　④細れき　⑤粗れき　㋐0.005　㋑0.075　㋒2.0　㋓75.0

【13】 (1)−(ア)　(2)−(イ)　(3)−(ア)　(4)−(ウ)　(5)−(イ)　(6)−(イ)　(7)−(ウ)　(8)−(ア)　(9)−(イ)　(10)−(イ)

【14】 (4)−(1)−(3)−(2)−(5)

㊟一般に砂質土は粘土より大きい$N$値を示す。

【15】 ①−(コ)　②−(ス)　③−(タ)　④−(カ)　⑤−(エ)　⑥−(シ)　⑦−(ア)　⑧−(ツ)　⑨−(チ)　⑩−(セ)　⑪−(イ)　⑫−(テ)　⑬−(ケ)　⑭−(オ)　⑮−(ク)　⑯−(ト)　⑰−(キ)　⑱−(サ)　⑲−(ウ)　⑳−(ソ)

## p.149

【16】 (1)−(エ)　(2)−(イ)　(3)−(ア)　(4)−(オ)　(5)−(ウ)

㊟　CBR試験−締め固められた土の強さを知る。
三軸圧縮試験−土の内部摩擦角・粘着力を調べる。
締固め試験−最適含水比と最大乾燥密度を求める。
標準貫入試験−土の相対的な強さを調べる。
載荷試験−地盤の地耐力を調べる。

# 一般教科

## 1 数　学

### ■数と式の計算

**p.156**

【1】 (1) 8 (2) $\frac{14}{15}$ (3) $\frac{1}{12}+\frac{10}{3}-\frac{1}{4}=\frac{38}{12}=\frac{19}{6}$

(4) $\frac{6}{25}$ (5) $9-4\sqrt{2}$ (6) $9\sqrt{6}$ (7) $57-12\sqrt{15}$

(8) $\sqrt{3}$ (9) $-\frac{1}{8}x^6y^3\times\frac{16}{x^4y^2}\times 3xy^2=-6x^3y^3$

(10) $\frac{x+2}{x(x-1)}+\frac{2x+1}{(x-1)(x-2)}-\frac{x-3}{x(x-2)}$

$=\frac{(x+2)(x-2)}{x(x-1)(x-2)}+\frac{(2x+1)x}{x(x-1)(x-2)}-\frac{(x-3)(x-1)}{x(x-1)(x-2)}$

$=\frac{2x^2+5x-7}{x(x-1)(x-2)}=\frac{(x-1)(2x+7)}{x(x-1)(x-2)}=\frac{2x+7}{x(x-2)}$

【2】

$$
\begin{array}{r}
\boxed{4}\,1\,\boxed{5} \\
\times\ 3\,\boxed{8}\,2 \\
\hline
\boxed{8}\,3\,\boxed{0} \\
3\,\boxed{3}\,2\,\boxed{0}\phantom{0} \\
\boxed{1}\,2\,\boxed{4}\,5\phantom{00} \\
\hline
1\,\boxed{5}\,8\,\boxed{5}\,3\,0
\end{array}
$$

**p.157**

【3】 $2^3\times1+2^2\times1+2^1\times0+2^0\times1=13$

【4】 (1) $\sqrt{11+6\sqrt{2}}=\sqrt{11+2\sqrt{18}}=\sqrt{9+2+2\sqrt{9}\sqrt{2}}$
$=\sqrt{9}+\sqrt{2}=3+\sqrt{2}$

(2) $\frac{i-1}{2-3i}=\frac{(-1+i)(2+3i)}{(2-3i)(2+3i)}=\frac{-2-3-i}{4+9}=\frac{-5-i}{13}$

(3) $\frac{t-1}{t-\frac{2}{t+1}}=\frac{(t-1)(t+1)}{t(t+1)-2}=\frac{(t-1)(t+1)}{(t+2)(t-1)}=\frac{t+1}{t+2}$

(4) $3x^2-2y$

(5) $\frac{(c+a)(c-a)+(a+b)(a-b)+(b+c)(b-c)}{(a-b)(b-c)(c-a)}$

$=\frac{c^2-a^2+a^2-b^2+b^2-c^2}{(a-b)(b-c)(c-a)}=0$

【5】 (1) $\frac{x}{3}=\frac{y}{4}=k$とおくと，$x=3k$, $y=4k$

$\frac{x^2-y^2}{x^2+y^2}=\frac{(3k)^2-(4k)^2}{(3k)^2+(4k)^2}=-\frac{7}{25}$

### ■因数分解

【6】 (1) $x^2(a-1)-(a-1)=(x^2-1)(a-1)$
$=(x+1)(x-1)(a-1)$

(2) $a(x-y)-b(x-y)=(a-b)(x-y)$

(3) $(a-3b)^2$ (4) $(2x+1)(2x-1)$

(5) $(2x-1)(x+3)$ (6) $(3x-5y)(x+4y)$

(7) $(a+b)(a+2b)+c(a+b)=(a+b)(a+2b+c)$

(8) $(x-2)(x^2+7x+12)=(x-2)(x+3)(x+4)$

(9) $(2x)^3+(3y)^3=(2x+3y)(4x^2-6xy+9y^2)$

(10) $2x^2+x-5xy-(3y^2-11y+6)$
$=2x^2+x(1-5y)-(3y-2)(y-3)$
$=\{2x+(y-3)\}\{x-(3y-2)\}=(2x+y-3)(x-3y+2)$

### ■方 程 式

**p.158**

【7】 各設問の方程式の上から①，②，③式とする。

(1) ②−①より，$4x=16$ ∴$x=4$ ①×3−②より，$6y=6$ ∴$y=1$

(2) ①−②より $2y=-5$ ∴$y=-\frac{5}{2}$

②+③より $2x=17$ ∴$x=\frac{17}{2}$

これらを①に代入して，

$z=2-x-y=2-\frac{17}{2}+\frac{5}{2}=-4$

よって $x=\frac{17}{2}$, $y=-\frac{5}{2}$, $z=-4$

(3) ①より $y=3-x$ これを①'とする。①'を②に代入して，$x^2+(3-x)^2=17$ $x^2-3x-4=0$
$(x+1)(x-4)=0$ $x=-1, 4$
$x=-1$を①'に代入して $y=4$

$x=4$を①'に代入して$y=-1$

$\therefore x=-1,\ y=4$ と $x=4,\ y=-1$

(4) $\frac{1}{x}=X,\ \frac{1}{y}=Y$とおくと，①は$5X+3Y=2$…①'

②は$15X+6Y=3$…②'

②'−①'×2より，

$X=-\frac{1}{5}$

①'×3−②'より，$Y=1$　$\therefore x=-5,\quad y=1$

(5) 両辺を2乗すると，$x^2-10x+25=x-5$

$x^2-11x+30=0\quad (x-5)(x-6)=0\quad \therefore x=5,\ 6$

(これらは与式の条件を満たす)

**【8】** (1) $\alpha+\beta=-\frac{b}{a}=-\frac{-5}{3}=\frac{5}{3}$　(2) $\alpha\beta=\frac{c}{a}=\frac{1}{3}$

(3) $\alpha^2+\beta^2=(\alpha+\beta)^2-2\alpha\beta=\left(\frac{5}{3}\right)^2-2\times\frac{1}{3}=\frac{19}{9}$

(4) $\alpha^3+\beta^3=(\alpha+\beta)(\alpha^2-\alpha\beta+\beta^2)=\frac{5}{3}\times$

$\left(\frac{19}{9}-\frac{1}{3}\right)=\frac{80}{27}$

**【9】** AB間の距離を$x$kmとすると，$\frac{x}{5}+\frac{x}{3}=4$

この方程式を解いて，$x=7.5$　$\therefore$ 7.5km

**p.159**

**【10】** 全体の仕事量を$k$，$C$の仕事日数を$x$日とすると，$\frac{k}{30}\times8+\frac{k}{20}\times8+\frac{k}{15}\times x=k$　この方程式を解いて，$x=5$　$\therefore$ 5日

**【11】** 子どもの人数を$x$人，柿の個数を$y$個とする。

$5x+10=y$…①，$7x-2=y$…②　①，②より，

$5x+10=7x-2\quad \therefore x=6$　これを①に代入して

$y=40$　子供の人数6人，柿の個数40個

**【12】** 前日のA部品の売上げ個数を$x$個，B部品を$y$個とする。$x+y=820$……①，$0.08x+0.1y=72$……②　①×0.1−②より，$0.02x=10$　$\therefore x=500$　これを①に代入して，$y=320$　∴今日のA部品の売上げ個数は500×1.08=540個，B部品は320×1.1=352個

**【13】** 道路の幅を$x$mとする。全体の面積=道路の面積+斜線部の面積から，$40\times50=2x(40-x)+50x+252\times6$，$2x^2-130x+2000-1512=0$，$x^2-65x+244=0$この方程式を解いて，

$(x-61)(x-4)=0$　$x=4,\ 61$　$x=61$は題意に適さない。

$\therefore$ 4m

**【14】** 短辺の長さを$x$cmとすると，長辺の長さは$(x+5)$cmとなる。また容器の展開図は次図のようになる。

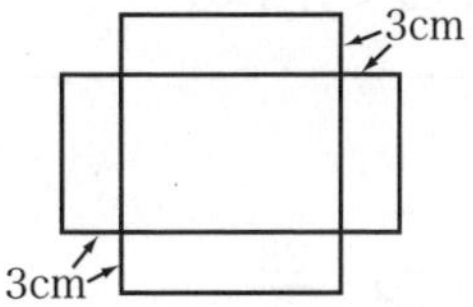


容器の短辺は$(x-6)$cm，長辺は$(x+5-6)=(x-1)$cm，高さは3cmであるから，容積は$3(x-6)(x-1)=72$　$x^2-7x-18=0$　$(x-9)(x+2)=0$　$x=9,\ -2$　$x=-2$は題意に適さないので，$x=9$　∴短辺9cm，長辺14cm

## ■不 等 式

**【15】** (1) $x>-1$　(2) $x>6$

(3) $-7<2x+5<7\quad \therefore -6<x<1$

(4) $D>0$で．$2x^2+4x-1=0$の２つの実数解は，

$\frac{-2\pm\sqrt{6}}{2}$である。$\therefore x<\frac{-2-\sqrt{6}}{2},\ \frac{-2+\sqrt{6}}{2}<x$

(5) $D>0$で．$4x^2+4x-3=0$の２つの実数解は，

$x=-\frac{3}{2},\ \frac{1}{2}$である。$\therefore x\leqq-\frac{3}{2},\ \frac{1}{2}\leqq x$

(6) $-4\leqq x<-1,\ 1\leqq x$

(7) まず，根号内が負とならないために$x+1\geqq0$

$\therefore x\geqq-1$

また$\sqrt{x+1}\geqq0$であるから，$3-x>0$

$\therefore -1\leqq x<3$…①

①の範囲で両辺は負でないから平方して

$x+1<x^2-6x+9\quad \therefore x^2-7x+8>0$

$\therefore x<\frac{7-\sqrt{17}}{2},\ \frac{7+\sqrt{17}}{2}<x$

①の範囲から，$-1\leqq x<\frac{7-\sqrt{17}}{2}$

(8) ①式から$2<x$　②式から$x<3$。これらの共通部分は$2<x<3$　(9) ①式から$2<x<5$　②式から$x<-1,\ 4<x$　これらの共通部分は$4<x<5$

⑽ $x$の範囲によって，$x+2$, $x-1$, $x-4$の符号を調べると次のようになる。

| $x$ | ～ $-2$ | ～ $1$ | ～ $4$ | ～ |
|---|---|---|---|---|
| $x+2$ | $-$ | $+$ | $+$ | $+$ |
| $x-1$ | $-$ | $-$ | $+$ | $+$ |
| $x-4$ | $-$ | $-$ | $-$ | $+$ |
| 左辺 | $-$ | $+$ | $-$ | $+$ |

よって求める$x$の範囲は$-2<x<1$, $4<x$

**p.160**

**■関数とグラフ**

**【16】** (1)$y=3x-6$ (2)$y=-\dfrac{2}{3}x+\dfrac{23}{3}$

(3)傾きが$\dfrac{1}{3}$の直線に平行な直線の傾きは$\dfrac{1}{3}$

$\therefore y-1=\dfrac{1}{3}(x-2)$ より $y=\dfrac{1}{3}x+\dfrac{1}{3}$

(4)傾きが2の直線に垂直な直線の傾きは$-\dfrac{1}{2}$

$\therefore y-1=-\dfrac{1}{2}(x+2)$ より $y=-\dfrac{1}{2}x$

**【17】** (1)$y=-3$

(2)$y-9=\dfrac{9-0}{0-3}(x-0)$ より $y=-3x+9$

(3)$y-9=\dfrac{9-0}{0-(-6)}(x-0)$ より $y=\dfrac{3}{2}x+9$

(4)(2)で求めた式に$y=-3$を代入，$x=4$
　$\therefore(4,\ -3)$

(5)(3)で求めた式に$y=-3$を代入，$x=-8$
　$\therefore(-8,\ -3)$

(6)PRの長さは$4-(-8)=12$　PRを底辺とする高さは，$9-(-3)=12$

　$\therefore$面積は$\dfrac{12\times12}{2}=72$

**【18】** (1)$y=0$のときの$x$を求める。$2x^2+5x-3=0$を解くと$x=-3,\dfrac{1}{2}$　$\therefore(-3,\ 0)$，$(\dfrac{1}{2},\ 0)$

(2)$y=2x^2+5x-3$と$y=x+3$について連立方程式を解く。$(x-1)(x+3)=0$　$x=1,\ -3$　$x=1$のとき$y=4$, $x=-3$のとき$y=0$　$\therefore(1,4),(-3,0)$

**p.161**

**【19】** (1)$y=2x^2-4x-1=2(x-1)^2-3$
　$\therefore(1,\ -3)$

(2) $x$, $y$ともに符号を変えると，
$-y=2(-x-1)^2-3$
　$\therefore y=-2(x+1)^2+3$

(3)$y+3=2(x-4-1)^2-3$
　$\therefore y=2(x-5)^2-6$

**【20】** (1)頂点が$(-1,\ -2)$であるから，求める2次関数は，$y=a(x+1)^2-2$とおける。$(-2,\ 1)$を通るから，$1=a(-2+1)^2-2$　$\therefore a=3$　したがって，$y=3(x+1)^2-2=3x^2+6x+1$

(2)求める2次関数を$y=ax^2+bx+c$とおく。3点$(0,\ 1)$，$(1,\ 0)$，$(-1,\ 6)$を通るから，
$1=c$……①，$0=a+b+c$……②，$6=a-b+c$……③　連立して解くと，$a=2$, $b=-3$, $c=1$
$\therefore$　$y=2x^2-3x+1$

**【21】** (1)$y=2+x-x^2$のグラフは，図のようになるから，面積$S$は，

$$S=\int_{-1}^{2}(2+x-x^2)\,dx=\left[2x+\frac{x^2}{2}-\frac{x^3}{3}\right]_{-1}^{2}=\frac{9}{2}$$

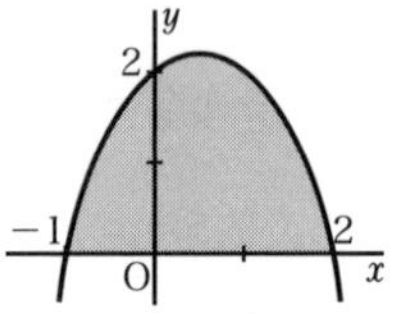


(2) $y=2(x-2)(x-1)=2x^2-6x+4$のグラフは，図のようになるから，面積$S$は，

$$S=-\int_{1}^{2}(2x^2-6x+4)\,dx$$

$$=-\left[\frac{2}{3}x^3-3x^2+4x\right]_{1}^{2}$$

$$=\frac{1}{3}$$

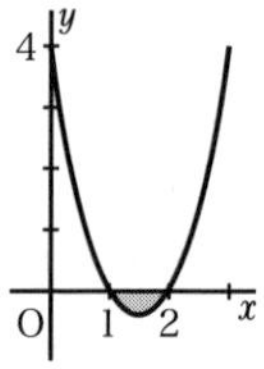


(3) $y=x^3-2x^2-x+2$のグラフは図のように，$x$軸と$-1$，$1$，$2$で交わる曲線であるから，求める面積$S$は，

$$S=\int_{-1}^{1}(x^3-2x^2-x+2)\,dx-\int_{1}^{2}(x^3-2x^2-x+2)\,dx$$

$$=\left[\frac{x^4}{4}-\frac{2}{3}x^3-\frac{x^2}{2}+2x\right]_{-1}^{1}$$

$$-\left[\frac{x^4}{4}-\frac{2}{3}x^3-\frac{x^2}{2}+2x\right]_{1}^{2}$$

$=\frac{8}{3}+\frac{5}{12}=\frac{37}{12}$

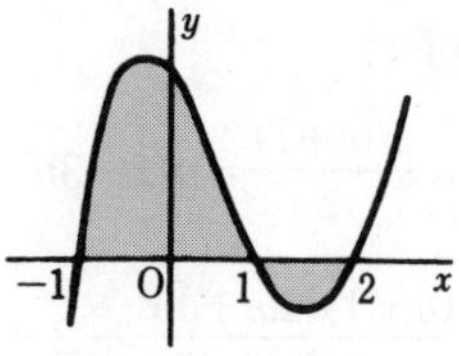


【22】 (1) $y=ax^2+bx+2a^2$ に，$x=1$，$y=1$ を代入する。また，$y'=2ax+b$ に，$x=1$，$y'=0$ を代入する。$1=a+b+2a^2$……①，$0=2a+b$……②の連立方程式を解く。$a=1, -\frac{1}{2}$　最大値をもつことから $a<0$　$\therefore a=-\frac{1}{2}$，これを②に代入して，$b=1$

(2) $y=-\frac{1}{2}x^2+x+\frac{1}{2}$ となり，グラフは図のようになる。

最小値（$x=4$ のとき）$y=-\frac{7}{2}$，

最大値（$x=2$ のとき）$y=\frac{1}{2}$

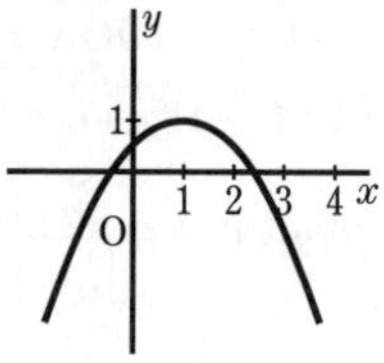

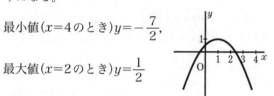

【23】 微分して $y'=6x^2+6x-12$　$y'=0$ より，
$6(x+2)(x-1)=0$　$\therefore x=-2, 1$
増減表をかく。$y=2x^3+3x^2-12x+1$ において，
$x=-2$ のとき，極大値 $y=21$，
$x=1$ のとき，極小値 $y=-6$

| $x$ | … | $-2$ | … | 1 | … |
|---|---|---|---|---|---|
| $y'$ | + | 0 | − | 0 | + |
| $y$ | ↗ | 21 | ↘ | −6 | ↗ |

【24】 (1) $x^2+y^2=1$　(2) $(4, -3)$ と $(0, 0)$ との距離（半径）は $\sqrt{(4-0)^2+(-3-0)^2}=5$ より，求める式は，$(x-4)^2+(y+3)^2=25$
(3) $(x+3)^2+(y-2)^2=3$

(4)半径は $\sqrt{(3-5)^2+(4-(-2))^2}\times\frac{1}{2}=\sqrt{10}$　中心の座標は，$x=\frac{3+5}{2}=4$，$y=\frac{4+(-2)}{2}=1$ すなわち $(4, 1)$ となる。よって求める円の方程式は

$(x-4)^2+(y-1)^2=10$

## p.162

【25】 (1)直線の下側の領域であるので，$y \leqq -x$
(2) $x=1$ と $x^2+y^2-2x=0$ が境界線になっている。
$\therefore (x-1)(x^2+y^2-2x)<0$

【26】 (1)傾き $\frac{8}{3}$　$y$ 切片0　$\therefore y=\frac{8}{3}x$

(2)中心 $(0, 0)$，半径 $\frac{3}{2}$ の円 $\therefore x^2+y^2=\frac{9}{4}$

(3) $y=\sqrt{x}$　(4) $y=\sin x$

### ■三角関数

【27】 (1)1　(2) $\cos 135°=\cos(90°+45°)=-\sin 45°$ $=-\frac{1}{\sqrt{2}}$　(3) $\sin 660°=\sin(360°+300°)=-\sin 120°$ $=-\frac{\sqrt{3}}{2}$　(4) $\tan(-300°)=\tan 60°=\sqrt{3}$

(5) $\frac{1}{\sqrt{2}}\times\frac{1}{2}+\frac{1}{\sqrt{2}}\times\frac{\sqrt{3}}{2}=\frac{\sqrt{2}+\sqrt{6}}{4}$

## p.163

【28】 $\sin^2\theta+\cos^2\theta=1$ から，$\cos^2\theta=1-\sin^2\theta$ $=1-\left(\frac{3}{5}\right)^2=\frac{16}{25}$　　$\theta$ は第1象限の角であるから，$\cos\theta>0$

よって，$\cos\theta=\frac{4}{5}$

【29】 $1+\tan^2\theta=\frac{1}{\cos^2\theta}$ から，

$1+\left(\frac{1}{2}\right)^2=\frac{1}{\cos^2\theta}$ したがって，$\cos^2\theta=\frac{4}{5}$
$\theta$ は第1象限あるいは第3象限の角である。

$\cos\theta=\pm\frac{2}{\sqrt{5}}$　$\sin\theta=\cos\theta\times\tan\theta$

$\pm\frac{2}{\sqrt{5}}\times\frac{1}{2}=\pm\frac{1}{\sqrt{5}}$　$\sin\theta\times\cos\theta=\frac{1}{\sqrt{5}}\times\frac{2}{\sqrt{5}}$ $=\frac{2}{5}$，$\left(-\frac{1}{\sqrt{5}}\right)\times\left(-\frac{2}{\sqrt{5}}\right)=\frac{2}{5}$ どちらも同値となる。

【30】 $(\sin\theta+\cos\theta)^2=\sin^2\theta+2\sin\theta\cos\theta$ $+\cos^2\theta=2$　　$\sin^2\theta+\cos^2\theta=1$ であるから，

$2\sin\theta\cos\theta+1=2 \quad \therefore \sin\theta\times\cos\theta=\frac{1}{2}$

【31】 (1)加法定理の積和公式により，

$\frac{1}{2}\{\sin(75°+15°)-\sin(75°-15°)\}=\frac{1}{2}\left(1-\frac{\sqrt{3}}{2}\right)$

$=\frac{2-\sqrt{3}}{4}$ (2)和積公式により，

$-2\sin\frac{75°+15°}{2}\sin\frac{75°-15°}{2}=-2\times\frac{1}{\sqrt{2}}\times\frac{1}{2}$

$=-\frac{\sqrt{2}}{2}$

【32】 (1)$y=\sin\theta$のグラフを$y$軸方向に2倍に拡大したものである。$\therefore y=2\sin\theta$ (2)$y=\cos\theta$のグラフを横軸方向に$\frac{1}{2}$に縮小したものである。

$\therefore y=\cos 2\theta$

【33】 (1) $\frac{1}{2}$ (2) $-\frac{1}{2}$ (3)1

【34】 (1) $\cos 75°=\cos(45°+30°)=\cos 45°\cos 30°-\sin 45°\sin 30°=\frac{1}{\sqrt{2}}\times\frac{\sqrt{3}}{2}-\frac{1}{\sqrt{2}}\times\frac{1}{2}=\frac{\sqrt{6}-\sqrt{2}}{4}$

(2) $\sin 15°=\sin(45°-30°)=\sin 45°\cos 30°-\cos 45°\sin 30°=\frac{1}{\sqrt{2}}\times\frac{\sqrt{3}}{2}-\frac{1}{\sqrt{2}}\times\frac{1}{2}=\frac{\sqrt{6}-\sqrt{2}}{4}$

(3) $\tan 105°=\tan(60°+45°)=\frac{\tan 60°+\tan 45°}{1-\tan 60°\tan 45°}$

$=\frac{\sqrt{3}+1}{1-\sqrt{3}}=\frac{\left(1+\sqrt{3}\right)^2}{\left(1-\sqrt{3}\right)\left(1+\sqrt{3}\right)}=\frac{4+2\sqrt{3}}{1-3}=-2-\sqrt{3}$

p.164

■数　列

【35】 (1)17 (2)$-\frac{1}{4}$ (3)9 (4)22 (5)4

【36】 初項を$a$，公差を$d$とすれば，一般項$a_n$は，
$a_n=a+(n-1)d$
第4項が1であるから$1=a+3d$……①
第17項が40であるから$40=a+16d$……②
この2つを連立方程式として解くと，$a=-8$，$d=3$となる。よって第30項は，$a_{30}=-8+(30-1)\times 3=79$

【37】 初項3，公比2で，項数を$n$とすると，

$S_n=\frac{a(r^n-1)}{r-1}=\frac{3(2^n-1)}{2-1}=1533 \quad 2^n-1=511$

$2^n=512 \quad \therefore n=9 \quad \therefore$ 9項目

【38】 (1) $\sum_{k=1}^{n}(5-6k)=5n-6\times\frac{n(n+1)}{2}=n(2-3n)$

(2) $\sum_{k=1}^{n}(3k^2-2k+5)=3\times\frac{n(n+1)(2n+1)}{6}-2\times\frac{n(n+1)}{2}+5n=\frac{n(2n^2+n+9)}{2}$

■ベクトル

【39】 (1) $\overrightarrow{AB}+\overrightarrow{CD}=\overrightarrow{BC} \quad \therefore \overrightarrow{CD}=\overrightarrow{BC}-\overrightarrow{AB}=\vec{b}-\vec{a}$
(2) $\overrightarrow{CE}=\overrightarrow{CD}+\overrightarrow{DE}=\overrightarrow{CD}-\overrightarrow{AB}=\vec{b}-\vec{a}-\vec{a}=\vec{b}-2\vec{a}$

p.165

【40】 $\overrightarrow{OC}=k\overrightarrow{OA}+l\overrightarrow{OB}$
$6=2k-2l$……①，$17=-3k+l$……②
これを解いて，$k=-10$，$l=-13$
$\therefore \overrightarrow{OC}=-10\overrightarrow{OA}-13\overrightarrow{OB}$

【41】 (1) $\vec{a}\cdot\vec{b}=1(\sqrt{3}+1)+\sqrt{3}(\sqrt{3}-1)=4$

(2)$\cos\theta=\theta\frac{\vec{a}\cdot\vec{b}}{|\vec{a}|\cdot|\vec{b}|}$

$=\frac{4}{\sqrt{1+\left(\sqrt{3}\right)^2}\sqrt{\left(\sqrt{3}+1\right)^2+\left(\sqrt{3}-1\right)^2}}=\frac{1}{\sqrt{2}}$，

かつ$0\leqq\theta\leqq\pi \quad \therefore \theta=\frac{\pi}{4}$

■対数・行列・極限値

【42】 (1)$-4$ (2)4 (3)与式$=\log_3\left(4-\sqrt{7}\right)\left(4+\sqrt{7}\right)$

$\log_3(16-7)=\log_3 9=2$

【43】 (1)0 (2)$\log_{10}6=\log_{10}2+\log_{10}3=0.3010+0.4771=0.7781$ (3) $\log_{10}8^2=\log_{10}2^6=6\times\log_{10}2=6\times 0.3010=1.8060$ (4) $\log_{10}0.2=\log_{10}2-\log_{10}10=0.3010-1=-0.6990$

【44】 $A^{-1}=\frac{1}{ad-bc}\begin{pmatrix} d & -b \\ -c & a \end{pmatrix}$

$\frac{1}{1\times 4-2\times 3}\begin{pmatrix} 4 & -2 \\ -3 & 1 \end{pmatrix}=-\frac{1}{2}\begin{pmatrix} 4 & -2 \\ -3 & 1 \end{pmatrix}$

$$\begin{pmatrix} -2 & 1 \\ \dfrac{3}{2} & -\dfrac{1}{2} \end{pmatrix}$$

**p.166**

【45】 (1) $\{2\times(-1)-1\}^2\times\{(-1)^2-(-1)+1\}$
$=27$

(2) 与式$=\lim_{x\to 1}\dfrac{(x-1)(x^2+x+1)}{x-1}=\lim_{x\to 1}(x^2+x+1)=3$

(3) 与式$=\lim_{x\to\infty}\dfrac{(x^2-4)-x^2}{\sqrt{x^2-4}+x}=\lim_{x\to\infty}\dfrac{-4}{\sqrt{x^2-4}+x}=0$

【46】 $x\to 2$のとき，分母$\to 0$，分子$\to 0$になればよい。

$\lim_{x\to 2}(2x^2+ax+b)=8+2a+b=0$　　よって，
$b=-2a-8$……①

$\lim_{x\to 2}\dfrac{2x^2+ax+b}{x^2-x-2}=\lim_{x\to 2}\dfrac{2x^2+ax-2a-8}{x^2-x-2}$

$=\lim_{x\to 2}\dfrac{(x-2)(2x+a+4)}{(x+1)(x-2)}=\lim_{x\to 2}\dfrac{2x+a+4}{x+1}$

$=\dfrac{a+8}{3}$　　$\dfrac{a+8}{3}=\dfrac{5}{3}$より$a=-3$，これを①に代入して，$b=-2$　$\therefore a=-3$，$b=-2$

■図　形

【47】 (1)$(5^2\pi-3^2\pi)\times\dfrac{1}{4}=4\pi$

(2) $4^2\pi\times\dfrac{1}{2}-(2^2\pi\times\dfrac{1}{2})\times 2=4\pi$

(3)下図のように$\angle AOB=\angle AO'B=90°$

斜線部の面積は$\left(\sqrt{2}\right)^2\pi\times\dfrac{1}{4}\times 2-\sqrt{2}\times\sqrt{2}=\pi-2$

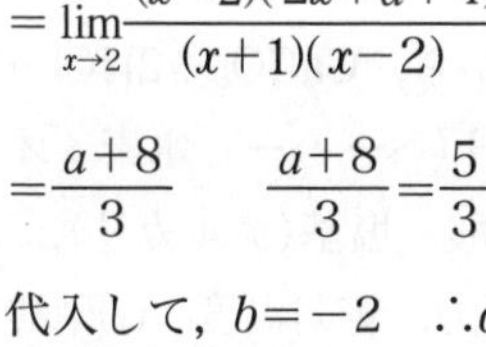

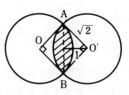


(4)$10^2\times\pi\times\dfrac{150}{360}=\dfrac{125}{3}\pi$

【48】 辺ML

**p.167**

【49】 $6^2\pi\times 12\times\dfrac{1}{3}=144\pi\text{ cm}^3$

【50】 $\triangle ABC\backsim\triangle DAC$
AB : BC＝DA : AC, 15 : 9＝DA : 12　　∴DA＝20
AC : BC＝DC : AC, 12 : 9＝DC : 12　　∴DC＝16

【51】 底面の円周は$4\pi$，半径OAの円の円周は$12\pi$

$\therefore\angle AOB=\dfrac{4\pi}{12\pi}\times 360°=120°$

【52】 (1) 3倍　(2) $\dfrac{a^2}{2}$

■確率・統計

【53】 (1) 8人から3人選ぶ仕方は${}_8C_3$通りあって，このうち3人とも男の場合は${}_5C_3$通りあるから，

求める確率は$\dfrac{{}_5C_3}{{}_8C_3}=\dfrac{10}{56}=\dfrac{5}{28}$

(2)男1人，女2人の場合は${}_5C_1\cdot{}_3C_2$であるから，

$\dfrac{{}_5C_1\cdot{}_3C_2}{{}_8C_3}=\dfrac{5\times 3}{56}=\dfrac{15}{56}$

**p.168**

【54】 同じ目は6通りだから$\dfrac{6}{36}=\dfrac{1}{6}$

【55】 (1)$x=\dfrac{0\times3+10\times5+20\times9+30\times6+40\times3+50\times9}{3+5+9+6+3+9}$

$=\dfrac{980}{35}=28$　∴28点　(2)40点，50点をとった人は少なくとも4題目ができているから，3＋9＝12人

【56】 $A=D+8$, $B=\dfrac{A+D}{2}+5=\dfrac{D+8+D}{2}+5=D+9$

一番高いのはB。$A+B+C+D=(D+8)+(D+9)+(D+7)+D=171\times 4$　∴D＝165cm

## 2　理　科

■物　理

**p.173**

【1】 $v=v_0-gt$に$v=0$を代入して，
$0=30-9.8t$　$\therefore t=3.1$[s]

これを$s=v_0t-\dfrac{1}{2}gt^2$に代入して最高点$s$を求める。

$s=30\times 3.1-\dfrac{1}{2}\times 9.8\times 3.1^2=45.9$[m]

【2】 (1)水平成分$v_x=\frac{108\times10^3}{3600}=30$[m/s]　垂直成分$v_y=0$[m/s]　(2)30[m/s]で一定である。(3)$v_y=gt$の式に従い，時間に比例する。

(4)$s=\frac{1}{2}gt^2$に$s=2000$を代入して，

$$200=\frac{1}{2}\times9.8\times t^2\quad\therefore t=\sqrt{\frac{2000}{4.9}}=20.2\text{[s]}$$

答　20.2秒後

【3】 A：$30\times\frac{1}{2}=15$[kg]　B：$40\times\left(\frac{1}{2}\right)^3=5$[kg]

C：Cの質量を$m$[kg]とする。50[kg]の物体が30°の斜面にそって糸を引く力は，$50g\sin30°$[N]。

$\therefore 50g\sin30°=mg$より，$m=25$[kg]

## p.174

【4】 Bの移動距離はAの2倍だから，加速度も2倍である。A, Bの質量を$m$，糸の張力を$T$，Aの加速度を$a$とすると，

Aについて $ma=2T-mg$…①

Bについて $m\times2a=mg-T$…②

①＋②×2で$T$を消去すると，

$5ma=mg\quad\therefore 5a=g$

よって，Aの加速度(上向き)は$a=0.2g$，Bの加速度(下向き)は$2a=2\times0.2g=0.4g$

【5】 力学的エネルギー保存の法則$U=U_p+U_k=$一定より，B, Dを通過する速さを$v_B$，$v_D$とすると，

$$U=mgh_1+0=0+\frac{1}{2}mv_B{}^2=mgh_2+\frac{1}{2}mv_D{}^2$$

$\therefore v_B=\sqrt{2gh_1}$，　$\therefore v_D=\sqrt{2g(h_1-h_2)}$

【6】 (ウ)静岡県の富士川から新潟県の糸魚川あたりを境に西側は60[Hz]

【7】 $$R=r+\frac{1}{\frac{1}{r}+\frac{1}{r}}+\frac{1}{\frac{1}{r}+\frac{1}{r}+\frac{1}{r}}=r+\frac{1}{2}r+\frac{1}{3}r=\frac{11}{6}r[\Omega]$$

【8】 並列接続のとき，回路に流れる全電流は，各電気器具に流れる電流の和である。電気器具に流れる電流は$I=\frac{P}{V}$より，

$$I=4\times\frac{40}{100}+\frac{500}{100}+\frac{90}{100}=7.5\text{[A]}$$

## p.175

【9】 (1)慣性　(2)7350　(3)122.5　(4)1000, 100, 0　(5)53.55，熱量　(6)スペクトル　(7)赤外線，紫外線　(8)高，低　(9)$10^{-4}$，$10^{-10}$　(10)電力(仕事率)，電力量(仕事)，$3.6\times10^6$

【10】 (1)—(ウ)　(2)—(カ)　(3)—(イ)　(4)—(オ)　(5)—(エ)　(6)—(ア)

## ■化　学

## p.176

【11】 (1)Fe　(2)Cu　(3)Al　(4)Pb　(5)Sn　(6)Mg　(7)Au　(8)U　(9)Si

【12】 (1)塩化ナトリウム　(2)アンモニア　(3)グルコース(ブドウ糖)　(4)硫酸　(5)エタノール(エチルアルコール)

【13】 (1)原子核，中性子，電子　(2)電子，正，陽イオン，電子，陰イオン　(3)二酸化炭素(大理石の主成分は$CaCO_3$だから，$CaCO_3+2HCl\rightarrow CaCl_2+H_2O+CO_2$)　(4)pH(ペーハー。水素イオン濃度の逆数の対数)，7，酸，塩基(アルカリ)，7，中　(5)陰，陽，2：1　(6)圧力，絶対温度　(7)硝酸銀($AgNO_3$)

## p.177

【14】 NaClの式量は23＋35.5＝58.5

よって23.4gは$\frac{23.4}{58.5}=0.4$[mol]

$$\therefore \text{モル濃度}=\frac{\text{溶質モル数}}{\text{溶質の体積}}=\frac{0.4}{500\times10^{-3}}=\frac{0.4}{0.5}=0.8\text{[mol/}l\text{]}$$

【15】 $CO_2$の分子量は12＋16×2＝44

よって11gは$\frac{11}{44}=0.25$[mol]

∴体積は22.4×0.25＝5.6[$l$]

【16】 K, Na(他にCaなどイオン化傾向のきわめて大きい金属の単体は水に溶けて水素を発生する。Mgは熱水と，Alは高温水蒸気とならば反応する。)

【17】 (1)飽和溶液　(2)還元　(3)ハロゲン　(4)触媒

## p.178

【18】 (1)—②　(2)—①　(3)—②　(4)—③，⑤

### ■生　物

【19】 (1)—(ア)　(2)—(ウ)　(3)—(エ)　(4)—(イ)

【20】 赤血球，白血球，血小板，血しょう

**p.179**

【21】 マルトース（麦芽糖），グルコース（ブドウ糖），アミノ酸，脂肪酸

【22】 (1)白血球　(2)胆のう　(3)酸性　(4)腎臓

【23】 (1)すべて赤　(2)赤：桃：白＝1：2：1　(3)赤：桃＝1：1　(4)桃：白＝1：1

【24】 (1)二酸化炭素，水（順不同）(2)動脈，静脈　(3)タンパク質　(4)トンボ（他はすべて脊椎動物）(5)赤血球

**p.180**

【25】 (1)裸子植物　(2)核，DNA　(3)銅（他は3大肥料として植物の成長に不可欠の元素）(4)白血球

### ■地　学

【26】 (1)月　(2)太陽（恒星），衛星　(3)グリニッジ　(4)公転，自転　(5)金星　(6)恒星

【27】 (1)4（南中時刻は1年365日で24時間早くなるから，1日では　24×60[分]÷365で約4分となる）(2)9.46，12（1光年は光が1年間で進む距離。1年は$365\times24\times60\times60=3.154\times10^7$[秒]だから，$3\times10^5\times3.154\times10^7=9.46\times10^{12}$[km]となる。）
(3)半月（月の引力と太陽の引力が逆に働くため）
(4)左（反時計）(5)フェーン

**p.181**

【28】 (1)—②　(2)—③　(3)—②

## 3　国　語

### ■漢字の読み

**p.187**

【1】 (1)いと　(2)えとく　(3)かわせ　(4)ぎょうそう　(5)ようしゃ　(6)あいとう　(7)しょうじん　(8)ふぜい　(9)みやげ　(10)しぐれ　(11)こんりゅう　(12)そくしん　(13)なついん　(14)ほっそく　(15)てんぷ　(16)おもわく　(17)ていさい　(18)いわゆる　(19)あっせん　(20)つの（る）　(21)けいだい　(22)とくめい　(23)から（む）　(24)すいとう　(25)うけおい

【2】 (1)ごえつどうしゅう—(a)　(2)きゆう—(c)　(3)だそく—(e)　(4)しがく—(b)　(5)こき—(d)

【3】 (1)えしゃく—あ（う）　(2)きせい—かえり（みる）　(3)きょうさ—そその（かす）　(4)はたん—ほころ（びる）　(5)きゃしゃ—おご（る）

**p.188**

【4】 ①けいだい　②かんぬし　③のりと　④はいでん　⑤かぐら　⑥ちご　⑦だし　⑧ね　⑨みき　⑩けいき　⑪みこし　⑫なごり　⑬のどか　⑭ちょうちん　⑮たそがれ　⑯ろうそく　⑰たび　⑱げた　⑲おとな

【5】 (1)—(ア)けいちょう　(2)—(ウ)のうぜい　(3)—(イ)ごうく　(4)—(ウ)あっけ　(5)—(イ)えこ　(6)—(ア)おんき　(7)—(ウ)あいきゃく　(8)—(ア)じょうせき　(9)—(ア)ほっき

**p.189**

【6】 (1)るふ，りゅうちょう　(2)じょうじゅ，なかんづく　(3)しにせ，てんぽ　(4)はんのう，ほご　(5)うゆう，うい　(6)ごうじょう，ふぜい　(7)えいごう，おっくう　(8)そじ，すじょう　(9)なっとく，すいとう　(10)かっきょ，しょうこ　(11)ていかん，じょうせき　(12)ふいちょう，すいそう　(13)せいじゃく，せきりょう　(14)ゆえん，いわゆる　(15)ぞうお，あくたい

【7】 (1)しぐれ　(2)ころもがえ　(3)しろぼたん　(4)きりひとは　(5)さみだれ　(6)きつつき　(7)とんぼ　(8)いわしぐも　(9)へちま　(10)あじさい

### ■漢字の書き取り

【8】 解答例(1)解答（かいとう），解脱（げだつ）　(2)一対（いっつい），対面（たいめん）　(3)貿易（ぼうえき），容易（ようい）　(4)遺書（いしょ），遺言（ゆいごん）　(5)福音（ふくいん），音楽（おんがく）

**p.190**

【9】 (1)施政　(2)把握　(3)該当　(4)慎重，審議　(5)補償　(6)騰貴　(7)欠乏　(8)簡易　(9)局面　(10)穏便

【10】 (1)(ア)原 (イ)元 (ウ)減 (エ)源 (オ)言 (カ)厳 (キ)現 (2)(ア)冒 (イ)犯 (ウ)侵 (3)(ア)慣 (イ)刊 (ウ)観 (エ)関 (オ)完 (カ)管 (4)(ア)粗 (イ)租 (ウ)阻 (エ)疎 (オ)祖 (カ)組 (キ)素

p.191

【11】 (1)建—(e) (2)絶—(d) (3)裁—(a) (4)立—(c) (5)断—(f) (6)経—(b)

p.192

【12】 (1)—㋒ (2)—㋑ (3)—㋒ (4)—㋑ (5)—㋐ (6)—㋒

【13】 (1)触 (2)授 (3)報 (4)影 (5)望 (6)測 (7)絶 (8)虚 (9)行 (10)識 (11)退 (12)訳

【14】 (1)革新 (2)利益 (3)拡大 (4)与党 (5)差別 (6)需要 (7)消極的 (8)客観的

p.193

【15】 (1)被 (2)劣 (3)肯 (4)偉 (5)理 (6)壊 (7)歓 (8)光 (9)抽 (10)降

【16】 (ア)①—② (イ)①—③ (ウ)②—③ (エ)①—③ (オ)③—④ (カ)①—④ (キ)②—④ (ク)②—③ (ケ)①—② (コ)①—④

■ことわざ・慣用句

【17】 (1)しびれ (2)あごで使う (3)たいこ判 (4)息をのんで (5)島 (6)根に (7)耳にたこができる (8)頭が下がる (9)筆が立つ (10)へらず口

p.194

【18】 (1)—(ウ) (2)—(カ) (3)—(オ) (4)—(イ) (5)—(キ) (6)—(ア) (7)—(ケ) (8)—(ク) (9)—(コ) (10)—(エ)

【19】 (1)転 (2)承 (3)尽 (4)滅 (5)代 (6)耳 (7)我 (8)知 (9)単 (10)四 (11)一 (12)髪 (13)口 (14)到 (15)哀 (16)夢 (17)適 (18)楚 (19)風 (20)網 (21)嫁 (22)以 (23)霧 (24)鳥 (25)狗 (26)剛 (27)模 (28)舟 (29)臨 (30)期

p.195

【20】 (1)一, 一 (2)十, 十 (3)四 (4)八 (5)一 (6)一 (7)一, 一 (8)一 (9)一 (10)三, 九 (11)一 (12)一, 千 (13)三, 四 (14)千, 万 (15)一, 千 (16)百, 一 (17)千, 万 (18)四, 五 (19)一, 一 (20)一, 千 (21)二, 三

■文学史

【21】 (2)

p.196

【22】 (1)—ⓒ (2)—ⓑ (3)—ⓐ (4)—ⓒ (5)—ⓐ

【23】 (1)漱石, (e) (2)啄木, (f) (3)芭蕉, (a) (4)一九, (g) (5)逍遥, (c) (6)鷗外, (h) (7)独歩, (b) (8)白秋, (d)

【24】 (4)

p.197

【25】 (1)松尾芭蕉, 奥の細道 (2)鴨長明, 方丈記 (3)藤原道綱母, 蜻蛉日記 (4)井原西鶴, 日本永代蔵 (5)菅原孝標女, 更級日記

【26】 (1)—(ウ) (2)—(エ) (3)—(ア) (4)—(オ) (5)—(イ)

【27】 (1)萩, 秋 (2)万緑, 夏 (3)朝顔, 秋 (4)天の川, 秋 (5)雪の原, 冬 (6)菊, 秋 (7)木の芽, 春 (8)五月雨, 夏 (9)野分, 秋 (10)春の月, 春

p.198

【28】 (1)カナダ (2)イタリア (3)イギリス (4)オランダ (5)オーストラリア

【29】 (1)頭 (2)面 (3)艘(隻) (4)服 (5)着 (6)輪 (7)領 (8)首 (9)双 (10)筆

【30】 (1)—(カ) (2)—(キ) (3)—(オ) (4)—(イ) (5)—(エ) (6)—(ア) (7)—(ク) (8)—(ウ)

p.199

【31】 (1)—(ア) (2)—(エ) (3)—(イ) (4)—(エ) (5)—(ウ)

【32】 (1)—(カ) (2)—(オ) (3)—(エ) (4)—(キ) (5)—(ク) (6)—(ア) (7)—(イ) (8)—(ウ)

# 4 社 会

■地理的分野

p.207

【1】 (1)—㋐ (2)—㋐ (3)—㋑

【2】 (1)—㋑ (2)—㋐

【3】 (1)―㋒ (2)―㋐ (3)―㋒
【4】 ①真夏日 ②真冬日 ③熱帯夜 ④降水量

**p.208**

【5】 (1)秋田県 (2)広島県 (3)群馬県
【6】 (1)造船 (2)自動車 (3)製鉄 (4)紙・パルプ
【7】 ①200 ②銚子 ③青森
【8】 南アフリカ共和国
【9】 (1)モスクワ，ルーブル (2)北京，元 (3)オスロ，クローネ (4)ロンドン，ポンド (5)パリ，ユーロ

**p.209**

【10】 ニューヨーク
【11】 (1)―㋔ (2)―㋑ (3)―㋘ (4)―㋖ (5)―㋗ (6)―㋙ (7)―㋕ (8)―㋒ (9)―㋓ (10)―㋐
【12】 (1)ニューデリー，㋒ (2)オタワ，㋔ (3)ハバナ，㋓ (4)クアラルンプール，㋐ (5)ブラジリア，㋑
【13】 グリニッジ天文台
【14】 アフリカ大陸

## ■歴史的分野

**p.210**

【15】 (1)和同開珎 (2)ポルトガル (3)平清盛 (4)鎌倉
【16】 (1)―㋒ (2)―㋑ (3)―㋑
【17】 (1)―㋒，ⓒ (2)―㋐，ⓑ (3)―㋑，ⓓ (4)―㋓，ⓐ
【18】 (1)飛鳥文化 (2)元禄文化 (3)南蛮文化

**p.211**

【19】 (1)明治時代 (2)大正時代 (3)昭和時代
【20】 (1)南京条約，イギリス (2)下関条約 (3)ポーツマス条約，アメリカ
【21】 (1)―㋑ (2)―㋒ (3)―㋒
【22】 (1)ギルド (2)ドイツ

**p.212**

【23】 (4)
【24】 (1)―(イ) (2)―(ウ) (3)―(ア)
【25】 (1)―㋐ (2)―㋒ (3)―㋒ (4)―㋒
【26】 (1)オーストリア (2)1914年 (3)ヴェルサイユ条約，1919年

## ■倫理的分野

**p.213**

【27】 (1)キリスト教，仏教，イスラム教 (2)キリスト教–イエス=キリスト，仏教–シャカ，イスラム教–マホメット (3)キリスト教
【28】 (1)―㋕ (2)―㋗ (3)―㋑ (4)―㋖ (5)―㋙ (6)―㋔ (7)―㋓ (8)―㋘ (9)―㋐ (10)―㋒
【29】 (1)―(イ) (2)―(エ) (3)―(ア) (4)―(ウ)

**p.214**

【30】 (1)―(イ) (2)―(ア) (3)―(エ) (4)―(ウ)
【31】 シーク教

## ■政治・経済的分野

【32】 ①国民 ②象徴 ③交戦権 ④公共の福祉 ⑤納税 ⑥最高 ⑦参議院 ⑧国会 ⑨違憲立法審査権 ⑩国民
【33】 (1)教育 (2)最低 (3)平和主義 (4)行政権 (5)労働組合法 (6)行政権 (7)団体交渉権

**p.215**

【34】 (4)
【35】 ①最高機関 ②立法機関 ③主権 ④国政調査 ⑤指名 ⑥議院内閣(責任内閣) ⑦違憲立法審査 ⑧「憲法の番人」 ⑨独立 ⑩国民審査

**p.216**

【36】 ①$\frac{1}{3}$ ②1 ③$\frac{1}{4}$ ④1 ⑤150
【37】 (1)カルテル (2)飲食費 (3)上がった
【38】 (1)労働 (2)コンツェルン (3)累進課税制度 (4)日本(中央) (5)安
【39】 (1)―㋑ (2)―㋑ (3)―㋐ (4)―㋐ (5)―㋒

**p.217**

【40】 (3)
【41】 (1)―(イ) (2)―(ア) (3)―(イ)

p.218

【42】 (1)商品の流通のために必要な量以上に通貨量が膨張したために貨幣価値が下がり，物価が上昇すること。　(2)家計（生活費）の総支出額に占める飲食費の割合で示される，生活水準を表す指標の一つ。係数が高いと低所得であることを示す。

【43】 (1)―(イ)　(2)―(カ)　(3)―(ク)　(4)―(ウ)　(5)―(エ)　(6)―(オ)　(7)―(ア)　(8)―(キ)

## 5 英　語

### ■関係代名詞・関係副詞

p.224

【1】 (1)what　(2)which　(3)whom　(4)that

【2】 (1)―(イ)　(2)―(ウ)　(3)―(エ)　(4)―(ア)

【3】 (1)今日できることを明日にのばすな。
(2)私たちがよく遊んでいた場所はもう公園ではない。
(3)私たちが生活している地球はボールのように丸い。

### ■仮 定 法

【4】 (1)―㋑　(2)―㋑　(3)―㋒　㊟haveの過去完了形はhad had。

p.225

【5】 (1)could　(2)But, for　(3)would　㊟(3)の意味は,「もしあなたが私の立場であればどうしますか」。

【6】 (1)If I knew his address, I could write to him.　(2)I wish I could speak French.
(3)If it had not been very cold, I would have gone there.

【7】 (1)もしあなたがそれを見たいなら，あなたにそれを送ってもいいですよ。　(2)もしあなたが援助してくれなかったなら，私は成功していなかったであろうに。　(3)彼は，いわば，生き字引きだ。

【8】 (1)I wish I had studied English when I was young.　㊟過去の事実に対する逆の想定であるから，I wishの中は過去完了形となる。
(2)If I had money, I could buy a car.　(3)If it were not for the sun, we would not live.

### ■時制の一致と話法

p.226

【9】 (1)Bob told me that he would take me to the zoo.　(2)They told her that they believed her.　(3)She told me to leave her alone.　(4)Mother asked us to wash the dishes.　(5)Bill told me that he had bought me a present two days before.　(6)He asked me if I was ready.　(7)The policeman asked me when I had arrived there.　㊟arriveが過去完了形, hereがthereになることに注意。
(8)She said to me, “My uncle is coming tomorrow. ”　(9)He said to me, “What do you think of it ?”　(10)She said to me, “I Will see you here. ”

### ■受 け 身

【10】 (1)with　(2)to　(3)at　(4)with　(5)with

【11】 (1)Your teeth must be cleaned.〔by you〕.
(2)He is respected by everybody.（皆から尊敬されている。）　(3)A dog was run over by the bus.　(4)They speak English in Canada.
(5)Who broke the glass ?　(6)I was spoken to by a stranger in the street.　(7)The floor was felt to shake〔by us〕.　(8)The boy is called “Taro”〔by people〕.　㊟(1)と(7)と(8)の〔　〕は省略されるのが普通。

p.227

【12】 (1)春には，木々は新しい生命でいっぱいで，大地は太陽の光によって暖められる。　(2)彼は有名なエンジニアだといわれている。

【13】 (1)He was satisfied with your explanation.
(2)What kind of book are you interested in ?

### ■不 定 詞

【14】 (1)―㋑　(2)―㋐　(3)―㋑

【15】 (1)This book is too difficult〔for me〕to read.　(2)This river is so wide that I can not swim across it.　㊟〔　〕内の主語はyou, usでも可。

p.228

【16】 (1)He makes it a rule to Study English for half an hour a day. (2)I want you to post this letter〔for me〕. (3)To tell the truth, She did not sleep yesterday at all.

■動 名 詞

【17】 (1)―㋑ (2)―㋑ (3)―㋑

【18】 (1)to read→reading (2)to do→doing

【19】 (1)On, hearing (2)is, no, knowing (3)am, fond, of

p.229

【20】 (1)私は早く起きることに慣れている。(2)食べ終わってすぐ，私たちはテレビを見はじめた。 (3)京都は行く価値のある所です。 (4)私は彼に一度会ったことを覚えている。

【21】 (1)I feel like taking a walk in the park. (2)This novel is worth reading.

■分 詞

【22】 (1)When, he, opened (2)As, was (3)If, you (4)As, is ㊟節の中の主語，動詞の時制は，主節(後の文)に合わせる。

【23】 (1)repair→repaired (2)make→made (3)carried→carry

p.230

【24】 (1)私は英語で意思疎通ができなかった。(2)私は英語で書かれた手紙を受けとった。 (3)一般的にいえば，男の子は模型飛行機を作るのが好きだ。 (4)街を歩いていると，私はばったり彼に会った。

【25】 (1)I had my purse stolen. (2)Who is a girl skating on the lake ?

■完了時制

【26】 (1)have gone→Went (2)have you returned→did you return (3)is raining–has been raining

【27】 (1)君が民主主義と自由とについて言ったことを私は何度も考えてきた。 ㊟think over―熟考する。 (2)メアリーは，今朝からテニスをしています。

p.231

【28】 (1)Have you ever been to Tokyo ? (2)I have been to the station to see my friend off. (3)I have lived in Osaka for ten years.

■助 動 詞

【29】 (1)must (2)may (3)can (4)Shall (5)Will

【30】 (1)自分自身の健康について，いくら注意深くとも注意深すぎることはない。 (2)お酒をのみますか〔誘いかけ〕。 (3)私は，日曜日にはいつも博物館に行ったものだった。

【31】 (1)May (Can) I use your dictionary ? (2)Shall I make her come here and help you ?

■比 較

p.232

【32】 (1)times, as (2)Which, better (3)as, as (4)to

【33】 (1)any, other, the, highest (2)cannot, as, well ㊟この場合のbetterの原級はwell (じょうずに)である。 (3)by

【34】 (1)持てば持つほど，欲しくなる。 (2)健康ほど大切なものはない。

【35】 (1)The sooner, the better. (2)Autumn is the best season for reading and (playing) sports.

■接 続 詞

【36】 (1)or (2)before (3)and (4)as (5)Though

p.233

【37】 (1)and→or (2)and→but (also) (3)or→and

【38】 (1)その部屋に入るや否や私は彼を発見した。(2)鳥たちはとても美しく歌をうたったので，子どもたちは歌声を聞くために，よく遊びを中断したものだった。

【39】 (1)He walked fast so that he might catch the train. (2)She studied so hard that she could pass the examination.

## ■前置詞

【40】 (1)at (2)in (3)for (4)on (5)by (6)from (7)with (8)for (9)for (10)from (11)of (12)for (13)on (14)at (15)with (16)into

## ■慣用表現

**p.234**

【41】 (1)from (2)to (3)of (4)of (5)of (6)of (7)from, to (8)from (9)of (10)from

**p.235**

【42】 (1)～に似ている (2)理解する (3)～にがまんする (4)延期される (5)～の世話をする

## ■会話表現

【43】 (1) "What can I do for you ?" (＝"May I help you ?") (2) "How much is it ?" (3) "How do you do. I'm glad to meet you." (4) "Thank you very much." "You are welcome." (5) "Hello, this is Suzuki speaking."

【44】 (1)どうぞおくつろぎ下さい。 (2)どうぞこのケーキを召し上って下さい。 (3)お父さんによろしくお伝え下さい。 (4)もう一度言って下さい。 (5)お願いがあるのですが…。

## ■ことわざ

【45】 (1)ローマは一日にして成らず(大器晩成) (2)郷に入っては郷に従え (3)降ればどしゃぶり (4)去る者は日々にうとし (5)鉄は熱いうちに打て (6)類は友を呼ぶ (7)光陰矢のごとし (8)百聞は一見にしかず (9)おぼれる者はわらをもつかむ (10)転石こけむさず (11)よく学びよく遊べ (12)精神一到何事か成らざらん (13)三人寄れば文殊の知恵 (14)たで食う虫も好きずき (15)急がばまわれ

## ■掲示用語

**p.236**

【46】 (1)—(d) (2)—(h) (3)—(b) (4)—(e) (5)—(c) (6)—(g) (7)—(a) (8)—(f)

## ■単語・派生語

【47】 (1)radio (2)restaurant (3)company (4)television (5)telephone (6)newspaper (7)software (8)business (9)energy (10)switch (11)Wednesday (12)February (13)machine (14)engineer (15)data

**p.237**

【48】 (1)children (2)teeth (3)leaves (4)sheep (5)knives

【49】 (1)took, taken (2)began, begun (3)found, found (4)knew, known (5)ate, eaten (6)wrote, written

【50】 (1)発明 (2)加える (3)休暇 (4)ワープロ (5)給料

【51】 (1)GNP (2)OPEC (3)EU (4)ILO (5)JIS ㊟GNP＝Gross National Product OPEC＝Organization of Petroleum Exporting Countries EU＝European Union ILO＝International Labor Organization JIS＝Japanese Industrial Standard

【52】 (1)cold (2)small (3)poor (4)weak (5)sad (6)dry (7)liar (8)darkness (9)beautiful (10)healthy (11)Sale (12)service (13)death (14)discovery (15)write (16)hour (17)route (18)fifth (19)second (20)ninth

# *MEMO*

# MEMO

# *MEMO*

# MEMO

# MEMO

工業高校建築・土木科就職問題

# 実戦問題解答